Tim Pröse
Jahrhundertzeugen

Tim Pröse

JAHRHUNDERT-ZEUGEN

Die Botschaft der letzten Helden gegen Hitler

18 Begegnungen

HEYNE<

Sollte diese Publikation Links auf Webseiten Dritter enthalten, so übernehmen wir für deren Inhalte keine Haftung, da wir uns diese nicht zu eigen machen, sondern lediglich auf deren Stand zum Zeitpunkt der Erstveröffentlichung verweisen.

MIX
Papier aus verantwor-
tungsvollen Quellen
FSC® C014496

Verlagsgruppe Random House FSC® N001967

Originalausgabe 10/2016

4. Auflage
Copyright © 2016 by Wilhelm Heyne Verlag, München,
in der Verlagsgruppe Random House GmbH,
Neumarkter Straße 28, 81673 München
Umschlaggestaltung: Hauptmann & Kompanie Werbeagentur, Zürich,
unter Verwendung eines Fotos von © Imago / Bonn-sequenz
Bildredaktion: Tanja Zielezniak
Satz: Satzwerk Huber, Germering
Druck und Bindung: GGP Media GmbH, Pößneck
Printed in Germany
ISBN: 978-3-453-20124-8

www.heyne.de

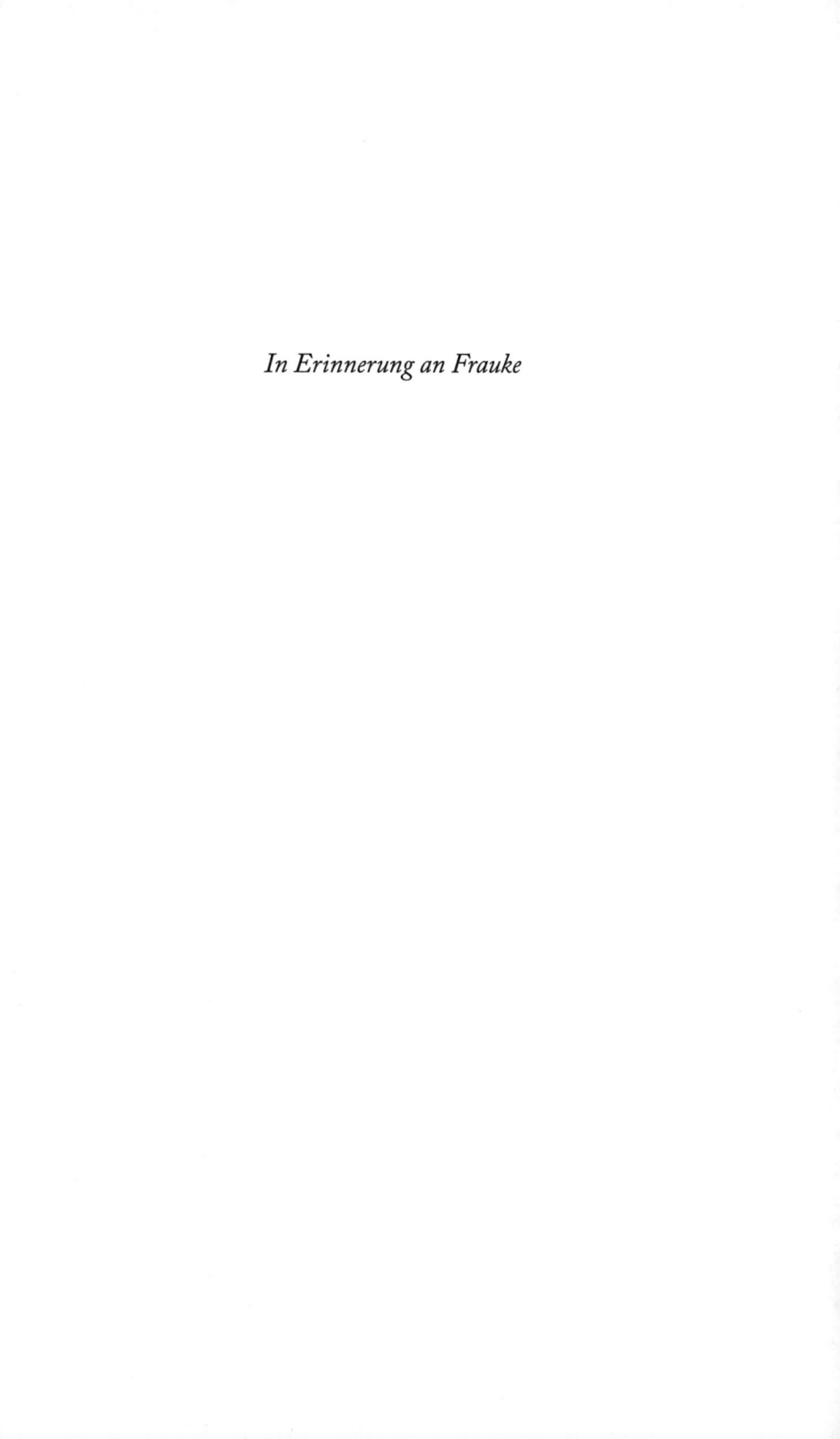

In Erinnerung an Frauke

Inhalt

»Ich wollte doch selbst immer frei sein.
Vielleicht war mir deshalb auch
die Freiheit der anderen wichtig.«

Berthold Beitz (1913-2013),
der 1500 Juden aus den Todeszügen befreit hat

Prolog

Es wird die Reise seines Lebens sein. Sie wird ihn noch einmal in das Land führen, in dem sie ihn töten wollten. Nach Deutschland. Ausgerechnet dorthin will er umziehen, um zu sterben. Und um vorher noch ein wenig zu leben. Ein Tag im Mai 2016 in Israel. Er hat gerade überlegt, was er noch braucht für diese Reise, fast so wie damals vor 74 Jahren, als alle Wege ins Nichts wiesen. Heute sind da kaum Dinge, von denen einer wie er sich nicht trennen könnte. Sein guter Anzug kommt mit, ein paar Bücher, die Blutdrucksenker. Sonst lässt er alles hier zurück.

Als er ein Junge war, hat ein berühmter Deutscher ihm das Leben gerettet. Seitdem braucht er nicht viel zum Leben.

Er öffnet die Fenster seiner kleinen Wohnung in Haifa. Der Frühling weht in sein Wohnzimmer. Gerade hat es geregnet auf die Erde vor seinem Haus. Die Luft dort draußen duftet nach nassem Staub und Orangenbäumen. Nach Israel. Drinnen in seinem Wohnzimmer riecht es nach Kernseife und dem Holz seiner alten Möbel. Und nun auch nach Mai und einem letzten Aufbruch.

Nur wenig aus seinem Leben hat er in einen Koffer gepackt. Seine Wohnung ist fast leer geräumt. Die Zeiger der Schrankuhr sind schon vor längerer Zeit stehen geblieben. Dabei verrinnt seine Zeit doch so schnell, dass er sie fühlen kann wie seinen viel zu hohen Puls. Die gerahmten Bilder seines Lebens hat er abgehängt. Von ihnen blieben nur

Schatten aus Staub an der Wand. Daneben eine Kopie von Beethovens Totenmaske.

Draußen vertreiben die Strahlen der Maisonne den Morgendunst aus der Hafenstadt. Sie fallen aus einem Himmel, der in diesem Land immer etwas näher bei der Erde scheint. Sie durchfluten sein Wohnzimmer und wärmen den Raum. Das macht es vielleicht etwas leichter. Denn die Sonne vergoldet das Zimmer und ein paar der Erinnerungen. Welche von ihnen wird er mitnehmen auf seine Reise?

Dieses Buch beginnt bei Jurek Rotenberg in Haifa. Seit ich ihn vor drei Jahren kennenlernte, wuchs eine Freundschaft zwischen uns, die mir sehr kostbar ist. Nun lud er mich ein, ihn einmal in Israel zu besuchen, bevor er das Land verlässt. Er wollte mir zeigen, wo er herkommt.

Die weiteren Kapitel des Buchs führen aber auch nach Auschwitz und nach Bergen-Belsen. Mit einem Veteranen des D-Day geht es an den Omaha Beach in der Normandie, weiter zu einem Stalingrad-Überlebenden und in die Wohnzimmer von zwei Hitler-Attentätern. Ich erzähle vom Leben und Überleben eines Mannes, der auf Schindlers Liste stand, und von einem Kämpfer der »Weißen Rose«. Ich begebe mich auf Spurensuche nach Sophie Scholl, nach Claus Schenk Graf von Stauffenberg, nach Anne Frank und nach Georg Elser. Und erinnere gleich im ersten Kapitel an einen großen Menschenretter. Dieser Mann war der Patriarch des Stahlgiganten Krupp, Berthold Beitz, der Mann auf dem Cover dieses Buchs. Ihm verdankt Jurek Rotenberg sein Leben.

Von den Fenstern seiner Wohnung aus kann Rotenberg über Olivenbäume hinweg bis auf das Karmel-Gebirge schauen, und wenn der Wind günstig steht, atmet er den

Geruch des nahen Meers. Doch ihn zieht eine seltsame Sehnsucht nach Deutschland, obwohl er in diesem Land nie zu Hause war. Fast könnte man es Heimweh nennen, ein Wort, das es so nur im Deutschen gibt und das so viel von diesem Land erzählt.

Rotenberg liebt die deutsche Sprache. Und noch mehr die deutsche Musik. So sehr, dass dieser in seinen Worten so gewandte Herr diese Liebe schwer beschreiben kann. Er deutet stattdessen auf sein Herz und klopft ein paarmal mit seiner Faust sanft auf seine Rippen:»Da drinnen wohnen Schumann und Beethoven.« Dann fährt er mit seiner Hand zu seinem Kopf und deutet auf seine Stirn:»Und hier oben leben Schopenhauer und Bach«, sagt er. Ihre Kompositionen, ihre Schriften und ihr Geist. Auch deswegen braucht er jetzt nicht viel mitzunehmen.

Die Bücher und das alte Geschirr hat er in Kartons gesteckt. Er will sie verschenken oder sich nachschicken lassen, man wird sehen. Was dieser feine alte Herr mitnehmen möchte aus Israel, trug er immer schon in sich, und der Rest passt in seinen zerschlissenen Lederkoffer, der da mitten in seinem Wohnzimmer steht und aus den Dreißigerjahren stammt. Es ist einer jener Koffer, wie man sie aus dem Film *Schindlers Liste* zu kennen glaubt oder von den Bildern aus Auschwitz mit den Bergen von Gepäck, das denen gehörte, die nicht mehr leben. Viele aus Rotenbergs Familie gingen mit solch einem Koffer ins Verderben. Die SS-Leute befahlen ihnen, ihre Heimatadresse mit Kreide auf das Leder zu schreiben. Ganz so, als gäbe es noch ein Zurück für die Koffer. Und die Menschen. Es war eine der letzten Lügen der Täter, mit denen sie ihre Opfer täuschen wollten.

»Dabei wussten wir doch, dass wir alle zum ›Himmelskommando‹ bestellt sind«, sagt Jurek Rotenberg.»Himmelskommando«, so nennt er den Holocaust bis heute, weil er das Deutsche nun mal so schätzt. Weil er, der gebürtige Pole, einen sehr deutschen Nachnamen trägt. Weil die deutsche Sprache für das Schönste und das Schlimmste im Leben die besten Worte bereithält. Deswegen hat sich Rotenberg das Wort »Himmelskommando« ausgedacht, als er 14 Jahre alt war und diesem Kommando auf wundersame Weise entging. Und weil dieses Wort beides in sich birgt: die Anmut und die Angst. Die Allmacht und den Abgrund. Die Herrlichkeit und die Hölle.

Jurek Rotenberg ist 87 Jahre alt. Der studierte Jurist arbeitete lange erst in seinem Heimatland Polen, dann bei einer Reederei in Haifa. Er sagt: »Ich habe als Junge dank eines einzelnen Mannes ein anderes Deutschland erlebt. Dank des Herrn Direktor.« Dieser Herr Direktor war Berthold Beitz, der spätere Generalbevollmächtigte von Krupp. Und dieses andere Deutschland, das existiert für Rotenberg in seinem Herzen bis heute. Deshalb will er jetzt umziehen. Auch weil er Berthold Beitz bis heute so dankbar ist, dass er sich ihm in Deutschland näher fühlt, fast ein wenig aufgehoben – selbst wenn Beitz nun schon drei Jahre tot ist.

Ich fühle mich verbunden mit Jurek Rotenberg. Für mich ist dieser Gentleman alter Schule eine personifizierte Hoffnung, einer, der ermutigt gegen die Ohnmacht, die die Schoah in mir als Deutschem zurückgelassen hat, gegen den Schmerz, der mich trifft, wenn Antisemitismus in Deutschland wieder aufflammt und Juden hier bedroht oder angegriffen werden. Rotenberg ist für mich ein Trost. Wenn ich mit ihm spreche, fühle ich mich leicht und reich, er ist ein Freund, der mich berührt und mitreißt.

»Ich habe Deutschland nie gehasst. Ganz im Gegenteil. Auch wenn die Nazis uns gehasst haben, habe ich nie zurückgehasst. Sonst wäre ich doch wie ein Nazi gewesen«, sagt er und lächelt. Meist liegt ein Glanz in seinen Augen, und seine Mundwinkel deuten fast immer nach oben. Jetzt schaut er noch einmal hinaus aus seinen 60 Quadratmetern Israel. Als hätte sich ihm das Panorama nicht ohnehin schon unauslöschlich eingeprägt. Er steht mit mir vor seinem Wohnzimmerfenster, deutet auf die Berge des Karmel und erzählt ein wenig von ihrer uralten Geschichte. Dann flackert sein Blick wieder hin und her an den kahlen Wänden mit den grauen Rändern, die die Bilderrahmen hinterlassen haben. Er erzählt, wie es früher bei ihm aussah. Manchmal ist ihm schwer zumute dabei.

Er merkt das, wenn er seinen Blutdruck misst. Der ist viel zu hoch, seitdem er sein Leben verpackt. 180 zu 90. Der Arzt hat ihm deswegen Valium verschrieben. Er meinte, das mit dem Blutdruck sei seelisch bedingt. Rotenberg versucht, so etwas wegzulächeln, doch dann steht wieder eine seiner großen Fragen in seinem Gesicht: »Wenn man die ganze Familie verloren hat, wohin soll man dann gehen? Wohin soll ich gehen?« Diese Frage einte fast alle Juden, die vor sieben Jahrzehnten hierherkamen, und natürlich stellte auch Rotenberg sie sich. Jetzt, nachdem auch seine Freunde gestorben sind, einer nach dem anderen, kommt es wieder in ihm auf, dieses wehe Gefühl des Verlorenseins, der Heimatlosigkeit. Es verbindet viele Opfer des Holocausts und trennt sie. Deswegen sind sie doch damals nach Israel gegangen. Weil sie endlich irgendwo auf der Welt ein Zuhause haben wollten.

Und jetzt spüren viele von ihnen im Alter, dass sie innerlich wieder unbehaust sind. Dass sie vielleicht sogar ihr Leben lang seelisch auf der Durchreise waren. Mit jedem Menschen, der nun stirbt, den sie liebten und mit dem sie hierherkamen, gehen sie doch auch selbst ein bisschen fort. Und fühlen sich am Ende ihres Lebens ein wenig so wie nach dem Krieg. Ohne festen Halt und Heimat. Weniger als Überlebende, das wäre ja gut. Sondern als lebenslang Übriggebliebene.

Rotenbergs Blick sehnt sich in den Garten vor seinem Mietshaus. Die Bäume dort hat er vor 45 Jahren gepflanzt, als er hier einzog. »Einen für meinen Großvater, einen für meine Großmutter und einen für meinen Vater«, sagt er. Es sind deutsche Fichten in israelischem Boden, die inzwischen hinauf zu seinem Appartement im dritten Stock gewachsen sind. Ihre Wipfel wiegen sich vor seinen Blicken im Wind, der vom Mittelmeer zu ihm herüberweht.

Von Bäumen Abschied zu nehmen, ist fast so schwer wie von Menschen. Doch von den Bäumen fortzugehen, wird neu für ihn sein. Von den Menschen nicht, das hat er früh lernen müssen. Darüber kann er bis heute nicht gut sprechen. Ich bitte ihn dennoch darum. Und weil wir beide uns gut verstehen, führt er mich zu seinem Schreibtisch und zieht jetzt diesen einen Papierstapel aus seiner Schublade. »Ich habe das, was ich Ihnen gleich zeige, nicht vielen Menschen gezeigt bisher«, sagt er. »Und ich kann Ihnen auch nicht viel dazu erzählen, weil es mich traurig macht. Aber hier, sehen Sie selbst.«

Mehr als tausend Namen sind auf den zusammengehefteten Blättern verzeichnet, die ich jetzt in meinen Händen halte. Viele von ihnen klingen so bildhaft und melodisch wie seiner: Rosenzweig, Goldschmidt oder Mandelbaum. Jurek Rotenberg setzt sich neben mich und fährt behutsam mit seinem Zeigefinger die einzelnen Namen entlang. Einige hat er mit rotem Filzstift eingekringelt. Stumm spricht sein Mund sie aus. Es sind die Namen von Menschen, die mit ihm im

16

von den Deutschen besetzten Boryslaw in Polen lebten. Viele dort wurden gerettet, so wie Rotenberg. Dann zieht er ein anderes Blatt hervor. »Auf dieser Liste stehen die Namen meiner Familie und meiner Freunde, die nach Auschwitz gingen«, sagt er leise. Und diejenigen Namen, die er rot umrandet hat, gehörten seinen Nächsten und Liebsten.

Jurek Rotenberg ist ein fröhlicher Mensch. Er hat sich früh in seinem Leben für das Lächeln entschieden, als er mit 14 Jahren dem Tod entkam. Seitdem kehrt es beständig und mannigfaltig in sein Gesicht zurück. Und nun, am Ende seines Lebens, wird er es sich doch nicht noch anders überlegen! »Wir leben doch noch!«, ruft er plötzlich in die Stille und Leere seines Wohnzimmers hinein und legt die Liste zurück in die Schublade. Seine Worte hallen von den nackten Wänden wider. Von draußen klingt nur das Zirpen der Zikaden herein. Als er das bemerkt, legt er eine seiner Klassik-Platten auf, um die neue Einöde seines alten Zuhauses mit Musik zu erfüllen.

»Hat die Musik Ihnen geholfen im Leben?«, frage ich ihn an diesem Maiabend im Jahr 2016. Rotenberg antwortet: »Sie hat mich gerettet.« Darum will er jetzt in das Land von Schumann und Beethoven ziehen, die Komponisten, die in seinem Herzen immer eine Heimat hatten.

Jurek Rotenberg und Berthold Beitz, sein Retter, sind die Leitbilder des Buchs. Erzählt dieser Prolog aus dem Hier und Jetzt von Rotenberg, geht das folgende erste Kapitel drei Jahre zurück zum Wiedersehen der beiden im Jahr 2013. Der Epilog spielt in der Zeit nach Beitz' Tod und wieder im heutigen Leben von Jurek Rotenberg

Seine Überlebensgeschichte ist für mich die ermutigendste von allen in diesem Buch, in dem ich von 18 Menschen erzähle, die dem Menschenvernichter Hitler viel entgegensetzten. Einige von ihnen bekämpften ihn mutig und setzten dabei ihr Leben ein. Andere riskierten es schlicht deshalb, weil sie Juden waren. Auch sie sind aus meiner Sicht »Helden«, wenn auch nicht im üblichen Sinn des Wortes. Es geht um Gerettete und Retter. Um Kämpfer für die Freiheit und Verfolgte, die sich nicht beugen ließen. Um Menschen, die in der Nazizeit nicht nur andere Leben retten wollten, sondern auch ein wenig von der fast schon verlorenen Ehre und Würde eines Landes.

Den meisten dieser Menschen – oder ihren Nachkommen – bin ich in meiner Zeit als Reporter der Münchner *Abendzeitung* und später des *Focus* begegnet. Ich erlebte sie nicht als distanzierter Beobachter, sondern als von ihnen berührter und begeisterter Journalist. Und so ist auch dieses Buch von meinem eigenen und damit subjektiven Erleben geprägt. Und von meinen Gefühlen. Ich glaube aber, dass diese »Jahrhundertzeugen« auch objektiv besehen und empfunden für die Gegenwart der Vergangenheit stehen. Sie holen das Gestern ins Heute. Denn sie haben etwas weiterzugeben, das überdauern sollte. Der Idealismus, der sie antrieb, ist zeitlos, und was sie bewegte, bleibt bewegend bis heute. Fast alle tragen einen Abgrund in sich, den jeder spürt, der sich ausgiebiger mit ihnen unterhält. Aber sie waren oder sind auch getragen von einer durch nichts zu erschütternden Zuversicht und Stärke. Die meisten von ihnen waren sich der Aussichtslosigkeit ihres Tuns bewusst. Sie mussten davon ausgehen, dass sie scheitern, wahrscheinlich sogar sterben würden. Und wagten es dennoch. Sie taten etwas um der Tat willen, nicht um zu triumphieren. Sie lebten ein höchstpersönliches »Trotz allem!«. Sie wollten keine Helden sein, das verbindet sie, aber sie ermutigen uns zu Courage und aufrechtem Gang. Zum Aushalten und Durchhalten, selbst wenn das Ziel unerreichbar scheint, zu Selbstvertrauen, Einzigartigkeit und Unangepasstheit. Und weisen uns so einen Weg in scheinbarer Ausweglosigkeit. Die Sehnsucht nach solchen Vorbildern und ihren Idealen ist heute wieder groß, da viele Ohnmacht und Angst verspüren, weil morgen schon nicht mehr gilt, was gestern noch gewiss war. Das Vertrauen in die Politik schwindet immer mehr, Verfolgte fliehen nach Deutschland, Fremdenfeindlichkeit und Antisemitismus keimen wieder einmal auf, der Terrorismus breitet sich aus, und neue Kalte Kriege drohen. In solchen Zeiten haben die »Jahrhundertzeugen« eine Botschaft, ein Vermächtnis weiterzugeben. Es soll nicht belasten, sondern bestärken.

München, im Juni 2016
Tim Pröse

P.S.: Sie können mir eine E-mail schreiben:
jahrhundertzeugen@web.de

»Herr Direktor, ich bedanke mich«

Jurek Rotenberg sieht seinen Retter Berthold Beitz wieder

E in ganzes Leben liegt zwischen ihrem Wiedersehen. Ein Leben, das Jurek Rotenberg jenem Jahrhundertzeugen verdankt, der jetzt gleich zur Tür hereinkommen wird an diesem Tag im April 2013. Es wird Berthold Beitz sein. Er ist 99 Jahre alt. Fühlt er, dass dieser Auftritt sein letzter in der Öffentlichkeit sein wird? Der letzte seines Lebens?

Sieben Jahrzehnte ist es her, dass sie sich zum letzten Mal begegneten. Nun treffen sich gleich zwei Spezialisten für die ganz großen Dinge. Für das, worum es bei allen Menschen irgendwann einmal geht: um Leben und Tod. Jurek Rotenberg trifft Berthold Beitz wieder.

Der Tag, an dem sich Retter und Geretteter erneut gegenüberstehen werden, ist einer der ersten warmen des Jahres. Die Frühlingssonne steht schräg über der Stadt Essen und leuchtet den Winter aus den Straßen. Beitz, der große alte Herr von Krupp, hat für dieses Treffen die Alte Synagoge von Essen ausgewählt. Man betritt sie durch ein Tor aus Stahl, das sich nur schwer und wie in Zeitlupe öffnen lässt. Ein Lichtkegel fällt dann ins Halbdunkel, aber die Frühlingswärme von draußen schafft es noch nicht durch die Mauern.

In zehn Minuten wird Jurek Rotenberg dem Mann danken, der ihn, den damals 14-Jährigen, vor der Gaskammer bewahrt hat.

Für mich ist es ein Wiedersehen mit meiner alten Heimat Essen in einer ihrer Herzkammern. In ihrer Würde hebt sich die Alte Synagoge von vielen anderen Bauten meiner Geburtsstadt ab. Als Kind stand ich vor diesem Gotteshaus und staunte hoch zu seinen Bronzedächern, die sich wie Bergkuppen über der Stadt wölbten. Als Schüler besuchte ich es dann mit dem Geschichtslehrer und der Klasse in einem Alter, in dem wir noch nichts vom Ausmaß der Naziverbrechen begriffen. Ich erinnere mich jetzt gerade auch daran, wie ich als junger Mann in den Achtzigerjahren vor der Synagoge stand, als Zehntausende Essener eine Lichterkette durch die Stadt bildeten und dann, als die Nacht anbrach, ihre Kerzen zu Füßen der Synagoge abstellten. Diese Bilder gehen mir an diesem Tag durch den Kopf, und ich bin glücklich, heute hier zu sein.

Stimmen und Schritte von Menschen, die in die Kühle eintreten, hallen von den Wänden wider. Dann verstummen sie. Jemand zündet die Kerzen der Menora an, des Leuchters, der seine sieben Arme in die Weite der Synagoge streckt. Alle Blicke fallen jetzt auf diesen einen Mann, der schon eine ganze Weile im Halbdunkel wartet und nun im Licht der Kerzen dasteht. Jurek Rotenberg verharrt unter der Kuppel der Synagoge, versunken in so vielen Gedanken und Gefühlen. Er kann seinen Blick nicht vom Seiteneingang wenden, durch den gleich Berthold Beitz erscheinen wird, der Mann, der ihn und 1500 andere Juden aus den Todeszügen gerissen hat.

Die Alte Synagoge von Essen gilt als die schönste nördlich der Alpen. Die »Reichskristallnacht« hat sie zumindest äußerlich fast ohne Narben überstanden. Man sagt, die Essener Feuerwehr habe sie ganz gegen den Befehl gelöscht. Die Innenstadt um sie herum zerschmetterten später die Bomber, denn Essen als Stadt der Rüstungsschmiede Krupp musste zerstört werden. Der Ort ist lange schon ein Museum und eine Begegnungsstätte. Doch eine Begegnung wie heute hat er noch nicht gesehen.

Jurek Rotenberg steht vor dem Toraschrein und ringt die Hände, er atmet tief, er ist so nervös. Um elf Uhr schließlich fährt der S-Klasse-Mercedes vor. Die Wagen wechselten in der jahrzehntelangen Regentschaft des Krupp-Generalbevollmächtigten, nicht jedoch ihr Kennzeichen: »E – RZ 1« – eine Hommage an das Erz, jenen Rohstoff, der die Firma Krupp zur Legende werden ließ.

Der Oberbürgermeister und ein paar andere Offizielle Essens warten lange schon am Straßenrand darauf, dass der gepanzerte Wagen erscheint. Dann ist er da. Jemand reißt die hintere Tür auf und bietet dem aussteigenden Beitz seinen Arm.

Jurek Rotenberg sieht das alles nicht, vernimmt aber in der gespannten Stille der Synagoge das Geräusch von Lederabsätzen, die sich ihm nähern. Noch gerader stellt er sich hin, die Füße eng zusammen, die Hände an der Hosennaht. Er nimmt Haltung an und senkt seinen Blick, ganz so wie damals, wenn er »ihm« begegnete. In seinem Gesicht arbeitet es, weil er gerührt ist, aber bloß nicht weinen will. Er will doch jetzt lächeln!

Da erblickt Rotenberg ihn. Berthold Beitz steht im Türrahmen und blinzelt, weil sich seine Augen unter den mächtigen Brauen noch nicht an das Halbdunkel gewöhnt haben. Er trägt einen für ihn ungewöhnlich leuchtend azurblauen Anzug und einen hellroten Schlips samt ebenso hellrotem Einstecktuch. Gerade noch eingehakt beim Oberbürgermeister, geht Beitz nun die letzten Meter allein, während alle Gäste sich von ihren Plätzen erheben und ein Raunen durch den Saal geht. Dann streckt Beitz Rotenberg seine Hand entgegen, ganz weit, sodass seine Manschettenknöpfe aufblitzen. Rotenberg gelingt es nur zaghaft, die Geste zu erwidern, er presst den Oberarm an seinen Körper und reicht

Beitz nur seinen Unterarm. Dabei verbeugt er sich, einmal, zweimal, dreimal, bis Beitz ihn mit seinem ausgestreckten Arm davon abhält und ihn aufrichtet. Endlich steht Rotenberg gerade vor Beitz und kann ihm in die Augen sehen. Er flüstert: »Herr Direktor, ich bedanke mich. Ich danke Ihnen herzlich für Ihre Anwesenheit hier … Ich betrachte es als eine große Ehre …« Und schließlich raunt er noch: »Mein Herz sagt Ihnen heute Danke.« Dann bringt er keinen Ton mehr heraus, stattdessen treten ihm Tränen in die Augen, die er doch so gern vermieden hätte. Als Berthold Beitz das bemerkt, nimmt er Jurek Rotenbergs Hand in seine beiden Hände.

»Herr Direktor«, so sagte er als Junge ehrfurchtsvoll zu seinem Retter, als der junge Beitz Direktor einer Erdölfirma im polnischen Boryslaw und Rotenberg einer seiner Zwangsarbeiter war. Wenn Jurek Rotenberg heute von Beitz spricht, nennt er ihn nicht beim Namen. Wie damals sagt er immer nur und mit der gleichen Hochachtung von damals »Herr Direktor«. Beitz ist für Rotenberg zeitlebens »der Herr Direktor« geblieben.

Sie nehmen nun Platz vor einem alten Klavier, das mitten im Kuppelsaal steht. Rotenberg hat es von Haifa nach Essen bringen lassen. Es ist das Instrument, das er von seiner Mutter, einer Pianistin, geerbt hatte. Sein größter Schatz. Jetzt will er es Berthold Beitz schenken. Und der Stadt seines »Herrn Direktors«, die er nie zuvor betreten hat.

»Dieses Klavier«, sagte mir Rotenberg am Tag zuvor, »ist nicht bloß ein Klavier. Es ist von Sankt Petersburg nach Boryslaw und von dort nach Israel transportiert worden. Seine letzte Station ist hier.« Schon als Junge spielte er in Boryslaw darauf, all seine geliebten großen deutschen Komponisten. Seine Mutter, ein Wunderkind am Piano und eine erfolgreiche Konzertpianistin, musizierte auch in den dunkelsten Zeiten auf dem Instrument, gab Klavierstunden, bekam dafür Lebensmittelmarken und brachte so die beiden durch den Krieg. Für ihren Sohn verkörpert dieses Klavier deshalb eine Seele: die seiner Mutter und die der deutschen Kultur, die er so verehrt. Das liegt auch daran, weil dieses Land Berthold Beitz hervorgebracht hat, den Seelenretter. »Wer auch nur ein Leben rettet, rettet die ganze Welt«, lautet ein jüdisches Sprichwort. Beitz hat viele Leben gerettet.

Eigentlich hätte Rotenberg sich nun selbst an sein Klavier setzen müssen, um für seinen »Herrn Direktor« zu spielen, doch dafür ist er heute zu aufgeregt, und so lässt ein anderer Chopin erklingen. Rotenbergs Tränen rinnen jetzt über seine Wangen. Bewegt sinkt der alte Mann, der sich so mühte, aufrecht dazusitzen, in sich zusammen, nimmt seine Brille ab, sucht nach einem Taschentuch. Da umschließt Beitz die Hand seines Gegenübers erneut mit seinen Händen und flüstert ihm zu: »Schön, dass Sie da sind. Das Klavier klingt prima, oder?«

Beitz' Tochter Susanne Henle begleitet ihren Vater an diesem besonderen Tag. Sie steht erst neben, dann hinter ihm und muss auch weinen. Später wird sie sagen: »Mein Vater hatte die Chance zu helfen. Es hat ihn aber in all den Jahrzehnten sehr belastet, dass er so vielen anderen nicht helfen konnte.«

Zehn Minuten später verstummt das Klavier, und Berthold Beitz hakt sich bei Jurek Rotenberg ein. Arm in Arm wollen beide zurück zu seinem Wagen gehen, um zur Villa Hügel zu fahren, diesem Symbolort der Stadt Essen und der Firma Krupp, in dem Beitz bis heute Hausherr ist. Dort erwartet sie ein Mittagessen im kleinsten Kreis. Noch im

Hinausgehen sagt Beitz:»70 Jahre sind vergangen. Ich hatte nicht geglaubt, dass ich noch einmal jemanden von damals wiedersehen werde. Ich dachte, dass alle gestorben sind.« Dann schweigt er ein paar lange Sekunden und fügt hinzu:»Es ist schwer heute. Aber es ist auch sehr schön.«

»Ist es erlaubt, Sie zu begleiten, Herr Direktor?«, fragt Jurek Rotenberg seinen Retter. Beide steigen in die »E – RZ 1«-Limousine und sinken in die lederbezogenen Sitze des Fonds. Der Chauffeur bringt sie zur Villa Hügel, die über dem Ufer des Baldeneysees auf einer Anhöhe thront. Umschlossen ist sie von einem Park, der auch zu einem Königsschloss gehören könnte.

Viele der Bäume im Hügel-Park sind mehrere Jahrhunderte alt. Sie stehen kurz vor der Blüte, als Beitz und Rotenberg ins Gästehaus gehen, in dem Beitz als Chef der mächtigen Krupp-Stiftung bis heute arbeitet und seine Besucher empfängt. Er will Rotenberg dort alles zeigen. Sein Gast hält in jedem Zimmer des Hauses inne, staunt und geht mit einigem Zögern über sehr weiche Teppiche, die jeden seiner Schritte dämpfen. Die Wände von Beitz' Büro, von wo aus er über den Konzern wacht und die Millionen der Krupp-Stiftung verteilt, zieren ein mächtiger Gobelin und die vielen Auszeichnungen aus Israel.

Dann führt er ihn in den Speisesaal, in dem ein Festessen serviert wird. Die beiden sitzen nebeneinander, reden ein bisschen polnisch, scherzen und lachen. Sie genießen das Leben. Rotenberg sagt:»Ich habe als Junge dank des Herrn Direktors ein anderes Deutschland erlebt.« Dieses Deutschland existiert in seinem Herzen bis heute. Und heute feiern sie dieses Land. Und dieses Leben.

Nach zwei Stunden geleitet Beitz Jurek Rotenberg aus dem Gästehaus hinaus. Sie stehen noch ein wenig im Portal, und Beitz erzählt einen jüdischen Witz. Dann fährt der Wagen vor. Doch nicht Rotenberg, sondern Berthold Beitz steigt ein und lässt sich für heute nach Hause fahren. Sein Gast geht noch einmal zurück ins Gästehaus und bleibt einen Moment lang allein im Reich seines Retters. Er genießt den Ausblick durch die Fenster auf die alten Bäume im Park. Beitz winkt ihm noch einmal durch die dunklen Scheiben seines Wagens zu. Jurek Rotenberg winkt zurück. Und denkt an die Zeit in Boryslaw.

Die Erlebnisse dort haben Beitz auf seine Lebensaufgabe nach dem Krieg bei Krupp vorbereitet. Bis zu seinem Tod im Juli 2013 verfügte er über etwas überaus Seltenes: einen sehr wörtlich zu nehmenden Gleichmut. Immer handelte er nämlich mit gleichem Mut. Er konnte sich auf diesen Mut stets verlassen. Als Alfried Krupp ihn 1953 zum Generalbevollmächtigten von Krupp berief, formte er den Konzern zu einem der größten deutschen Unternehmen. Seine bedeutendsten Taten vollbrachte er jedoch zuvor in Boryslaw, wo er Manager der Karpaten-Öl AG war und Tag für Tag sein Leben riskierte. Einmal verhaftete ihn die SS. Doch bei der Vernehmung saß er plötzlich seinem Jugendfreund gegenüber. Der ließ ihn laufen. Der Judenretter, er verdankte sein Leben ausgerechnet einem SS-Mann. Und Jurek Rotenberg verdankt es Beitz, das hat er ihm nie vergessen:»Beitz war ein Gentleman unter Unmenschen. Er konnte einfach nicht vorübergehen. Ein großer Mann.«

Rotenberg muss bis heute nur seine Augen schließen, dann sieht er alles wieder vor sich. Die Menschen in den Zügen, wie sie aus den Waggons herauswinken, ihre Arme aus der schmalen Luke strecken, wie sie um ihr Leben winken und schreien nach dem Retter. Hundertfach hallt es über den Bahnhof: »Herr Beitz!«, »Herr Direktor!« Wird er auch dieses Mal da sein? Die Eingeschlossenen hoffen, dass Berthold Beitz ihre Fahrt in den Tod aufhält. Manche von ihnen nennen ihn einen Engel.

Es ist ein Tag im August 1942 im von den Deutschen besetzten Polen. Jurek Rotenberg ist 14 Jahre alt. Er wird Zeuge des Schreckens, der die kleine Stadt Boryslaw erfasst. Und er wird Zeuge eines Wunders. Es ist die Zeit der »Aktion Reinhardt«, so der Tarnname, benannt nach dem Vornamen des SS-Obergruppenführers Heydrich, der von Hermann Göring mit der »Endlösung der Judenfrage« beauftragt wurde. Seit dem Juli 1942 durchkämmt die SS das ganze Generalgouvernement Polen nach Juden und wird bis Oktober 1943 zwei Millionen von ihnen und 50.000 Roma vernichtet haben. Jurek Rotenberg lebt zu dieser Zeit mit seiner Mutter in einem Versteck auf einem Dachboden, direkt gegenüber vom Bahnhof in Boryslaw.

Durch eine schmale Luke im Dach sieht er, wie die Juden, einer nach dem anderen, in die Züge gezwängt werden. Wie SS-Leute wieder anderen noch am Bahnsteig in den Kopf schießen. Er hört das Krachen der Pistolen, das Bellen der Wachhunde und das Weinen und Schreien der Menschen. Bis er nicht mehr hinsehen will, weil ihn die Grausamkeit schockiert. Seine Mutter aber sagt: »Schau hin, Jurek! Damit du nie vergisst, was sie taten!« Und so weicht sein Blick nicht vom Bahnsteig. Ganze drei Tage lang dauert das »Himmelskommando«, wie Jurek es nennt, bei dem SS-Leute immer wieder Hunderte von Menschen in Züge verladen. Alte, Junge, Kinder, dieses Mal auch viele aus dem nahen Waisenhaus.

Rotenberg erinnert sich: »Da kam auf einmal ein Mann auf den Bahnsteig. Er ging durch die Menge. Ganz gerade, sehr elegant, in einem schönen grauen Mantel. Weißes Hemd, Krawatte. Er blieb ganz ruhig. Er ging zu den Zügen und rief nach den Menschen, deutete auf sie.« Berthold Beitz ruft die Namen seiner Arbeiter. Als sich die Türen der Waggons einen Spalt weit öffnen, zieht er so viele Menschen heraus, wie er nur kann. Er gibt vor, sie als »kriegswichtige« Arbeitskräfte für die Karpaten-Öl AG, die er leitet, zu brauchen, und bringt sie dort in Sicherheit. So ähnlich wie es auch Oskar Schindler getan hat. »Herr Direktor stand damals ganz allein. Er hat sein Leben für uns in die Waagschale geworfen«, sagt Rotenberg.

Zuerst brüllen Beitz ein paar SS-Männer ins Gesicht, versuchen, ihn aufzuhalten. Sie ziehen ihre Pistolen, sie lassen ihre Hunde anschlagen. Doch dieser Mann im eleganten Mantel lässt die Türen öffnen und holt immer mehr Menschen aus den Waggons. Die SS lässt ihn gewähren. Vielleicht schützt ihn schon damals sein Charisma. »Ich sah, wie er Auge in Auge den SS-Männern gegenüberstand, wie er ganz allein gegen alle ankämpfte, ohne jede Angst«, erinnert sich Rotenberg.

In den nächsten Wochen lässt Beitz auch Jurek Rotenberg und seine Mutter aus ihrem Versteck zu sich bringen. Er gibt der Mutter ein »R«-Abzeichen, »R« für Rüstungsarbeiter, und ihrem Sohn ein »A«-Abzeichen, für »Arbeitsjude«. Jurek Rotenberg findet in der Altstoff- und Alteisenerfassung der Ölfirma Zuflucht. Viele andere Juden versteckt Berthold Beitz in seinem Privathaus mitten auf dem Firmengelände. Beitz' Frau Else versorgt die Geretteten mit Lebensmitteln und Kleidung. Rotenberg erinnert sich: »In allem, was sie taten, wirkten sie immer innerlich frei.«

Auch Jurek Rotenberg wirkt bis heute so. Er liebt und lebt die Freiheit und verbringt sein Leben gern allein. Wenn er lächelt, dann mit seinem ganzen, von Alter und Sonne braun gesprenkelten Gesicht. Damit gewinnt er die Menschen aus dem Stand. Seine wenigen weißen Haare sind ordentlich gekämmt. Er trägt gerne Cordhosen und sauber gebügelte, in München gefertigte Hemden, und wenn er irgendwo zu Besuch ist, bindet er sich eine Krawatte um und verteilt Gastgeschenke und Handküsse an die Damen.

Ich lerne ihn 2013 kennen, weil ich als Reporter über Rotenbergs erstes und letztes Wiedersehen mit seinem Retter berichten möchte. Ich fahre schon zwei Tage vor dem großen Treffen in der Alten Synagoge in meine Geburtsstadt Essen, weil ich so gespannt bin auf diesen Mann, der sich mit 84 Jahren auf die lange Reise von Israel ins Ruhrgebiet begibt. Zusammen mit Uri Kaufmann, dem Direktor der Alten Synagoge, hole ich ihn am Flughafen Düsseldorf ab und esse mit ihm in seinem Hotel nahe der Synagoge zu Abend. Ich sage ihm, wie sehr ich mich freue, einen Mann kennenzulernen, den Berthold Beitz vor 70 Jahren gerettet hat. Und erzähle ihm, wie ich schon als Kind mit diesem Beitz als Helden meiner Heimat aufwuchs. Jede Woche sah man Fotos von ihm in der Zeitung, denn Beitz prägte das öffentliche Leben und das Erscheinungsbild von Essen wie kein Zweiter. Immerzu eröffnete er irgendwo eine Kunstausstellung, empfing jemanden in der Villa Hügel oder repräsentierte die Firma, ohne die Essen nicht groß geworden wäre. »Den letzten Krupp«, so nannten ihn die Essener liebevoll. Als Junge spürte ich, dass dieser Mann, über den die Erwachsenen oft und ehrfürchtig sprachen, ein Großer sein musste. Und so bewunderte ich ihn wie die meisten Essener und war stolz auf ihn. Ich staunte, dass er sich noch im hohen Alter jeden Tag mit seiner Limousine zur Villa Hügel, dem Stammsitz der Krupps, fahren ließ, um »nach dem Rechten zu sehen«. So tat er das bis zu seinem Tod.

Jurek Rotenberg lächelt, als ich ihm davon berichte, und freut sich darüber, dass Beitz den Essenern so viel bedeutet. Denn ihm bedeutet er ja noch viel mehr, aber davon erzählt er mir erst einmal nur wenig. Er will an seinem ersten Abend in Essen eigentlich nicht von damals reden, sondern lieber noch etwas unternehmen und nicht einfach schlafen gehen. »Lassen Sie uns noch ein wenig spazieren. Lassen Sie uns über das Leben und die Liebe reden, nicht über das andere«, sagt er. Er tut es dann dennoch. Und jedes Mal stürmt es in Jurek Rotenberg, wenn er über das Gestern spricht. Er dreht und wendet seine Worte in Gedanken, bevor er sie ausspricht. Nur »Ich bedanke mich«, die Worte, die er auch seinem Herrn Direktor sagte, verwendet er in seinem Leben sehr oft. Sie sind sein Markenzeichen, das er gern ans Ende seiner Sätze setzt, selbst dann, wenn es vielleicht gar nicht richtig passt. Auch wenn ihm gefällt, was jemand sagt, sagt er darauf: »Ich bedanke mich.« Weil er ein dem Leben dankbarer Mensch ist.

Rotenberg spricht mit Leidenschaft und Musikalität. Er ist ein guter Pianist und weiß um den rechten Ton und viel mehr noch um den Klang der Worte. Sein Duktus, seine Sprachmelodie erinnern an Marcel Reich-Ranicki. Er kann ein dreisilbiges Wort in drei verschiedenen Tonlagen aussprechen. Und wie der Literaturkritiker redet auch Rotenberg nie ruhig und beiläufig. Nein, immer arbeitet es in ihm, wenn er etwas sagt, immer reißt er die Menschen durch seine Worte mit. Und das in vielen Sprachen. Rotenberg beherrscht Hebräisch, Polnisch, Englisch, Italienisch, Türkisch und ein wunderbar altmodisches Deutsch. Meist beginnt er seine deutschen Sätze mit einem »Schauen Sie…«, das er lange dehnt. Dann streut er gerne englische Versatzstücke ein. Er sagt oft:»This is not my cup oft tea« oder »This is no problem for me«. Und wenn er das Gefühl hat, dass seine Sätze zu schwer oder zu traurig klingen, fügt er eine italienische Wendung an:»Finita la musica!« oder ein »Mamma mia!«. Der Schalk in seinem Blick blitzt dann auf und fordert sein Gegenüber zum Mitlächeln auf. Ähnlich wie Reich-Ranicki, der in seinem Versteck deswegen überlebte, weil er den polnischen Bauern jeden Abend ganze Romane aus seiner Erinnerung erzählte, redet auch Rotenberg mit einer besonderen Eindringlichkeit. Man muss diesem Mann einfach zuhören und über seinen jüdischen Humor lachen. Rotenberg ist in allem, was er tut, noch immer ein Lebensdurstiger.

Über die Höllenszenen, die er damals am Bahnsteig sah, hat er später kaum gesprochen – mit wem auch? »Mit meinen Freunden und Bekannten in Israel? Nein! Dieses Land ist doch voll von solchen Geschichten. Und mit meiner Familie? Alle verschwanden beim großen Himmelskommando! So habe ich alles für mich behalten.« Und so zog er sich zurück in seine Erinnerung.

So sehr, dass er Berthold Beitz nur von Weitem sah, als dieser am 7. Mai 1990 nach Jerusalem kam, um in Yad Vashem, der Holocaust-Gedänkstätte, einen Baum im Hain der Gerechten zu pflanzen. Dorthin, wo Berthold Beitz' Name in den hellen Stein gemeißelt ist, waren an diesem Tag viele Gerettete gekommen, um ihren Retter wiederzusehen, nicht nur Rotenberg. Sie bestürmten Beitz, wollten ihn sprechen oder wenigstens berühren. Einige verbeugten sich, andere knieten nieder vor dem Mann im dunklen Anzug. Doch Rotenberg hielt sich im Hintergrund:»Ich musste nicht auch noch zu ihm gehen«, erinnert er sich. »Ich wollte ihm nur danken. Deswegen war ich an diesem Tag dort.« Und so sollte es sieben Jahrzehnte dauern, bis sich beide wieder gegenüberstanden. Mit vielen seiner Geretteten wechselte Beitz Briefe, bis die Post immer weniger wurde und Beitz glaubte, dass alle Überlebenden von damals tot seien. 2009 entdeckte dann sein persönlicher Referent Volker Troche Jurek Rotenbergs Weihnachtspostkarten, die er all die Jahre an Beitz geschrieben hatte, ohne einen Absender: »Sehr geehrter Herr Direktor, Schöne Weihnachten, Ihr Rotenberg.« Immer die gleichen Worte. Der *SZ*-Journalist Joachim Käppner, der damals gerade für seine Beitz-Biografie recherchierte, erfuhr von diesen Weihnachtskarten und machte Rotenberg in Haifa ausfindig.

Natürlich hat Rotenberg, als er nach Essen reist, davon gelesen, dass Beitz momentan »in Schwierigkeiten sein soll«. Auch im fernen Haifa hat er von der Krupp-Krise gehört, von den schlechten Zahlen des Unternehmens und dass Beitz, der so lange Unantastbare, plötzlich umstritten sei. Auch von dem Vorwurf, dass einer, der im September 2013 hundert Jahre alt werde, nicht so viel Macht ausüben solle. Fragt man Rotenberg, was er dazu sagt, lächelt er eines seiner feinsten Lächeln: »Es regnet. Aber das kann ihm nichts anhaben. Er wird da schon herauskommen.«

Denn er kam doch immer heraus. Und dank ihm auch Rotenberg. Seine Arbeitslizenz, die er damals von Beitz bekam, trug der Junge Jurek stets in seinem rechten Ärmel, um sie schnell vorweisen zu können. Das konnte Leben retten damals. Wenn er von dieser Lizenz erzählt, zupft er auch heute noch an seinem Hemdsärmel. So, als wolle er sich vergewissern, ob sie dort noch steckt. Und dass er sie im

Fall der Fälle aus dem Ärmel ziehen könnte wie einen Trumpf. Einen Trumpf zum Überleben.

2005, acht Jahre vor dem Wiedersehen von Beitz und Rotenberg, bemühte ich mich wieder einmal um ein Interview mit Beitz. Ich hatte als Reporter schon immer davon geträumt, den großen Mann meiner Heimat einmal zu seinen Erlebnissen in der Nazizeit zu befragen. Jahrzehntelang hatte er über all das, was man heute davon weiß, geschwiegen, allenfalls Andeutungen gemacht. Doch nach jeder Bitte um ein Interview ließ sein Büro sehr freundlich ausrichten, dass er zu diesem Thema wie bisher schweigen werde. Seit Jahrzehnten war da immer dieses Rätsel um ihn: Was genau hatte er vor seiner Zeit bei Krupp im Zweiten Weltkrieg getan? Er soll Juden gerettet haben, aber Genaues wusste kaum jemand zu sagen. Beitz wollte das so, und seine Freunde, der *Spiegel*-Gründer Rudolf Augstein und Altbundeskanzler Helmut Schmidt, hatten ihn genau dafür gelobt, wenn sie Festreden zu seinen runden Geburtstagen hielten. Doch dann, eines Tages im Sommer 2005, erreichte mich der so lang ersehnte Anruf. Berthold Beitz wolle mich zu einem Mittagessen im Gästehaus der Villa Hügel empfangen, sagte Beitz' persönlicher Referent am Telefon. Das Thema des Gesprächs sei offen.

Zum vereinbarten Termin melde ich mich am hölzernen Pförtnerhäuschen vor dem Hügel-Park. Die Schranke öffnet sich. Der Weg führt vorbei an den uralten Bäumen und viel englischem Rasen zum Gästehaus, vor dem drei Fahnen mit dem Krupp-Signet wehen, drei ineinander verschlungene Ringe. Deswegen nennen die Essener Beitz auch »Herr der Ringe«.

In einem Vorraum nimmt mir ein Herr die Garderobe ab und führt mich in einen Empfangsraum, wo er mich zwischen Seidentapeten, goldenen Brokatkissen und einem Porträt des streng blickenden Alfried Krupp allein lässt, das den ganzen Raum beherrscht. Zum zweiten Mal in meinem Leben habe ich mir eine Krawatte gekauft und angezogen, und jetzt, in meiner Aufregung, fühle ich, wie sie mich ein wenig würgt. Wie mein Puls gegen den steifen Hemdkragen klopft. Ich wäre so gerne gefasst und konzentriert, wenn ich Berthold Beitz begegne. Aber das gelingt mir nicht.

Nach zehn ewigen Minuten werde ich von Beitz' Chefsekretärin über die mit rotem Teppich bedeckten Stufen in den ersten Stock geführt. Ich stehe vor einer Tür, die größer ist als die anderen im Haus und mit einer Lederpolsterung überzogen, auf dass kein Wort nach draußen dringen kann. Die Sekretärin öffnet die Tür erst einen Spaltbreit, um mich anzukündigen, bevor sie mich einlässt. Ganz weit hinten in dem Büro erhebt sich ein Herr von seinem Ledersessel und geht auf mich zu.

Ich erstarre viel zu lange. Als ich mich endlich in Bewegung setze, kommt mir der Weg endlos vor. Ich weiß noch, wie meine Schritte in den tiefen Teppich sinken. Gute zwanzig Meter sind es sicherlich von der Tür bis zu seinem Schreibtisch. Der Blick geht durch bodentiefe Fenster in den weiten Park auf die Villa Hügel.

Dann steht Beitz vor mir und streckt mir seine Hand entgegen. Sie kommt mir groß vor, viel größer als die von anderen. Seine Hände sind es auch, die ich bis heute vor mir sehe, wenn ich mich an ihn erinnere. Beitz benutzte immer seine Hände, um von dem zu erzählen, was so schwer zu sagen ist.

»So, so, Sie wollen also, dass ich Ihnen von Boryslaw erzähle. Nun, ich weiß nicht, ob ich das will und ob das gut ist…«, höre ich ihn sagen. Ich ziehe meinen Notizblock aus meiner Anzugtasche und möchte seine Worte mitschreiben. Das gefällt Beitz gar nicht. Seine Brauen, die sein Gesicht beherrschen, schieben sich zusammen. »Stecken Sie das mal wieder weg«, sagt er, und ich zucke innerlich zusammen. »Ich lerne Sie jetzt erst einmal kennen, und dann überlege ich, was ich Ihnen erzähle und ob daraus etwas wird.«

Ich hole tief Luft, spüre Verlegenheit und mein Herzklopfen und höre mich selbst Unsinn reden. Ich berichte Beitz jetzt allen Ernstes, wie wir als Jungs mit dem Rad von Altenessen an den Baldeneysee gefahren sind und vor seinem Wohnhaus Station gemacht haben. Immer in der Hoffnung, dass sich vielleicht einmal das Tor des streng bewachten Geländes – es war die Zeit des RAF-Terrorismus – öffnen und er herausfahren würde. Ich merke, wie ich rot werde, weil ich Beitz mit so etwas behellige, doch dann sehe ich, wie er darüber wohlwollend schmunzeln muss. In dieses Lächeln hinein sage ich ihm, dass ich mich schon so lange frage, was genau er damals im Krieg getan hat, und dass ich fest davon überzeugt bin, dass man endlich mehr darüber erfahren müsse. Und obwohl meine Stimme fast schon wieder bricht, bringe ich dann doch endlich den entscheidenen Satz hervor: »Herr Beitz, bitte! Ich bitte Sie von Herzen, erzählen Sie davon.«

Beitz' Blick verdunkelt sich, und er schaut mir ins Gesicht, aber Gott sei Dank nicht, wie ich erst nach unendlich langen Momenten kapiere, weil er mich hinausbitten, sondern weil er tatsächlich erzählen will. Und zwar als Erstes von einer Szene, die ihn bis heute traurig macht.

Er benutzt seine Hände, um das Drama dieses Augenblicks zu beschreiben. Er spreizt die rechte Hand und hält sie sich vor die Augen. »Sehen Sie, durch dieses kleine Gitter des Viehwaggons schauten die Menschen mich an«, sagt er. Dann schweigt er wieder und streckt seine Hände aus. Um zu zeigen, wie er nur die Arme und Hände der Menschen sah, die sich durch die kleine Luke des Waggons nach den seinen ausstreckten, die nach ihm winkten und flehten. Beitz hörte das Schreien der Menschen: »Herr Beitz, hier bin ich!« »Herr Beitz, bitte nehmen Sie mich!«

Seine Gesten ziehen mich so in ihren Bann, dass ich nur noch auf seine Hände sehe: Beitz hält sie sich wieder vor die Augen, diesmal um zu zeigen, dass er die Menschen durch das schmale Gitterfenster nicht richtig erkennen konnte. Sein Arm und seine Faust erzählen jetzt, wie er am Schloss des Waggons rüttelte, seine Tür einen Spalt weit aufstemmte und nach den Eingepferchten griff. »Vater der Juden« nannten sie ihn, und wieder einmal war er da, wenn sie nach ihm riefen.

Es ist eine dieser Szenen, die auch Jurek Rotenberg damals im Frühjahr 1942 in seinem Versteck auf dem Dachboden gegenüber des Bahnhofs mit ansieht. Berthold Beitz erscheint immer kurz bevor die Todeszüge abfahren sollen – und hält sie auf. Die SS-Leute auf dem Bahnsteig haben Respekt vor seinem Auftreten, auch vor seiner herausragenden Stellung. Beitz strahlt schon damals Autorität und Macht aus. Er ist erst 29 Jahre alt, aber bereits Direktor der Karpaten-Öl AG.

Die Nazis bewundern sein arisches Aussehen, die blonden Haare und blauen Augen. Manche halten ihn für einen Neffen des Reichsmarschalls Hermann Göring. Sie lassen ihn gewähren, obwohl sie jemanden, der sich für das Leben von Juden einsetzt, sofort verhaften könnten. Beitz reklamiert für die Kriegsproduktion wichtige Ingenieure,

Dreher, Schlosser. Mehr als tausend von ihnen arbeiten schon in seinem Betrieb und finden dort Schutz. Und so fragt er die schreienden Menschen in den Zügen nach ihren Berufen, doch nur zum Schein, denn auch wenn sie »Maler«, »Schriftsteller«, »Bäcker« rufen, reißt er sie aus den Zügen. »Herr Direktor, bitte helfen Sie mir, Herr Direktor, hören Sie mich?«, schreit schließlich eine Frau aus einem der Waggons. Beitz erkennt die Stimme einer seiner Sekretärinnen. Als er sie befreit, fragt die Frau: »Mit Verlaub, Herr Direktor, ist es möglich, auch meine Mutter herauszuholen?« »Ja, hol sie heraus!«, antwortet Beitz. Doch dann baut sich ein SS-Mann vor ihnen auf und zieht seine Waffe: »Was, dieses alte Weib?« »Ja, das ist ihre Mutter«, sagt Beitz. Der SS-Mann befiehlt: »Nein, die geht wieder zurück! Die andere schenke ich Ihnen!«

Als Berthold Beitz im Jahr 2005 von diesem Augenblick erzählt, ist er 92 Jahre alt, und seine Hände tragen die Spuren des Alters. Mit ihnen zeigt er jetzt wieder, wie er damals nach seiner Sekretärin griff und sie dann wieder losließ, als sie ihn bat: »Wenn es erlaubt ist, Herr Direktor, dann gehe ich auch zurück.« Die Frau stieg zurück zu ihrer Mutter in den Waggon, der Zug fuhr ab.

Viele der Befreiten schrieben Beitz nach dem Krieg. Etwa hundert dieser Briefe bezeugen heute die Erlebnisse des späteren Krupp-Aufsichtsratsvorsitzenden. Mit Oskar Schindler mochte er nie verglichen werden, vielleicht weil er, der eisern Disziplinierte, so anders war als der Lebemann Schindler, der nach dem Krieg pleiteging. Und doch vereint beide diese erstaunliche Unerschrockenheit. »Ich war damals jung, ein ziemlich frecher Kerl, wäre ich älter gewesen, hätte ich vielleicht mehr über die Gefahr nachgedacht«, sagt Beitz. Spätestens als er Augenzeuge der Verbrechen wurde, fühlte er sich,»wie wenn ich mit tausend Volt aufgeladen worden wäre«. Von da an habe er die Todesgefahr kaum mehr gespürt.

Der 17. Februar 1943 ist ein Tag, den er nie vergessen wird. Bis dahin klammerte er sich wie viele andere Deutsche an Wortschöpfungen wie »Sonderbehandlungen« oder »Aktionen«, mit denen die Mörder ihre Taten zu tarnen versuchten. An diesem Wintertag trieb die SS Hunderte Juden in das Kino »Colosseum« in Boryslaw zusammen. Mina Horowitz, die zusehen musste, wie die Männer ihre Tochter Rehle mitnahmen, erinnerte sich in einem Brief an Beitz von 1972 an diesen Augenblick: »Es breitete sich ein Ruf aus: ›Beitz ist gekommen, Beitz ist gekommen!‹, und nach einer Weile fiel mein Name. (...) Auf seine Frage, wo mein Kind sei, drückte ich, nicht lange darüber nachdenkend, das nebenstehende Kind an mich, zog es mit der Behauptung nach vorn, es sei meines. Blitzartig durchzuckte mich der Gedanke, ich könnte vielleicht ein anderes jüdisches Kind anstelle meines eigenen retten.« Beitz begriff, dass der neunjährige Duni Schapira, den seine Mitarbeiterin Mina Horowitz an der Hand hielt, nicht zu ihr gehörte. Dennoch brachte er beide in sein Büro.

Noch einmal wurde Beitz zum Kino gerufen, weil auch seine Putzfrau Lea Altbach dort eingesperrt sein sollte. Als Beitz eintraf, sah er, wie der letzte Lkw gerade abfuhr. Er verfolgte den Laster, stoppte ihn und befreite auch diese Frau. Nun wollte Beitz wissen, wo die Transporte endeten. Statt im nahen Vernichtungslager Belzec stoppten die Lkws vor dem Schlachthof von Boryslaw. Beitz war Augenzeuge des Verbrechens.

Die Menschen mussten Gruben ausheben und sich nackt ausziehen. In Gruppen trieb die SS sie auf eine Rampe.

Einer der Henker machte sich einen Spaß daraus, erst auf ihr Genick zu zielen, wenn die Menschen absprangen. Und so traf er viele nicht tödlich. Die Erde über dem Massengrab bewegte sich noch Stunden, nachdem der letzte Schuss gefallen war. Beitz sagte am Ende dieses Tages: »Wenn der Krieg vorbei ist und die Welt von alldem erfährt, wer soll dafür bezahlen?«

Jan Jaworski, ein polnischer Mitarbeiter der Betriebsinspektion Boryslaw, erinnerte sich in einem Brief an Beitz vom 18. Januar 1947 an das entsetzliche Szenario: »Diese unglücklichen Bluttage, wo Sie aus Henkershänden unschuldige Frauen entrissen haben. (...) Berg mit Berg trifft sich niemals, aber Mensch mit Mensch immer.«

Beitz begann zu begreifen, dass die angebliche »Umsiedelung« der Juden in Arbeitslager, an die er bis dahin geglaubt hatte, nur eine Lüge war. Er wollte sich nicht auflehnen, nur menschlich handeln. »Das, was ich tat, war kein Widerstand. Wir haben nur immer miterlebt, was in Boryslaw mit den Juden geschah. Wenn Sie sehen, wie eine Frau mit Kind auf dem Arm vor Ihnen erschossen wird, und Sie haben selbst eine Frau und ein Kind, dann reagieren Sie ganz anders.« Dann holte er sie zu sich nach Hause. Die Juden nannten Beitz' Privathaus auf dem Fabrikgelände, in dem er und seine Frau viele von ihnen versteckten, ihre »Arche Noah«.

Altbundeskanzler Helmut Schmidt sagte in der Festrede zu Beitz' 90. Geburtstag dem Ehepaar Berthold und Else Beitz: »Wenn es nach Ihnen beiden gegangen wäre, wäre Ihre Hilfe unbekannt geblieben. Erst sehr viel später haben Sie davon geredet; als Yad Vashem in Jerusalem Ihnen beiden mit dem Titel ›Gerechte der Völker‹ gedankt hatte. (...) Sie haben das Wort von der ›Pflicht des Herzens‹ gebraucht. (...) Ich verbeuge mich vor Ihrer Lebensleistung.«

Als ich ihn nach seiner Freundschaft zu Schmidt frage, steht Beitz auf und zeigt auf ein Foto in der Galerie der vielen Prominenten, die die Wand seines Büros schmücken. Dann deutet er auf das Bild von Papst Johannes Paul II., der Beitz in den Vatikan bat, um ihm zu danken, dass »er so viel für meine Polen« getan hat. Auf weiteren Fotos notierten Golo Mann und Nikita Chruschtschow Widmungen. Ein Bild zeigt Willy Brandt mit dem Honorarprofessor Beitz in den Sylter Dünen. »In frischer Luft, bei guter Laune, für vernünftiges Handeln«, schrieb Brandt mit Filzstift auf das Foto. Daneben hängen Auszeichnungen der jüdischen Organisationen, auch des Simon-Wiesenthal-Zentrums. Polen verlieh ihm 1974 den Verdienstorden des Landes.

Der schlanke Beitz geht jetzt die vielen Meter mit den Bildern an den Wänden seines Büros ab und erzählt mir von den Stationen seines Lebens. Ihn umgibt eine Aura aus Eleganz und Eigenwillen. Stets trägt er eng geschnittene Maßanzüge aus englischem Stoff. Heute ist es ein taubenblauer mit grauen Nadelstreifen. Dazu eine rot-blaue Krawatte samt rot-blauem Einstecktuch. Manschettenknöpfe mit Lapislazuli-Steinen. Seine Augenbrauen schieben sich zusammen, als ich ihn nach seinen Motiven frage. Dann will er bloß schweigen, schließt für lange Sekunden die Augen und sagt nur so viel: »Ich wollte selbst immer frei sein. Vielleicht war mir deswegen auch die Freiheit der anderen wichtig.« Und: »Ich musste es einfach tun. Ich wünschte, ich hätte mehr Menschen retten können. Ich konnte so vielen nicht helfen.«

Früh unter Beweis gestellter Mut, ja Todesmut, und innere Unabhängigkeit waren das Fundament seiner Laufbahn.

Beides ließ ihn nach dem Krieg zu einer der größten Unternehmerpersönlichkeiten Deutschlands aufsteigen. Das, was er im damaligen Galizien erlebt hatte, prägte ihn. Als einer der Ersten engagierte er sich nach dem Krieg für die Aussöhnung mit Osteuropa, vor allem mit Polen. Im eigenen Land jedoch war er in dieser Zeit für manchen seiner Managerkollegen anderer Firmen eine personifizierte Provokation: Einigen Mitläufern, Profiteuren des Unrechts oder sogar in die Verbrechen Verstrickten war er in seiner Geradlinigkeit geradezu verdächtig. Ein unbequemer Beweis, dass Menschlichkeit sehr wohl möglich gewesen war. Und dann forderte er auch noch, dass Krupp seine überlebenden Zwangsarbeiter entschädigt – zum Ärger derjenigen Manager und Magnaten, die in dieser Zeit nur nach vorn und nicht zurückschauen wollten. Er erinnerte sich so: »Als ich 1953 bei Krupp begann, hätten manche es lieber gesehen, wenn auf meiner Weste ein paar Flecken gewesen wären.«

Doch ausgestattet mit einer einzigartigen Machtfülle, formt der enge Vertraute von Alfried Krupp die Firma in der Wirtschaftswunderzeit wieder zu einem großen deutschen Unternehmen. Ab 1970 war Beitz Aufsichtsratsvorsitzender des Konzerns, seit 1989 Ehrenvorsitzender des Aufsichtsrates, seit 1999 auch in der ThyssenKrupp AG. Nach dem Tod Alfried Krupps im Jahr 1967 wurde Beitz auf Lebenszeit zum Kuratoriumsvorsitzenden und verstand sich fortan als Sachwalter des Patriarchen.

Dass er bis zu seinem Lebensende arbeitete, meist so von neun Uhr morgens bis um fünf Uhr nachmittags, war sein Elixier: »Sonst wäre ich längst tot. Das ist mein Leben«, sagt er zu mir im Jahr 2005. Und dass er morgens, bevor er die Stiftung betritt, gern um die Villa Hügel herum spaziert, durch den herrschaftlichen Park mit den Mammutbäumen.

Von der Größe seiner Taten lenkt er im Rückblick gerne ab, das Wort »ich« vermeidet er und beschreibt den Grund für sein Tun in Boryslaw so:»Man musste etwas unternehmen, man wurde ein anderer Mensch.« Wieder legt er seine gespreizten Hände erst übereinander und entfernt sie dann wieder voneinander:»Das war plötzlich ein anderer Beitz in diesen Augenblicken. Es kam immer auf Sekunden an. Viel Glück war auch dabei. Heute hätte man nicht mehr den Mut dazu.«

Nach einer Stunde in seinem Büro, in der ich versuche, mir jedes Wort von ihm einzuprägen, da ich ja nicht mitschreiben darf, führt Beitz mich hinunter ins Speisezimmer. Dort ist festlich eingedeckt, auf dem schweren Silberbesteck sind die drei Krupp-Ringe eingraviert. Zwei Butler servieren das Essen, im Anschluss gibt es Kaffee und Gebäck im Empfangsraum gegenüber. Ich bin kein bisschen weniger nervös als zu Beginn dieses Treffens und will doch noch möglichst viel von ihm erfahren. Was ihn damals bestärkte in seinen Taten, frage ich. Ob er Gottvertrauen hatte? Da muss Beitz zufrieden lächeln:»Ich glaube, dass einer die Hand darüber hielt und sie bis heute über mich hält. Vielleicht wurde ich deswegen so alt.«

Von diesem Glauben ließ Beitz sich tragen, wenn er mehr als einmal sein Leben riskierte. Um Menschen zu retten, fälschte er Arbeitsbescheinigungen, ließ Essenssonderrationen in die Fabrik schmuggeln, richtete sogar einen Meldedienst ein, der vor SS-Aktionen in seiner Fabrik warnte. Ein Gebäude auf dem Gelände diente ausschließlich als Versteck. Dass Beitz seinen Zwangsarbeitern Zuflucht gewährte, wussten auch seine Gegner. Und doch musste er Jugendliche, Frauen und Kinder oft ihrem Schicksal überlassen. In einer Nacht sah er, wie SS-Männer das jüdische Waisenhaus von Boryslaw räumten, wie sie die Säuglinge des Heims durch die offenen Fenster auf die Straße warfen, wie sie die Kinder, nur mit ihren gestreiften Nachthemden bekleidet, zum Bahnhof trieben. Dort beobachtete Beitz, wie jeder Erwachsene eines der Waisenkinder an die Hand nehmen und in die Waggons steigen musste. Er hörte, wie einer der Juden sagte, dass er Arzt sei. Worauf der SS-Mann entgegnete: »Im Himmel werden auch Ärzte gebraucht.«

Die Bilder von damals kehren in seiner Erinnerung immer wieder: »Die Kinder mit den kahl geschorenen Köpfen sahen mich mit großen Augen an, ich durfte sie doch nicht mitnehmen, nur Erwachsene.« Auch wenn er noch immer damit hadert, ist seine Stimme fest und frei von jeder Sentimentalität. Selbst wenn er erzählt, wie es ihm einige Male gelang, Kinder in seine Fabrik zu schleusen. Er bestach dafür die Schergen. »Kommen Sie morgen mal in mein Büro, da habe ich etwas für Sie«, sagte er zu dem SS-Mann, der vor seinen Augen eine Mutter erschossen hatte und nun auf das Kind zielte.

Josef Hirsch, Lohnbuchhalter in der Betriebsinspektion Boryslaw, erinnert sich an ähnliche Taten. Am 18. September 1947 schrieb er in einer eidesstattlichen Erklärung: »Während der ganzen Zeit hat sich Herr Beitz immer bemüht, mich, meine Frau und mein Kind vor allen ›jüdischen Aktionen‹ zu retten. Eine sogenannte ›Aktion‹ bedeutete immer eine Hinmetzelung der Betroffenen. (...) Er hat keine Mühe und persönlichen Einsatz gescheut, für die Sicherheit dieser Gefolgschaft Sorge zu tragen. (...) er hat uns immer wieder Hoffnung auf eine Wendung zum Besseren und neuen Lebensmut gegeben.«

Als 1944 die Russen im damaligen Ostpolen anrückten, wurde Beitz' Betrieb geschlossen. Er selbst musste an die Front. Und so verabschiedete er sich von »seinen« Juden und riet ihnen, in den Wald zu fliehen und zu warten, bis die Russen kommen. Bis zum Schluss hielt Beitz zu seinen Arbeitern. Michael Halski zum Beispiel stellte er einen Urlaubsschein aus, um ihm zur Flucht zu verhelfen. Darauf spielt Halski an, als er im Jahr 1963 aus Memphis an Beitz schreibt und um »eine Verlängerung meines Urlaubs« bittet.

Ignatz Bubis, bis zu seinem Tod im Jahr 1999 Vorsitzender des Zentralrats der Juden in Deutschland, musste mit ansehen, wie sein Vater abtransportiert wurde. Doch einigen seiner Verwandten rettete Beitz das Leben. Bubis nannte ihn dafür einen Helden, ein Begriff, gegen den sich Beitz ein Leben lang wehrte. »Die Leute wollten mich zum Helden machen. Aber ich war keiner. Ich bin ein Mensch gewesen«, sagte er oft.

1944 musste sich Beitz auch von seiner Sekretärin Hilde Berger verabschieden, die zuvor für Oskar Schindler gearbeitet und in dessen Obhut gestanden hatte. Er wollte sie trösten, versprach ihr: »Eines Tages sehen wir uns irgendwo wieder, und dann gehen wir zwei noch mal schick aus.« Hilde Berger geriet nach ihrer Flucht aus Boryslaw erneut in die Fänge der SS und wurde nach Auschwitz verschleppt. Sie überlebte. 30 Jahre später traf Beitz Hilde Berger in New York wieder, wo er sein Versprechen wahrmachen und mit ihr auf das Leben anstoßen konnte.

In einem Brief von 1989 schreibt ein Doktor Mandel, früherer Mitarbeiter von Beitz, an seinen ehemaligen Direktor: »In vielen grausigen Stunden erschienen Sie wie ein Botschafter des Himmels und entrissen viele (...) den Klauen des Todesengels. Sie waren der Engel des Lebens. (...) Wer auch nur eine Seele rettet, rettet die ganze Welt.«

All diese Zeilen stehen in einem Buch mit weinrotem Einband, das Jurek Rotenberg von Berthold Beitz bei ihrem Wiedersehen geschenkt bekam. Die Sammlung von Briefen, Dokumenten und eidesstattlichen Versicherungen vieler Überlebender dokumentiert Beitz' Taten. In der Öffentlichkeit brüsten wollte er sich damit nicht, er hat lediglich hundert Exemplare davon drucken lassen. Nur nahestehenden Menschen wollte Beitz diese »Polenbriefe«, wie er sie nannte, als Zeugnis seines Handelns hinterlassen. »Dass Else und ich Menschenleben retten konnten unter der Bedingung einer gnadenlosen Diktatur, dass wir das Entsetzliche nicht passiv hinnehmen mussten, das ist mir wert, diese Briefe an Euch, unsere Nachkommen, weiterzugeben«, schrieb Beitz im Vorwort.

Ich kann aus den Briefen zitieren, weil Berthold Beitz mir am Ende unseres Treffens auch eines der hundert Bücher schenkt. Statt selbst zu reden, lässt er lieber die Briefe an ihn sprechen. Zum Abschied bringt er mich noch bis zum Eingang. Die Spätsommersonne steht schon schräg und blendet uns ein wenig. Ein paar der Lebensbäume des Hügel-Parks werfen ihre Schatten in seine Richtung. Und er steht dort im Portal und winkt mir nach – mit seiner großen Hand, die die Menschen aus den Zügen holte.

Acht Jahre später, am 30. Juli 2013 stirbt Beitz, kurz vor seinem 100. Geburtstag am 26. September. Zwei große Feiern für diesen Tag waren längst geplant, eine für die Essener Bevölkerung, mit einem Jazz-Konzert im Saalbau, denn Beitz war Jazz-Fan. Die andere sollte in der Villa Hügel sein, mit vielen geladenen Ehrengästen – darunter natürlich Jurek Rotenberg.

Dieser 26. September 2013, sein Geburtstag, ist nun der Tag seiner Trauerfeier. Welche Bedeutung das ganze Land dem Verstorbenen beimisst, lässt sich ablesen an der langen Reihe von dunklen Limousinen, die sich vor dem Portal der Villa stauen, und der Prominenz der Aussteigenden. Sicherheitsstufe eins.

Schwere Wolken wälzen sich an diesem Tag über den Hügel. In der großen Empfangshalle begegnet sich eine Trauergesellschaft, wie sie so nie mehr zusammenkommen wird, das spürt man ständig an diesem Tag. Es ist einer der letzten öffentlichen Auftritte von Altbundespräsident Richard von Weizsäcker, der auf einen Stock gebeugt auf den aktuellen Bundespräsidenten Joachim Gauck zugeht, um ihn zu begrüßen. Es sind Bischöfe, Politiker und die Vorstandsvorsitzenden der größten deutschen Firmen gekommen. Seltsam klein wirken sie alle in diesem großen Saal, an dessen Wänden haushohe Ölgemälde von Kaisern und Krupp-Ahnen prangen. Die Villa kommt mir kein bisschen kleiner vor als damals in Kindertagen. Gebaut wurde dieses Haus nun mal von und für Stahlgiganten, alles in ihm ist zu groß. Die Türgriffe, die Treppen, die Leuchten. Entsprechend riesig sind auch die Bilder aus Beitz' Leben, die nun auf eine Leinwand geworfen werden. Daneben ein Porträt in Lebensgröße, das ihn in typischer Pose zeigt: wie er mit offenen Armen auf die Menschen zuging.

Leises Stimmengewirr erfüllt die Empfangshalle. Unter Hunderten Schritten knarrt das alte Parkett. Abseits der Menge steht Sportmoderator Marcel Reif in einer Nische der Bibliothek, ganz versunken in diesen Moment. Es war Beitz, der Marcel Reifs Vater gerettet hat, und das wird ihm der Sohn nie vergessen. Noch vor etwa einem Jahr bedankte er sich dafür bei ihm mit einem Brief. »Meinen Sie, das kann ich tun?«, hatte er mich gefragt, als ich ihn zu seinem Vater und dessen Rettung interviewte. Ich antwortete: »Tun Sie das unbedingt, das wird ihn sehr freuen!« Ein paar Tage später schrieb Reif ihm wirklich, und ein paar Wochen danach lud Beitz ihn in die Villa Hügel ein.

Auch Jurek Rotenberg ist zur Trauerfeier nach Essen gereist. Er steht inmitten all der Menschen und sagt: »Schauen Sie, ich hatte diese Einladung zu seinem 100. Geburtstag bekommen, und diese Verabredung habe ich eingehalten.«

Bundespräsident Joachim Gauck, der schon die Geburtstagsrede für diesen Tag fertig geschrieben auf seinem Schreibtisch liegen hatte, hält nun eine Traueransprache. Gauck blickt dabei von seinem Rednerpult mitten hinein ins alte »Wohnzimmer« der Krupps. Ein Saal in den Maßen eines Bahnhofs. Seine gläserne Decke gleicht dem Dach eines Palmengartens. Eben noch trommelte leise Regen darauf, jetzt brechen Sonnenstrahlen hindurch und fallen auf die Trauerversammlung.

Auf den mit rotem Samt bezogenen Stühlen sitzen tausend Ehrengäste, vor ihnen steht Gauck und sagt zum Schluss seiner Rede: »Mein letzter Satz sagt Dank dafür, dass Berthold Beitz mit seinem Tun, mit seinem Dasein unser Land besser, schöner und menschlicher gemacht hat.« Kurz zuvor hatte sich Gauck direkt an Jurek Rotenberg gewandt: »Sehr geehrter Herr Rotenberg, der Sie unseren Vorsitzenden noch einmal besucht haben. Und Sie haben doch auch das Klavier Ihrer Frau Mutter hierhergebracht nach Essen und sind mit ihm zusammen gewesen. Sie … werden nach mir all das Gute und Wichtige ergänzen, das ich in der Kürze der Zeit hier nicht erwähnen konnte.«

Doch erst ist der Dirigent Daniel Barenboim an der Reihe, geht zu seinem Flügel und spielt zusammen mit Streichern seines West Eastern Divan Orchestra. Dann sprechen die nordrhein-westfälische Ministerpräsidentin Hannelore Kraft und ThyssenKrupp-Chef Heinrich Hiesinger. Ganz zum Schluss tritt Rotenberg ans Rednerpult, die Beitz-Familie hatte sich das ausdrücklich so gewünscht. Wie damals in der Synagoge nimmt Rotenberg Haltung an und beginnt ganz leise zu erzählen: von seinen Erlebnissen in Boryslaw, von seinem Wiedersehen mit Beitz im April des Jahres. Und schließt mit einem Zitat von Hermann Gmeiner, dem Gründer der SOS-Kinderdörfer:»Alles Große in unserer Welt geschieht nur, weil jemand mehr tut als er muss!«« An dieser Stelle seiner Rede angekommen, legt Rotenberg eine lange Pause ein. Vielen im Saal stehen Tränen in den Augen, und auch er selbst spürt, dass er gleich weinen muss, und das will er doch nicht. Deswegen atmet er tief ein und vollendet seine Rede: »Berthold Beitz, der die Kraft der Moral und Humanität besaß – ein Wegweiser! *Non omnis moriar!* Dankeschön!«

Der Satz des römischen Dichters Horaz »Non omnis moriar« bedeutet so viel wie:»Ich werde nicht ganz sterben!« Ein Satz, der anklingen lässt, wie viel bleiben wird vom Retter Berthold Beitz. Nämlich seine Geretteten und deren Nachkommen. Sie sind sein Vermächtnis. Sie halten sein Lebenswerk lebendig.

Die Ehrengäste erheben sich für Jurek Rotenberg, Applaus brandet auf. Als er vom Rednerpult zurück zu seinem Platz gehen will, kommt Joachim Gauck ihm entgegen. Als Rotenberg das bemerkt, bleibt er stehen, legt die Hände an seine Hosennaht und will sich vor dem Bundespräsidenten verbeugen. Doch da schließt Gauck ihn schon in seine Arme.

»Sie löste sich vom Leben
mit einem Lächeln«

Inge Aicher-Scholl über ihre Schwester Sophie

Grab Nummer 73-1-18 gehört den Geschwistern Scholl. Auf dem Münchner Friedhof am Perlacher Forst sind sie bis heute vereint. Sophie und Hans Scholl liegen nicht nebeneinander in der Erde, sondern übereinander. Ihren Eltern war es wichtig, dass ihre Kinder, die im Leben so eng verbunden waren und gemeinsam in den Tod gingen, auch in der Ewigkeit ganz nah beisammenbleiben.

»Wie schön, daß die beiden in ein Grab gebettet wurden, wie sie auch einen Tod gestorben waren«, schrieb Inge Scholl, die Schwester der beiden, kurz nach dem Krieg in privaten Aufzeichnungen. »Sophie, die sich in ihren letzten Tagen so innig in allem an Hans angeschlossen hatte, ja sogar entschieden gewünscht hatte, sie möchte als Mädchen keine bessere Behandlung erfahren als er, durfte nun über ihm ausruhen.«

Auch die Weiße-Rose-Mitglieder Christoph Probst, Hans Leipelt und Alexander Schmorell sind auf diesem Friedhof begraben, der direkt an das Gefängnis Stadelheim grenzt, wo sie alle hingerichtet wurden. Dass die Blutrichter den Familien Scholl und Probst erlaubten, ihre Kinder einigermaßen würdevoll zu bestatten, war nicht selbstverständlich. Viele der Männer des 20. Juli ließen sie verbrennen und die Asche über Feldern von Klärwerken verstreuen.

Am späten Nachmittag des 24. Februar 1943, als die Geschwister begraben wurden, legte sich schon die Dämmerung über den Friedhof. »Die Sonne sank in leiser Feierlichkeit hinunter«, hielt Inge Scholl später diesen Augenblick fest – und beschrieb den Sonnenuntergang als Symbol für den Abschied, aber auch für ihre Hoffnung auf einen

Neuanfang, auf ein Fortleben ihrer Lieben im Jenseits: »Aber wir wussten ja, daß es nicht für immer war«, notierte sie. Der christliche Glaube einte die Geschwister. Gerade für Sophie Scholl war er ein lange von vielen Historikern unterschätzter Antrieb für ihren Widerstand. Schon in ihrer Zeit beim Reichsarbeitsdienst fand sie Trost in den Werken des heiligen Augustinus. Besonders berührt war sie von einem Satz: »Ruhelos ist unser Herz, bis es ruhet in Dir.«

Was an diesem Nachmittag auf dem Friedhof geschah, ist bis heute kaum dokumentiert: Hans' und Sophies Bruder Werner kam auf Heimaturlaub von der russischen Front, um zusammen mit den Eltern und den Schwestern Elisabeth und Inge Abschied zu nehmen. Inge Scholl erinnerte sich, wie sich trotz ihrer Trauer die Sinne schärften, »wie allen Dingen eine eigenartige, plastische Realität inne war. Die Blumen, die in die Kränze gewunden waren: leuchtend rote Tulpen und die zarten Sonnenstaubwölkchen der Mimosen auf Lorbeergrund. Wie hatten sie Blumen geliebt, die beiden.«

Die Gestapo hatte das Gelände abgeriegelt. Hinter jeder Hecke spähten die Schergen nach Freunden und Weiße-Rose-Mitstreitern. Von den Verbündeten der Geschwister wagte sich nur Traute Lafrenz auf den Friedhof, Hans Scholls Freundin, von der er sich kurz zuvor getrennt hatte.

Pfarrer Karl Alt segnete Sophie und Hans mit den Worten des Johannes-Evangeliums aus: »Niemand hat größere Liebe denn die, dass er sein Leben hingibt für seine Freunde.« Zwei Tage zuvor war der Pfarrer noch »mit bebendem Herzen« zu den Geschwistern in die Todeszellen geeilt, um ihnen das Letzte Abendmahl zu geben. »Man vermeinte das Flügelrauschen der Engel Gottes zu vernehmen«, sagte der Geistliche.

In ihren bislang kaum bekannten *Erinnerungen an München* schrieb Inge Scholl, die nach dem Krieg Otl Aicher heiratete und Inge Aicher-Scholl hieß, kurze Zeit nach der Beerdigung folgende Zeilen:»In meinem Herzen war ein Fest, das keine Trauer zugelassen hat.« Besonders vor Augen stand ihr die Szene, wie die »Mutter noch einmal die Särge streichelte, so wie man behutsam schlafende Kinder streichelt, mit einer seltsamen Beharrlichkeit. Als wolle sie diesen Moment letzter Zärtlichkeit ins Ewige bannen.« Auf 78 eng beschriebenen Seiten verarbeitete Inge Aicher-Scholl in einer hochemotionalen Sprache ihre Trauer kurz nach der Hinrichtung ihrer Geschwister. Diese Erinnerungen, für die sie fast alle Augenzeugen aus dem Gefängnis befragte, waren als Geschenk und Trost für die Eltern gedacht, und nur ein kleiner Kreis von Freunden und Mitgliedern der Familie Scholl durfte sie lesen. Kurz vor ihrem Tod im Jahr 1998 erlaubte mir Inge Aicher-Scholl, dieses Manuskript zu lesen, zu fotokopieren und darüber zu berichten. Es war ihr Wunsch, dass Teile davon einmal in einem Buch erscheinen. Im Münchner Institut für Zeitgeschichte sind die *Erinnerungen an München* heute archiviert, aber man darf sie dort nicht einsehen. Deshalb sind sie selbst den meisten Historikern noch immer nicht bekannt.

Seit 2005 sind dort aber die meisten Unterlagen, Briefe, Zeichnungen und Tagebucheinträge, die Inge Aicher-Scholl zeitlebens wie einen Schatz hütete, für Forschungszwecke abrufbar. Ein paar Tage verbringe ich dort und stoße unter Zehntausenden Kopien von Papieren auch auf einen scheinbar belanglosen Zettel, eine Art Karteikarte. In zerlaufener Schrift listet sie seltsam akribisch ein paar Alltagsgegenstände auf. Erst auf den zweiten oder dritten Blick wird mir klar, dass es die Dinge sind, die die »am

22. Februar 1943 verstorbene Gefangene Scholl, Sophie« bei sich trug, als sie sich in der Todeszelle auf ihr Ende vorbereitete: »1 Schachtel Streichhölzer, 1 Anklageschrift, 1 Stängelchen Schokolade«, ist auf der Karte zu lesen, die einer der Wärter geschrieben haben muss. Darüber der Stempel »Strafgefängnis München-Stadelheim«. Und dann ist da noch »Gebäck« notiert. Sophie Scholl trug es in ihrer Strickweste bei sich, als sie in den Tod gehen musste: Dieses Gebäck, es waren »Brötle«, wie die schwäbische Familie Scholl aus Ulm ihre selbst gemachten Plätzchen nannte. »Brötle« hatte Hans' und Sophies Mutter oft für ihre Kinder gebacken, vor allem, um sie aufzuheitern oder zu trösten, wenn es ihnen schlecht ging. Und so hatte sie es auch am Abend vor der Hinrichtung ihrer Kinder getan. Mit den Plätzchen im Mantel gelang es Mutter und Vater Scholl am 22. Februar 1943, Hans und Sophie ein letztes Mal zu sehen.

Im Besuchszimmer des Gefängnisses Stadelheim beugte sich die Mutter über ein Geländer, das sie von ihren Kindern trennte, und reichte ihnen die »Brötle«. Sophie nahm sie mit einem Lächeln entgegen: »Ich habe ja noch gar nicht zu Mittag gegessen«, sagte sie und steckte die Plätzchen in ihre Tasche. Die Mutter kämpfte darum, so gefasst wie ihre Tochter zu bleiben. Sie flüsterte mit ihr, wie es zwei Menschen tun, die eine feste Verabredung haben und sich noch ein letztes Mal versichern wollen, sie auf jeden Fall einzuhalten: »Gell, Sophie, Jesus!« Da entgegnete ihre Tochter mit Nachdruck in ihrer Stimme: »Ja, Mutter, aber du auch!« Dann fragte Magdalena Scholl ihre Sophie noch: »Mein Liebes, wirst du denn nun nie mehr bei mir zur Tür hereinkommen?« Da antwortete ihre Tochter, der nur ein letzter Augenblick blieb: »Ach Mutter, die paar Jährle noch …!«

Zwei Stunden später, um Punkt 17 Uhr, legten die Scharfrichter erst Sophie, dann Hans, dann deren Mitstreiter
Christoph Probst unter die »Fallschwertmaschine«.

Inge Aicher-Scholl hielt auch diese Momente in ihren
Erinnerungen an München fest. Sie schrieb von der »wun-
dersamen Bereitschaft, mit der sich Sophie von ihrem Leben löste«, von ihrem »strahlenden Lächeln, als schaue sie in
die Sonne«. Und: »Ich sehe das verklärte Angesicht Sophies
in dieser Stunde, das noch einmal in seinen Jugendfarben
seltsam schön und lebendig leuchtete.«

Dann drängten schon die Wächter. Doch selbst die waren
beeindruckt von der Würde der drei Studenten. Und von
dem in seinem Mut so erwachsenen Mädchen. »Ich habe
noch nie jemanden so sterben sehen«, sollte der Henker Johann Reichhart, der 3000 Menschen in der Nazizeit köpfte,
später über Sophie Scholl sagen. Mit einer »kindlich festen
Bereitschaft« sei sie mit ihrem Bruder »zu dieser Tür gegangen, durch die sie dann allein hat gehen müssen«, schrieb
Inge Aicher-Scholl.

Sophies Schwester bannte damals all das Grauen des Abschieds in poetische Worte, als wollte sie ihren Schmerz dadurch lindern, ihm seine Spitze und seinen Sieg nehmen.
Vielleicht versuchte sie auf diesem Weg ihrer Schwester, die
nun tot war, verbunden zu bleiben. Einte die beiden doch
immer die Liebe zur lyrischen und durchaus auch zärtlichen
Sprache. Sophie träumte sich mit ihren Worten aus der Bitterkeit jener Zeit heraus und hinein in ihre idealistische
Welt. Und, was vielleicht das Wichtigste war: »Wir erkannten uns damals an unserer Sprache«, erinnerte sich Inge
Aicher-Scholl, »die war bei den uns positiv Gesinnten immer etwas feiner, bedächtiger und vor allem inhaltlicher als
die Phrasen der Nazianhänger.«

Als ich die 78-jährige Inge Aicher-Scholl 1996 ein paarmal in ihrem Zuhause bei Leutkirch im Allgäu besuchte, war ihre Stimme klangvoll, mitunter fast verwirrend sanft und mädchenhaft, ihr schwäbischer Dialekt melodiös, musikalisch ihre Worte. »Wenn Sophie mich jetzt so hörte, sie würde fragen: Warum gibst du so an mit mir?«, sagte sie. Und immer, wenn sie sich in die Gedanken ihrer Schwester hineinversetzte, schauten ihre großen Augen tatsächlich etwas fragend. Ganz so, als ob sie auf Sophies Antwort warteten.

Inge und Sophie Scholl – auch so lange nach ihrem Tod fühlt sich die Schwester ihrer Sophie noch immer spürbar nah, denke ich, als ich mich wieder einmal auf den Weg ins Allgäu mache. Ein schmaler Pfad zieht sich durch Felder und Wälder. Aicher-Scholl lebt versteckt zwischen sattgrünen Hügeln und Wäldern: In Rotis, irgendwo dort, wo der Weg keinen Namen mehr hat, ist sie zu Hause, in einer umgebauten alten Mühle. Wer dieses lichte Gebäude mit den weiten Fensterfronten betritt, aus dem der Blick auf Blumenwiesen geht, spürt sofort die besondere Großzügigkeit dieses Ortes und seiner Bewohnerin. Inge Aicher-Scholl empfängt selbst fremde Gäste in ihrer alten Mühle mit einer Herzlichkeit, die selten ist. Sie knüpft diesen Vertrauensvorschuss nur an eine Bedingung: Fragt man sie am Telefon, ob man sie besuchen dürfe, bittet sie darum, ihr einen Brief zu schreiben, um zu erklären, was einem ihre Geschwister bedeuten und warum man sie treffen will. Dann erst entscheidet sie. Ich hatte ihr geschrieben, dass ein Foto ihrer Schwester schon in meinem Jugendzimmer hing und dass ich in München auf dem Weg in die Innenstadt oft einen kleinen Umweg mache, um am Haus vorbeizufahren, in dem Hans und Sophie Scholl einst wohnten.

Bei meinem Besuch bringe ich ihr einen Strauß weiße Rosen, das Symbol der Widerstandsgruppe. Darüber freut sie sich, obwohl sie gleich hinüberdeutet zum Wohnzimmertisch, auf dem bereits ein frischer Strauß weißer Rosen steht. Und zwar immer, jeden Tag, seit sechs Jahrzehnten schon, erklärt sie mir. Bald schon zeigt sie mir Fotoalben mit ihren Lieblingsbildern von ihrer Schwester: Ein Mädchen steht im hohen Gras und lächelt über beide Wangen. »So war sie, kindlich froh. Ist sie nicht besonders gut darauf getroffen?«, fragt Inge Aicher-Scholl. »Sie hatte eine unbändige Lust am Leben.« Dann erzählt sie von der »schönsten Kindheit«, die Geschwister wohl miteinander teilen können.

Sophie und Inge verband etwas außergewöhnlich Inniges. Es war der älteren Schwester Inge ein regelrechtes Bedürfnis, für Sophie zu sorgen, auf dass diese mehr Zeit für sich hatte – vor allem, um ihre Talente zu entfalten, die Inge so bewunderte. Sie förderte ihre Schwester, indem sie für Sophie Aufgaben im elterlichen Haushalt mit übernahm, für sie abwusch, bügelte, kochte, damit Sophie in dieser Zeit malen und musizieren konnte.

»Hans und Sophie kamen fast jedes Wochenende zu uns nach Ulm, auch zu der Zeit, als sie schon die Flugblätter druckten«, sagt sie. Besonders Sophie, das sonst so überschwängliche Mädchen, tat alles, um ihre Aktivitäten vor jenen Menschen zu verbergen, mit denen sie sonst alles teilte. Sie wollte ihre Lieben schützen, denn die Weiße Rose war selbst für bloße Mitwisser ein lebensgefährliches Unternehmen.

Doch eines Sonntagnachmittags wollte Sophie ihrem Vater Robert Scholl, dem ehemaligen Bürgermeister von Ulm und entschiedenen Gegner der Nazis, eine Freude bereiten und legte ihm ein Flugblatt der Weißen Rose auf den Schreibtisch. Nach einem kurzen Blick herrschte er seine Tochter an: »Sophie, habt ihr etwas damit zu tun?« Die Tochter, die anfangs an Hitler geglaubt hatte und begeistert im »Bund Deutscher Mädchen« mitmarschiert war, erwiderte gespielt zornig: »Vater, wie kannst du nur so etwas denken? Niemals!« Die »unschuldige Ehrlichkeit«, mit der sie das sagte, überzeugte den Vater, zumindest beruhigte sie ihn, glaubt ihre Schwester.

Inge Aicher-Scholl liest mir jetzt aus ihren *Erinnerungen an München* vor: »Ich wagte nicht einmal das Blatt zu lesen, um nicht aus dem Stil die volle Gewissheit zu erfahren, dass es von Hans und Sophie sei. Und doch ließ sich die Spur einer hartnäckigen Ahnung nicht wegfegen.« An dieser Stelle stockt Inge Aicher-Scholl, vielleicht ganz ähnlich wie damals, als sie zwar ahnte, aber nicht zu denken wagte, in welche Gefahr sich ihre Geschwister begaben. Sie schaut zu einem der weiten Fenster auf die Wiese vor der Mühle und deutet hinaus. Die Schwestern teilten die Liebe zur Natur und den Sinn für die Schönheit von Wiesen, Wolken, Bächen. »Vor allem Wasser zog Sophie magisch an, es war ihr Element«, erinnert sich Inge. Einmal beschrieb ihre Schwester einen Baum: »Höre ich einen geheimen Pulsschlag? Ich drücke mein Gesicht an seine warme Rinde und denke: Heimat, ich bin so unsäglich dankbar für diesen Augenblick.«

Zwanzig Jahre nach meinen Besuchen im Allgäu, im Frühjahr 2016, als ich zum ersten Mal den Geburtsort von Sophie Scholl besuche, verstehe ich erst richtig, warum sie ihre Heimat so liebte. Forchtenberg am Kocher liegt im Nordosten von Baden-Württemberg und ist ein verwunschenes

Kleinod. Von vorne wird es vom breiten und nur knietiefen Kocherfluss umspült, von hinten von einem dunklen Wald umarmt. Forchtenbergs Häuser sind ganz eng zusammengerückt zwischen Wasser und Bäumen und leuchten in bunten Farben. Umgeben sind sie von einer hohen Stadtmauer. Zu Füßen des Walls breiten sich Obstgärten aus. Ein »Hans-und-Sophie-Scholl-Pfad« führt durch den Ort und um ihn herum. An manchen Stellen säumen weiße Rosenstöcke den Weg. Man geht vorbei an den Bäumen ihrer Kindheit, ihrer Schule, ihrem Elternhaus, dem Rathaus, in dem ihr Vater als Bürgermeister residierte und in dessen Portal jetzt eine Büste von Sophie Scholl steht. Es ist die gleiche, die auch im Lichthof der Münchner Uni an sie erinnert. So markieren beide Denkmäler den Anfang dieses Lebens in Forchtenberg und sein Ende in München.

Es gibt in Forchtenberg auch eine kleine Gedenkausstellung und bis heute sogar noch Sophies Friseur Cronmüller, in dessen Schaufenster das Holzpferdchen steht, auf dem sie damals Platz nahm. Als kleines Mädchen wünschte sie sich eine für diese Zeit völlig untypische Ponyfrisur, während die anderen Mädchen alle Zöpfe trugen. Und später wählte sie dann diesen hinten stark angeschnittenen Jungsschnitt mit Seitenscheitel und der langen Strähne, die ihr verwegen ins Gesicht fiel.

Der Gedächtnispfad führt mich zur Kirche, die über dem Städtchen auf einem Hügel steht. Es ist Sophies Taufkirche und vielleicht ebenjene aus dem letzten Traum ihres Lebens, den sie in der Nacht vor ihrer Hinrichtung träumte: Sie sah sich darin einen steilen Berg zu einer Kirche hinauflaufen und ein Kind zur Taufe tragen.

Rund um diese Kirche breitet sich in Forchtenberg steinerne Geborgenheit aus. Diesen Ort hat der Krieg kaum zerstört. Und doch, selbst mitten in dieser Beschaulichkeit, gibt es auch eine hässliche Stelle im Ort. Der Bewohner des Nachbarhauses direkt neben Sophies Taufkirche hat die Ideale der Geschwister Scholl für seinen Hass umgedeutet. Ausgerechnet das Wort »Widerstand« in zackig deutscher Runenschrift weht auf einer Flagge in der Farbe von Hakenkreuzfahnen, die er über der Tür zu seinem Reich gehisst hat. Ebensolche Fahnen sah man in den vergangenen Monaten häufiger bei Pegida-Demonstrationen und rechtsextremen Aufmärschen gegen die Flüchtlinge, geschwenkt von Leuten, die dabei ungern fotografiert und gefilmt werden wollten. Im Vorgarten und an der Hausfassade jenes »Widerständigen« von Forchtenberg stehen ein Wehrmachtsstahlhelm und ein Grabstein für den »Unbekannten deutschen Soldaten«. Daneben ein Schild, das vor »Asyl-Betrügern« warnt. So unverhohlen zeigt sich selbst in dieser Idylle ein Stück neuer deutscher Wut und Feindseligkeit. Sie wohnt leider auch in der Nachbarschaft des Geburtshauses der Geschwister Scholl.

Als ich weiter durch die kleine Altstadt gehe, sehe ich eines der ältesten Widerstandssymbole: Georg, der Drachentöter, ziert Forchtenbergs Stadtwappen und einige Häuserfassaden. Der Patron ist mir schon häufiger bei den Recherchen für dieses Buch begegnet, war er doch auch einigen Kämpfern des 20. Juli wichtig.

Auch Sophie Scholl liebte Helden und Sagengestalten. Sie illustrierte ein Peter-Pan-Buch, dessen Cover eine Radierung von ihr zeigt, ein Porträt eines schlafenden Mädchens, das unwillkürlich an seine Schöpferin erinnert. Sophie schrieb, sang und musizierte gerne. Ihre Schwester Inge ließ sich von ihrer Begeisterungsfähigkeit anstecken, auch wenn sie, wie sie sagt, »immer etwas nach innen gekehrter, schüchterner als sie« war.

Die Freude an Kunst und Musik, die sie mit Sophie verband, pflegte Inge ihr Leben lang. Als ich sie im Jahr 1997 erneut besuche, setzt sie sich mitten im Gespräch an ihr Klavichord, ein besonders leises Tasteninstrument, das in ihrem Wohnzimmer steht, und spielt und singt mir das russische Wiegenlied »Durch die Felsen, durch die Lande« vor. Ihr gemeinsames Lieblingslied, das unter den Nazis verboten war. Die Melodie klingt melancholisch und zuversichtlich zugleich und der Text wie eine Verheißung: »Durch die Felsen, durch die Lande strömt des Schreckens Flut ... Schlaf, mein Bub, schlaf ruhig weiter, bajuschki baju. Du wirst groß, die Zeit hat Flügel. Wirst ein Held wie er, mutig steigst du in die Bügel ... Schlaf mein Kind, du sollst einst werden wohl ein großer Held ...«

Wenn Sophie dieses Lied sang, gingen ihre Gedanken wohl auch zu ihrem Freund Fritz Hartnagel nach Russland. Der Hauptmann der Wehrmacht war vier Jahre älter als sie, und als die Gestapo Sophie verhaftete, war er gerade eingeschlossen im Kessel von Stalingrad. Mit unglaublichem Glück gelangte er in eine der letzten Maschinen, die dem Inferno entkamen.

Im Mai 1942 hatte er Sophie das letzte Mal gesehen. Beide hatten die Trennung seit Beginn des Krieges mit einer sonderbaren Gelassenheit ertragen. In einem Brief an ihn schrieb Sophie 1939: »Ich kann ganz ruhig an Dich denken. Es ist schön, wenn zwei miteinander gehen, ohne sich zu versprechen. Sie gehen einfach ein Stück zusammen, und wenn es sich ergibt, dass sich ihre Wege trennen, so geht jeder in seiner Richtung so ruhig weiter.« Sie ließen sich Freiheit und Zeit, keiner besaß den anderen. Fritz Hartnagel wird in vielen Büchern über die Geschwister Scholl als Sophies Verlobter vorgestellt, eine Bezeichnung, die »die Sophie so nicht akzeptiert hätte«, sagt Inge Aicher-Scholl. Und betont außerdem: »Erotik, wie wir zu dieser Zeit noch zur Sexualität sagten, spielte nicht die Rolle, die sie heute vielleicht spielt. Zärtlichkeit und Innigkeit ja, aber Sophie hatte nicht eine solche erotische Beziehung zu Fritz. Wissen Sie, damals konnten wir warten. Dieses Warten war für uns auch Lust. Wenn das auch altmodisch klingen mag.«

Sophie beschrieb ihre Verbindung zu Fritz Hartnagel so: »Inge, das ist so etwas Wunderbares.« Mit dem Wort Liebe ging sie vorsichtig um und kannte doch vielfältige Formen. Ganz klar hatte sie auch mit ihrem Glauben an Gott zu tun, so wie für die gesamte Weiße Rose oft noch vor den politischen Überzeugungen die christlichen Werte kamen. Und Humanismus. In den Erinnerungen Inge Aicher-Scholls heißt es: »Und es ist doch so: Je reiner und fester die Persönlichkeit gegründet ist, desto stärker wird die große gegenseitige Abhängigkeit, das Verantwortungsgefühl gegenüber den Menschen.« Liebe, so erinnert sich Inge Aicher-Scholl, das war für ihre Schwester Sophie auch das innige Familienleben der Scholls. Die Liebe unter den Geschwistern, zu Vater Robert, zu Mutter Magdalene. Liebe empfand sie auch für ihre engen Freunde, unter ihnen Christoph Probst, Alexander Schmorell und Willi Graf. Und eben für Fritz Hartnagel.

Dass seine Sophie in höchster Gefahr war, ahnte er damals im Kessel von Stalingrad nicht. Viele ihrer Briefe an ihn wurden erst in den vergangenen Jahren ausgewertet und zeugen von einer unvermuteten Zerrissenheit der 21-Jährigen. Die Geradlinige schwankte oft in ihren Gefühlen, auch in jenen zu Fritz. Mal schreibt sie ihm, dass sie ihm nur nicht zu nahe kommen wolle. Dann wieder vermisst sie seine Nähe. In einem Brief an Otl Aicher, Inge Scholls späteren Mann, wirft sie sich selbst eine gewisse Eitelkeit vor, auch Fritz gegenüber: »Dass ich alles, was ich an Gutem getan habe, nur tat, um in den Augen anderer für gut zu gelten.« Sie könne nicht verstehen, »dass nur so wenige Menschen von Selbstzweifeln geplagt sind«. Im selben Brief wünscht sie sich ihren Fritz, an den sie sich kurz zuvor »nicht anlehnen« wollte, wieder herbei. »Ich hoffe, daß es ihm gut geht und er Urlaub bekommt.«

Früh erklärt sie, fortan nur noch nach einem Leitgedanken leben zu wollen: »Man muß einen harten Geist und ein weiches Herz haben.« Sie ist streng zu sich selbst und glaubt sogar, dass sie ihre großen Gefühle mit ihren klaren Gedanken beherrschen muss. Und so erlebt ihr Freund Fritz Hartnagel an ihr immer wieder beide Seiten, die des weichen Herzens und die des harten Geistes. Am 25. November 1940 etwa schreibt sie ihm an die Front: »Ich bin so froh, daß nun jedes Gefühl für Dich so ungezwungen ist, nun, nachdem wir uns freigemacht haben.« In einem Brief vom März 1940 schwärmt dann ebendiese Sophie wieder: Es sei mit ihm »wie im Himmel gewesen, so arg schön . . . Ich möchte mich bei Dir ausruhen, nur das Tuch von Deinem Anzug sehen und spüren.«

Vielleicht hadert sie mit ihren Gefühlen, weil sie frei sein will für ihre lebensgefährliche Mission. Vielleicht, weil sie als sehr gläubige Protestantin »die selbstlose Liebe zu Gott« ähnlich sucht wie jene zu Fritz Hartnagel. »Mein Gott, ich kann nichts anderes, als Dir mein Herz hinhalten«, schreibt sie am 29. Juni 1942, »denn ich weiß, dass ich nur bei Dir glücklich bin.« Fritz Hartnagel hält diese Zerrissenheit in den Briefen und ihrer Liebe aus. Als er es herausschafft aus

Stalingrad, eilt er sofort nach München, um ein Gnadengesuch einzureichen. Doch er kommt Tage zu spät. Seine Freundin ist da schon tot, und er weiß es noch nicht. Vielleicht war es für ihn ein Trost, dass Sophie die allerletzte Chance für eine tadellose – und zuvor wahrscheinlich nie derart eindeutige – Liebeserklärung an ihn genutzt hatte. In ihrem Verhör, in dem sie alle »Schuld« auf sich nahm, um ihre Freunde zu schützen, sagte sie: »Mit Hartnagel verbindet mich seit 1937 ein Liebesverhältnis, und wir hatten auch die Absicht, später einmal zu heiraten.«

Sophies Freund lebte nach dem Krieg in Stuttgart. Aus dem ehemaligen Berufsoffizier war ein engagierter Kriegsgegner geworden. »Ich glaube, das hat die Sophie bewirkt, in den Briefen, die sie ihm nach Russland schrieb«, meint Inge Aicher-Scholl. Per Feldpost stritten die beiden, ob es recht sein konnte, in diesem Krieg zu kämpfen. 1940 schrieb Sophie an Fritz: »Ich glaube, dass Du mir nur aus Opposition widersprichst. Ich kenne dies, man tut es gerne. Aber ich habe nie aus Opposition gesprochen, ich habe immer noch etwas Rücksicht auf Deinen Soldatenberuf.« Die weiteren Zeilen lesen sich wie eine Prophezeiung: »Ich schweige, da ich reden sollte, da ich bekennen sollte, was uns beide angeht. Ich verschiebe es auf später, ach, ich wünschte, eine Zeit lang auf einer Insel zu leben, wo ich tun und sagen darf, was ich möchte und nicht immer Geduld haben muß, unabsehbar lange.«

Diese Insel fand Sophie nicht. Ein paar Monate später begann sie den aktiven Widerstand gegen den Unrechtsstaat. Bei allem Selbstbewusstsein und der enormen Willenskraft Sophies klingen in ihren Briefen an Fritz Hartnagel aber auch immer wieder Selbstzweifel an: »Vielleicht sind meine Worte verletzend und überflüssig. Dann denke bitte immer daran, daß ich von mir aus urteile, ich fühle meine Eigenschaften in Dich hinein. Einen Gruß von Herzen. Deine Sophie.« Fritz Hartnagel wusste nichts von der Weißen Rose.

Nach Sophies Tod bekannte er sich zu seiner Liebe zu ihr, obwohl die Gestapo und die Wehrmachtsführung ihn bedrängten. Die NS-Kreisleitung in Ulm wollte ihm die Offizierswürde absprechen. »Doch Fritz verhielt sich unglaublich aufrecht. Das hat uns nach Sophies Tod sehr getröstet«, sagt Inge Aicher-Scholl. Von der Verbundenheit zwischen Fritz Hartnagel und der Familie Scholl zeugt auch die Tatsache, dass er 1945 Elisabeth Scholl, Sophies und Inges jüngste Schwester, heiratet. »Das war eine selbstverständliche, nahezu logische Folge aus meiner Freundschaft zur Familie«, sagte Fritz Hartnagel noch kurz vor seinem Tod.

Die Ideale seiner Freundin hielt er auch nach dem Krieg aufrecht: Fritz Hartnagel arbeitete als Jurist und war einer der Ersten in der Nachkriegszeit, die sich für Wehrdienstverweigerer engagierten. Hartnagel stritt gegen die Wiederbewaffnung, »weil er nicht glauben konnte, dass eine Bundeswehr ohne alte Nazioffiziere aufzubauen« sei, womit er recht behalten sollte. 1983 demonstrierte er als pensionierter Richter gegen die Stationierung amerikanischer Atomwaffen und nahm an einer Blockade vor dem US-Depot in Mutlangen teil. Dafür wurde er vom Amtsgericht Schwäbisch Gmünd zu einer Geldstrafe von 20 Tagessätzen verurteilt. Sein Schlusswort beim Prozess lautete: »Ich habe ein gutes Gewissen. Es wäre zu pathetisch, wenn ich sagen würde, ich bin stolz darauf. Aber es gibt mir ein Gefühl der Befriedigung und Erleichterung, mit dabei gewesen zu sein bei den vielen, die ihrem ohnmächtigen Protest gegen den

Wahnsinn des atomaren Wettrüstens durch ein sichtbares Zeichen Ausdruck gegeben haben.«

Mit ihrem Schwager Fritz Hartnagel demonstrierte auch Inge Aicher-Scholl, die in Ulm 1946 die erste Volkshochschule im Nachkriegsdeutschland gründete. Aus ihr ging später die »Geschwister-Scholl-Stiftung« hervor und die Ulmer Hochschule für Gestaltung. Deren Direktor war ihr Mann Otl Aicher, einer der bedeutendsten deutschen Grafikdesigner nach dem Krieg. Er entwarf etwa das visuelle Erscheinungsbild der Lufthansa und prägte mit seinem Design die Olympischen Spiele von München. Seine Frau Inge setzte sich zeitlebens für den Frieden ein, lehnte aber Ehrungen stets ab, ebenso wie das Angebot der Grünen, sie als Kandidatin für das Bundespräsidentenamt vorzuschlagen. Ihre Lebensaufgabe sah sie in der Pflege des Andenkens ihrer toten Geschwister, für das sie in der umgebauten Mühle das Geschwister-Scholl-Archiv schuf.

Bis kurz vor ihrem Tod im Jahr 1998 kam ich zu ihr nach Rotis und beendete meine Besuche dort immer mit einem Ritual. Ich lief zu einer nahen Wiese, die Inge Aicher-Scholl an ihre Schwester erinnerte, weil so viele Bilder aus ihrem Archiv Sophie auf Wiesen zeigen – wie sie über das Gras rennt oder Blumen pflückt und sich daraus einen Kranz flicht. Es sind Fotos, die Sophie Scholl in all ihrer Leichtigkeit und Fröhlichkeit zeigen.

Auch meine Stadt München birgt Orte, die an die Scholls erinnern, traurige, aber auch viele erhebende. In der »DenkStätte Weiße Rose« im Erdgeschoss der Münchner Ludwig-Maximilians-Universität etwa ehrt eine Dauerausstellung ihre berühmten Studenten. Im Lichthof, in dem die beiden ihre letzten Flugblätter verteilten und verhaftet wurden, steht jene Büste von Sophie Scholl, die auch im Forchtenberger Rathaus aufgestellt ist. Auf ihrem Sockel liegt oft eine frische weiße Rose. Und auf dem Vorplatz der Uni sind steinerne Nachbildungen ihrer Flugblätter ins Pflaster eingelassen, als hätten Hans und Sophie Scholl sie gerade dort verstreut. Der Platz, einer der schönsten von München, trägt den Namen der Geschwister, der gegenüberliegende jenen von Professor Kurt Huber, der mit ihnen kämpfte, an den Flugblättern mitschrieb und ebenfalls hingerichtet wurde. Zwei große Springbrunnen beherrschen diese beiden Plätze. Im Sommer sprudeln ihre Fontänen so hoch, dass die Luft um sie herum ganz frisch duftet.

Von hier aus sind es ein paar Schritte in den Englischen Garten, den die Geschwister so mochten. Auch eines ihrer Lieblingslokale, das Seehaus, gibt es dort noch. Die alten Bäume des Biergartens, der bis ans Ufer des Kleinhesseloher Sees reicht, stammen noch von damals und spenden den Besuchern Schatten. Von hier aus geht man eine Viertelstunde bis zum Rand des Englischen Gartens. Vor der Bayerischen Staatskanzlei steht ein schwarzer Granitblock, der so blank geschliffen ist, dass er in der Sonne glänzt. In ihn sind die Zeilen eines ihrer Flugblätter graviert. München, das bedeutete immer Freiheit für Sophie Scholl: »Endlich bin ich in München. In dieser herrlichen Stadt! Endlich lebe ich! Endlich bin ich frei!«, schrieb sie. Umso schmerzlicher, dass sie ausgerechnet in dieser Stadt verhaftet und getötet wurde.

Ich wohne nahe des Ostbahnhofs in München-Haidhausen. Eine Stelle dort sieht noch genauso aus, wie sie auf einem bekannten Foto von den Geschwistern festgehalten ist. Links vom Haupteingang des Bahnhofs begrenzt ein gusseiserner Zaun das Gelände. Im Jahr 1942 breitete vor diesem Zaun Sophie Scholl ihre Arme aus, um ihren Bruder zu verabschieden. Der stand in seiner Uniform zusammen mit Christoph Probst hinter dem Zaun und wartete auf seinen Zug. Wahrscheinlich brachen die beiden nach Russland auf, wo Hans Scholl und Christoph Probst als angehende Ärzte in einer Sanitätseinheit an der Ostfront dienen mussten. An diese Abschiedsszene muss ich jedes Mal denken, wenn ich an dem Zaun Richtung Ostbahnhof vorbeilaufe. Dort entstand auch ein zweites, noch bekannteres Foto von Sophie Scholl, das mit ernstem Blick und gerunzelter Stirn, die Haare streng gescheitelt und zur Seite gesteckt, eine weiße Blume an der Bluse, darüber eine Strickjacke.

Ein paar Stationen sind es von dieser Stelle mit der U-Bahn zum alten Viertel der Geschwister in Schwabing. In einem Gartenatelier in der Leopoldstraße 38 druckten sie heimlich ihre Flugblätter. Heute ist es dem Neubau des Rückversicherers Munich Re gewichen. Dort, wo die Weiße Rose ihr lebensgefährliches Unternehmen wagte, ragt nun der 17 Meter hohe »Walking Man« aus Stahl von Jonathan Borofsky aus der Pappelallee der Leopoldstraße hervor. Keine Minute zu Fuß sind es von hier zu ihrem Wohnhaus in der Schwabinger Franz-Joseph-Straße 13. Die Wohnung gibt es nicht mehr, das Hinterhofhaus, in dem sie lag, ist längst abgerissen. Aber eine Plakette an der Front des Vorderhauses erinnert noch an die beiden.

Inge Aicher-Scholl gelang es im Februar 1943, diesen auch ihr vertrauten Ort in Schwabing ein letztes Mal aufzusuchen, nachdem die Gestapo die Wohnung der Geschwister längst durchkämmt hatte. In den *Erinnerungen an München* beschreibt sie, wie sie in Sophies altem Zimmer stand, in das gerade Sonnenlicht fiel, sich noch einmal vor Sophies

Schreibtisch setzte und die Blätter berührte, die sie dort fand: »Bleistiftskizzen, von ihr mit leichter Hand hingeworfen. Eine leise Traurigkeit sprach mich aus ihnen an.« Inge Scholl glaubte, »noch die Wärme ihrer Hand daran zu spüren«. Darüber hing eine Engelsfigur, auf dem Tisch stand ein Tulpenstrauß. »Tulpen hatten mich in ihrem Wesen immer an Sophie erinnert«, schreibt Inge Scholl.

»Ich sehne mich so sehr nach Stille«, waren die letzten Worte, die Sophie zu Inge sagte, denn in diesen Tagen stand sie mit Christoph Probst, Alexander Schmorell und Willi Graf Tag und Nacht an der Vervielfältigungsmaschine.

Am 18. Februar 1943 machen sich Hans und Sophie Scholl auf in den Lichthof ihrer Universität. Sophie wirft einen Stapel mit Flugblättern von der Empore. Ein letztes Mal wirbeln die Blätter durch die Luft. Plötzlich hallt Gebrüll durch den Lichthof: »Halt! Sie sind verhaftet!«, schreit der Hausmeister Jakob Schmid und rennt die Stufen zu Hans und Sophie hoch. Die Weiße Rose war in diesen Tagen Stadtgespräch, man flüsterte und tuschelte in ganz München über die Flugschriften, die in der Uni, in Briefkästen, zwischen Telefonbüchern, auf Bänken und in Kinosälen herumlagen.

»Und man sah sie noch ganz genau«, erinnert sich Inge Aicher-Scholl, »die Spuren ihrer auf die Wände gepinselten Wörter: ›Nieder mit Hitler‹ und ›Freiheit‹.« Natürlich hatten Gestapo-Männer jedes der mit Teer an die Feldherrenhalle und an das Siegestor gemalten Wörter mit Drahtbürsten weggekratzt. »Doch beim Putzen gingen die so exakt vor, daß man die Buchstaben noch genau erkennen konnte.« Kleine Siege für die Weiße Rose. Doch Sophie wusste um die Gefahr. »Es fallen so viele Menschen für dieses Regime, es wird Zeit, daß jemand dagegen fällt«, antwortete sie den Freunden, die sie bedrängten, die Stadt zu verlassen.

Inge Scholl und Otl Aicher reisten zu dieser Zeit von Ulm nach München, um Hans und Sophie zu besuchen. Die beiden kamen ihnen merkwürdig verändert vor. Otl Aicher hörte von Freunden, wie verbissen die Gestapo nach den Verfassern der Flugblätter suchte, doch dass die Geschwister dahintersteckten, wusste er ebenso wenig wie Inge. Freunde der Familie baten ihn, Hans und Sophie zu warnen, er sollte ihnen ein Codewort ausrichten: »Das Buch Machtstaat und Utopie ist vergriffen«. Es bedeutete: höchste Gefahr! Und so lief Otl Aicher am 18. Februar 1943 zur Wohnung von Hans und Sophie, um die Warnung auszurichten, doch als er klingelte, öffnete niemand, denn zu dem Zeitpunkt verteilten die beiden ja gerade in der Universität ihre letzten Flugblätter. Nach einer halben Stunde versuchte er es noch einmal. Die Tür ging auf, und Männer der Gestapo standen vor ihm.

Vier Tage lang wurden Hans und Sophie im Justizpalast getrennt voneinander verhört. Auch ihr Freund Christoph Probst war verhaftet worden. Am Vormittag des 22. Februar begann der Prozess, für den der Präsident des Volksgerichtshofes Roland Freisler extra von Berlin nach München kam. Er hatte es eilig, die Weiße Rose zu vernichten. Die Art, wie die Widerstandsgruppe der Unmenschlichkeit des Regimes ihren Humanismus und ihren Glauben entgegenstellte, hatte Freisler provoziert. Das Urteil stand von vornherein fest: Tod durch das Fallbeil. Inge Aicher Scholl erinnerte sich: »Sophie hatte so viel Leben in sich, auch für andere.« Ihr Schlusswort beim Verhör lautete: »Ich bereue meine Handlungsweise nicht und will die Folgen auf mich nehmen.«

Else Gebel war die Kronzeugin der letzten Tage von Sophie Scholl. Sie kämpfte selbst im Widerstand und kümmerte sich als ihre Zellengenossin rührend um Sophie und tröstete sie. Else Gebel überstand die Haft und die Nazizeit. Sie hat ihre Erinnerungen an Sophie Scholl aufgeschrieben und nach dem Krieg an die Familie Scholl geschickt. Der Sohn und Rechteinhaber des Nachlasses von Inge Aicher-Scholl, Manuel Aicher, hat diesen Brief dem Institut für Zeitgeschichte übergeben. Die folgenden Absätze über Sophie Scholls letzte Stunden stammen daraus:

Um 10 Uhr lege ich mich zu Bett und warte auf dein Kommen. Schlaflos liege ich da und starre mit Angst in die sternklare Nacht hinaus. Ich versuche zu beten für dich, um ruhiger zu werden. (…)
Für ein paar Stunden lässt man dich in Ruhe, und du schläfst fest und tief. Ich fange an, dich zu bewundern. All diese stundenlangen Verhöre ändern nichts an deiner ruhigen, gelassenen Art. Dein unerschütterlicher Glaube gibt dir die Kraft, dich für andere zu opfern.
(…) Du findest die Vernehmungen anregend, interessant. Wenigstens hast du das Glück, einen der wenigen sympathischen Sachbearbeiter zu haben. Er hat dir an diesem Vormittag einen längeren Vortrag gehalten über den Sinn des Nationalsozialismus, Führerprinzip, deutsche Ehre, und wie sehr ihr doch mit eurem Tun die deutsche Wehrkraft zersetzt hättet. Er will dir vielleicht noch eine Chance bieten, als er dich fragt: ›Fräulein Scholl, wenn Sie dies alles, was ich Ihnen jetzt erläutert habe, vorher gewusst und bedacht hätten, so hätten Sie sich doch nie zu derartigen Hand-

lungen hinreißen lassen.‹ Und was ist deine Antwort?
›Sie täuschen sich, ich würde alles genau noch einmal so machen, denn nicht ich, sondern Sie haben die falsche Anschauung.‹

(…) Draußen ist ein sonniger Februartag. Menschen gehen froh und heiter an diesen Mauern vorüber, nicht ahnend, dass hier wieder drei mutige, wahrhafte Menschen dem Tod überantwortet werden sollen. Wir haben uns auf unsere Betten gelegt, und du stellst mit leiser, ruhiger Stimme Betrachtungen an. ›So ein herrlicher sonniger Tag, und ich muss gehen. Aber wie viele müssen heutzutage auf den Schlachtfeldern sterben, wie viele junge, hoffnungsvolle Männer … Was liegt an meinem Tod, wenn durch unser Handeln Tausende von Menschen aufgerüttelt und geweckt werden. Unter der Studentenschaft gibt es bestimmt eine Revolte.‹

(…) Heute bleibt die ganze Nacht das Licht brennen, und alle halbe Stunde muss ein Beamter nachsehen, ob noch alles in Ordnung ist. Was haben diese Menschen für eine Ahnung von deiner tiefen Frömmigkeit, deinem Gottvertrauen. Endlos dehnt sich für mich die Nacht, während du wie immer fest und tief schläfst. Kurz vor 7 Uhr muss ich dich für diesen schweren Tag wecken … Du bist sofort munter und erzählst mir, noch im Bett sitzend, deinen Traum: ›Ich trug an einem sonnigen Tag ein Kind in langem weißen Kleid zur Taufe. Der Weg zur Kirche führte einen steilen Berg hinauf. Aber fest und sicher trug ich das Kind in meinem Arme. Da plötzlich war vor mir eine Gletscherspalte. Ich hatte gerade noch so viel Zeit, das Kind sicher auf die andere Seite niederzulegen – dann stürzte ich in die Tiefe.‹ Du legtest dir den Traum so aus: ›Das Kind im weißen Kleid ist unsere Idee, sie wird sich trotz allen Hindernissen durchsetzen. Wir durften Wegbereiter sein, müssen aber vorher sterben, für sie.‹

(…) Die Minuten dehnen sich zur Ewigkeit. Ich möchte die Uhr weiterdrehen, schneller, schneller, damit das Schwerste hinter euch liegen möge. Aber gleichmäßig verrinnt eine Minute nach der anderen.

Endlich: 5 Uhr … 5.04 … 5.08 …

»Wir verdanken ihren Aufzeichnungen viel«, sagte mir Inge Aicher-Scholl bei meinem ersten Besuch im Jahr 1996. »Denn wir erfuhren ja zunächst nicht viel aus Stadelheim. Wir ahnten auch nicht, wann das Urteil vollstreckt werden würde. Wir hofften, dass sie noch einige Monate leben würden. Vielleicht wäre dann der Krieg zu Ende gewesen. Irgendwie schafften es unsere Eltern mit meinem Bruder Robert noch, die beiden zu besuchen. Im Stadelheimer Gefängnis. Es war gegen 16 Uhr.«

Sie wussten nicht, dass dies die letzte Stunde ihrer Kinder war. Nur wenige Minuten blieben den Eltern. Der Vater Robert Scholl umarmte Hans und Sophie: »Ihr werdet in die Geschichte eingehen.« Und Sophie sagte: »Das wird Wellen schlagen.« In den *Erinnerungen an München* schreibt Inge Scholl: »Hans' Gesicht leuchtete. Er nannte Vater alle Namen, die er von ihm grüßen solle – als er den eines Mädchens nannte, floß ihm eine Träne über die Wange. Zum Abschied sagte er noch: ›Ich habe keinen Hass, ich habe alles, alles unter mir.‹«

Inge Aicher-Scholls Stimme stockte, als sie die Zeilen ihrer Erinnerungen seit Langem zum ersten Mal wieder las. Ein bisschen schien sie selbst überrascht von dem, was sie da in Maschinenschrift kurz nach der Hinrichtung ihrer Geschwister geschrieben hatte: »Nach dem Abschied gingen sie dann ganz furchtlos, gelassen und von einem tiefen Enthusiasmus erfüllt.« Sophie hatte auf der Pritsche ihrer Gefängniszelle alle Bilder ihrer Freunde aufgestellt.

Die Gefängniswärter ließen Hans, Sophie und Christoph kurz vor 17 Uhr noch einmal zusammenkommen vor dem Raum, in dem das von einem schwarzen Tuch verhangene Fallbeil stand. Sie rauchten gemeinsam noch eine Zigarette. Sophie ging zuerst. Zwei Schergen des Henkers Reichhart führten sie zur »Fallschwertmaschine«. Sechs Sekunden später war sie tot. Als Hans an der Reihe war, rief er, bevor das Beil niederging, so laut, dass es durch die Gemäuer in Stadelheim hallte: »Es lebe die Freiheit.«

Zwei Tage vor ihrer Verhaftung hatte Sophie noch einen letzten Brief an Fritz Hartnagel geschrieben, in den sie Blütenblätter legte. Er erreichte ihn erst am Tag ihrer Hinrichtung:

> Mein lieber Fritz!
> Gestern habe ich einen wunderbaren blühenden Stock gekauft, er steht vor mir auf dem Schreibtisch am hellen Fenster, seine graziösen Ranken, über und über mit zarten lila Blüten besetzt, schweben vor und über mir. Er ist meinen Augen und meinem Herzen eine rechte Freude, und ich wünschte mir nur, dass Du kommst, bevor er verblüht ist. Wann wirst Du nur kommen? …

Die Flugblätter der Weißen Rose hat die Gestapo vernichtet. Sophie Scholls allerletzte Botschaft aber ist von den Gefängniswärtern nicht entdeckt worden. Erst Jahrzehnte später bemerkte Inge Aicher-Scholl sie auf der Rückseite der Anklageschrift. Mit Bleistift steht dort in kunstvollen Schwüngen geschrieben: »Freiheit«.

»Nachts träume ich vom Fallbeil«

Franz J. Müller kämpfte in der Weißen Rose

Franz J. Müller war anders. Mit seiner hochgewachse-
nen Gestalt, den breiten Schultern und seiner Aura
ragte er meist überall heraus – aus einer Masse und aus jedem Maß. Und wer ihn einmal von Nahem sah, vergaß ihn
nicht so schnell. Ein Unverwechselbarer mit wachen Augen
hinter der Hornbrille. Dazu ein langer weißer Schnurrbart
und ein ebenso weißer Haarschopf. Viele Jahre lang kreuz-
ten sich immer wieder unsere Wege, mal sah ich ihn auf
dem Fahrrad im Englischen Garten, mal im Gewühl der
Fußgängerzone, mal im Freibad, wo er regelmäßig seine
Bahnen zog. Aber immer nur von Weitem. Ich traute mich
lange nicht, ihn anzusprechen. Denn von Müller ging etwas
Erhabenes und Stolzes aus, er flößte Respekt ein. Erst zu
seinem Lebensende hin ließ er einen mächtigen weißen
Vollbart über seine kantigen Züge wachsen. Damit sah er
fast wie ein gütiger Großvater aus – und ein bisschen wie
ein antiker griechischer Philosoph. Es wurde nun Zeit, ihn
um ein Interview zu bitten.

Franz J. Müller war einer der letzten Überlebenden aus dem
Kreis der Widerstandsgruppe Weiße Rose, verschickte aus
seiner Heimatstadt Ulm die berühmten Flugblätter gegen
den Terror der Nazis, wurde gefasst und überlebte. Wenn er
in all den Jahrzehnten unterwegs war und vor Schulklassen
sprach, tat er das vor allem, um eines zu vermitteln: »Hans
und Sophie wollten keine Helden sein. Freundschaft und
Freiheit waren ihnen wichtige Werte. Die Schüler sollten sich möglichst vielseitig informieren und mit Freunden
diskutieren, um nicht so leicht von Propagandasprüchen

beeinflussbar zu sein, und Zivilcourage zeigen, wenn Freiheiten gefährdet sind.« Wäre er heute noch am Leben, hätte er ganz bestimmt zu den Münchnern gehört, die im Sommer und Herbst 2015 die vielen Flüchtlinge am Hauptbahnhof willkommen hießen.

Bei unserem Gespräch im Mai 2012 ist Franz J. Müller 87 Jahre alt, ein hochgewachsener, immer noch sportlicher Mann. Er wohnt direkt am Englischen Garten in München. Sein schmales Haus kommt mir vor wie ein einziger großer Wintergarten. Aus jedem Raum geht der Blick durch bodentiefe Fenster ins Freie. Müller, der zwei Jahre lang in den Verliesen der Nazis saß, beruhigt diese Aussicht.

In den letzten Jahren, erzählt er mir, hat er oft von seinem Tod geträumt. Nicht von dem, der ihm bevorsteht, sondern von dem, dem er im Jahr 1943 nur knapp entging. In diesen Nächten ist er wieder 18 Jahre alt. Und dieses Mal töten sie ihn. Er sieht sich in diesem Traum wieder vor dem Volksgerichtshof stehen. Er hört den Blutrichter Freisler toben. Diese Stimme, die sich überschlägt, die brüllt, die ihn verurteilt. Er trifft in diesem Gerichtssaal seine Freunde von der Weißen Rose wieder, die zum Tode verurteilt sind: Er sieht in Willi Grafs und Alexander Schmorells Gesichter. Wenn Franz J. Müller dann von der Guillotine träumt, schreckt er aus dem Schlaf. Irgendwann steht er auf und schaut aus den großen Fenstern seines Schlafzimmers. Er blickt hinüber zu den zum Greifen nahen Baumkronen. Die Bäume grünen jetzt wieder, und frühmorgens, wenn Müller aus seinem Albtraum findet, singen darin die Vögel. Je älter er wird, sagt er, desto länger dauert es, bis er aus dem Traum zurück in die Wirklichkeit gelangt. Seit einiger Zeit endet er immer gleich: »Der Angeklagte Franz J. Müller wird im Namen des deutschen Volkes zum Tode verurteilt.« In der Realität des April 1943 wird der damals 18-Jährige mit fünf Jahren Gefängnis bestraft. Müller, der mit seinem Todesurteil rechnete, sagte zu seinem Richter: »Sie können mich töten. Aber mehr können Sie nicht tun.«

Manchmal, sagt Müller, träumt er, wenn er nicht rechtzeitig erwacht, auch Details seiner Hinrichtung. Wie sie ihn fesseln etwa. Er streckt im Gespräch seine Fäuste weit über den Wohnzimmertisch: »Ich träume, dass sie mir die Hände vorn oder hinter den Rücken fesseln.« Und er malt sich die Guillotine aus. Wie die Henker seine Freunde festschnallen, einen nach dem anderen. Sophie Scholl zuerst.

Müller stammte aus Ulm, der Stadt, in der Hans und Sophie Scholl ihre Jugend verbrachten. Die Nazis waren ihm von Anfang an zuwider. Er hasste Befehle, Gebrüll, das Marschieren und den Gleichschritt. Sein Freund Hans Hirzel kannte Hans Scholl und besuchte ihn in München. Scholl bat Hirzel, die Flugblätter der Weißen Rose auch in Ulm zu verbreiten. Franz Müller war der Einzige von Hirzels Freunden, der dazu bereit war. Ein richtiger Kerl war Müller damals, der sich gerne mal mit den Jungs aus der Hitlerjugend prügelte. Der dann sogar Geld für Papier und Umschläge für die Flugblätter sammelte. In einer geheimen Orgelkammer der Ulmer Martin-Luther-Kirche faltete, adressierte und frankierte Müller tausend Exemplare des fünften Flugblatts der Weißen Rose. Auf einen Umschlag schrieb er: »An den Führer Adolf Hitler. Reichskanzlei. Berlin«.

Müller arbeitete für die Weiße Rose, bis ihn die Wehrmacht im Februar 1943 als Soldat nach Frankreich einzog. Weil jemand unter Folter seinen Namen preisgegeben hatte, ließ ihn die Gestapo dort im März festnehmen. Da waren Hans und

Sophie Scholl schon hingerichtet. Am 19. April stand er vor Freisler im Münchner Justizpalast. Sein Leben lang hat er überlegt, was ihn wohl vor der Todesstrafe bewahrt haben könnte. »Heute glaube ich, dass ich es meiner Mitangeklagten Susanne Hirzel verdanke.« Die junge Frau sah gut aus, war blauäugig und trug lange blonde Zöpfe. Freisler sagte zu ihr: »Fräulein Hirzel, wenn ich Sie so vor mir sehe – Sie sind das Urbild eines germanischen Mädchens! Sie können doch von diesem Schmutz gegen unseren Führer nichts gewusst haben!« Freisler verurteilte sie nur zu einem halben Jahr Gefängnis, obwohl sie ihrem Bruder Hans Hirzel geholfen hatte, die versandfertigen Flugblätter zur Post zu bringen.

Müller erinnert sich: »Freisler war in gewisser Weise gnädig zu ihr. Und so wollte und konnte er vielleicht ihren jüngeren Bruder und mich als dessen Freund nicht zum Tode verurteilen. Für ihn waren wir dann eben ›von Volksfeinden verführte jugendliche Narren‹.« Es war Freislers Rassismus, der auch dem ebenfalls blonden, blauäugigen und mit 18 Jahren damals noch nicht volljährigen Müller geholfen hatte: »Sie haben ja ein rassisch gutes Aussehen«, schrie Freisler, »wie konnten Sie dann gegen den Führer sein? Er hat uns doch alle gerettet!« Müllers Versuche, dem Mann in der Purpurrobe zu antworten, erstickte Freisler mit seinem Gebrüll. »Freisler hat uns entmündigt«, sagt Müller. Er habe von der Anklagebank aufstehen und zurückrufen wollen: »Das ist doch kein ordentliches Gericht hier!« Doch Susanne Hirzel hielt ihn fest bei der Hand und flüsterte: »Nein, du bleibst hocken!«

Wenn Müller sich an besonders emotionale Augenblicke erinnert, beginnt der Mann, dessen Stimme sonst so fest klingt, zu schwäbeln. Etwa wenn er an eine der letzten Begegnungen mit seinen Freunden denkt. Wie die Wärter ihn beim Hofgang im Gefängnis von München-Stadelheim im Kreis in die eine Richtung trieben und seine Kameraden, die zum Tode Verurteilten, in die Gegenrichtung. Wie sie ihm noch einmal entgegenkamen. Wie sie sich trafen in der Mitte des Hofes und eine halbe Minute noch einmal zusammenstehen durften: Willi Graf, Professor Kurt Huber, Alexander Schmorell und er. Der Wärter höhnte: »Da is ja die ganze Weiße-Rose-Blase wieder beinand!« Keine 30 Meter von ihnen wartete das Schafott.

Müllers Stimme senkt sich: »Wir sahen uns an und haben uns alles Gute gewünscht. Was sollten wir uns auch sonst sagen?« In der Gefängniskirche war es ihm vorher noch einmal gelungen, sich neben Willi Graf auf eine Bank zu knien. Dort und als die beiden gläubigen Katholiken zur Kommunion gingen, flüsterten sie und überlegten, wie man fliehen könnte. Ob sie einen Wärter überwältigen, ihm die Pistole entreißen sollten? »Doch selbst wenn uns die Flucht gelungen wäre, wo hätten wir hingehen sollen?«, fragt sich Müller.

Hans Hirzel und Franz Müller wurden zu fünf Jahren Haft verurteilt. »Stadelheim hieß Hunger. Ein plagender Hunger; jedoch zum Glück begleitet von diesem Gefühl, dass es richtig war, was ich getan hatte.« Müller verschränkt seine Arme, schaut aus dem Fenster. Hatte er, der Abiturient vor dem Volksgerichtshof, nie Zweifel? »Nein. Natürlich war ich in Todesgefahr, aber es hat mich auf seltsame Art nicht sehr belastet. Was hätte ich sonst tun sollen? Ich hatte keine andere Chance. Ich hätte nicht anders können.« In seiner Zelle betete er. »Angesichts meines Glaubens hätte ich das Ende nicht für ein Übel gehalten«, sagt der einstige Ministrant, den der Ulmer Pater Eisele stark geprägt hatte. »Er hat uns auf religiöse, sanfte Weise zu Gegnern der Nazis gemacht.« Müller vertraute auf Gott, auch als er den

Tod vor Augen hatte: »Entweder es kommt ein Nichts, dachte ich, oder es wird etwas sein, das gerecht, menschlich und anständig ist.«

1943 verlegte ihn die Gestapo ins Jugendgefängnis nach Heilbronn. Der Leiter der Anstalt meinte es gut mit Müller. »Ein fabelhafter Mann, vielleicht meine Rettung.« Als dann im Mai 1945 alles vorbei war, machten die amerikanischen Alliierten ihm und Hans Hirzel das Angebot, nach Amerika zu gehen. Das wollten die beiden Robert Scholl mitteilen, dem Vater von Hans und Sophie, der nach dem Krieg Oberbürgermeister von Ulm wurde. Doch als sie ihm im Rathaus gegenüberstanden, erhob sich dieser Zwei-Meter-Mann von seinem Schreibtisch und sagte: »Ihr bleibet da! Ihr könnt doch die Gräber eurer Freunde nicht verlassen!«

Müller hat sich daran gehalten. Nicht nur zu Jahrestagen steht er auf dem Friedhof am Perlacher Forst in München an den Gräbern von Sophie, Hans, Christoph und Alexander. Es falle ihm nicht schwer, meint Müller. Dabei sagt seine Frau Britta, mit der er seit 46 Jahren verheiratet ist, dass er jedes Mal wieder eine Träne im Auge habe. Und dass er immer wieder diese Last spüre, überlebt zu haben, wo so viele sterben mussten. »Dieses Gefühl hockt in einem drin. Ein Leben lang. Das kriegt man nicht los.«

Ihm scheint es noch heute oft so, als lebe er in einem Labyrinth von Erinnerungen. »In einem Irrgarten, in dem ich aber viel Wärme und Zuwendung erfahre.« Müller blickt lange seine Frau an. Als sie kurz aus dem Zimmer verschwindet, sagt er: »Ein Mann, der seine Freunde verloren hat, weil man ihnen die Köpfe abgeschlagen hat, braucht jemanden, der versteht, ohne zu fragen. Sie ist wunderbar.«

Dann schaut er auf das leuchtend bunte Gemälde an der Wand, von dem ihn Sophie Scholl in Lebensgröße anblickt.

Er war drei Jahre jünger als sie und hätte sich nicht getraut, sie anzusprechen. Das bedauert er bis heute. »Sophie war doch die Mutigste von uns allen. Sie hatte keinen Respekt vor Freisler und hat das deutlich gemacht vor Gericht: Ihr Schlusswort beim Verhör, als man ihr eine Brücke bauen und so ihr Leben retten wollte, lautete: ›Ich bereue meine Handlungsweise nicht und will die Folgen auf mich nehmen.‹«

Nach dem Krieg wollte Franz Müller Jurist werden. Er arbeitete erst als Lehrer und betrieb später eine Keramikfirma. Doch eigentlich war er hauptberuflich und zeitlebens ein Jahrhundertzeuge. 1987 gründete er die Weiße Rose Stiftung und später auch die »DenkStätte« im Lichthof der Münchner Universität. Dort, wo einst der Hausmeister Hans und Sophie festnahm, sehen heute jeden Tag Hunderte ihre Gesichter und Schriften. Müller, Ehrenvorsitzender der Stiftung, wollte die Erinnerung an seine Freunde und den Geist des Widerstands lebendig erhalten. In Israel bekam er eine Medaille, in Deutschland das Bundesverdienstkreuz.

Es ist spät geworden bei unserem Gespräch. Regentropfen trommeln gegen die Fenster seines gläsernen Hauses, in das gerade noch die Frühlingssonne schien. Müller blickt auf die Wanduhr in der Ecke. Die stammt aus seinem Elternhaus. Wenn niemand spricht, hallt ihr Ticken durchs Zimmer und erinnert ihn an mehr als acht lange Lebensjahrzehnte. Und an die Gegenwart der Vergangenheit. Denn auch heute wird Müller wieder seinen Traum vom Fallbeil träumen. Seit einigen Monaten kommt er jede Nacht. Doch wie immer wird seine Frau Britta da sein, wenn er aufschreckt. Sie wird ihren Arm um ihn legen und sagen: »Franz, du lebst. Es ist alles vorbei.«

»Mein längster Tag«

Kurt K. Keller kehrt noch einmal an den Omaha Beach zurück

Ihm stehen Tränen in den Augen. Er sagt, das sei der Wind. Er hat seine Schirmmütze ins Gesicht gezogen, gegen die Böen, doch viel mehr noch gegen die Wehmut. Er blinzelt in den Wind, der von Westen kommt. »Er weht so stark wie damals«, sagt der alte Mann zu mir. »Damals«, das ist für ihn der 6. Juni 1944.

Für ihn ist dieser Tag nie zu Ende gegangen. Für ihn ist dieser Tag tatsächlich der »Längste Tag«. So nennen die alliierten Veteranen den D-Day, und so heißt auch der berühmte Hollywood-Film. Gemeint ist die Invasion in der Normandie. Die größte Landeoperation der Geschichte.

Für den Mann aus Deutschland, der über den weiten Strand blickt, ist die Geschichte Gegenwart. Er spürt das schon sein Leben lang und heute ganz besonders, wenn er den Wellen zuschaut, wie sie an den Strand branden. Damals, am D-Day, waren sie rot gefärbt vom Blut der Soldaten.

April 2014. Der Mann ist gegen Ende seines Lebens zurückgekehrt an den Strand in Frankreich, an dem er vor 70 Jahren als junger Mann kämpfen musste. Den seine Feinde von damals »Omaha Beach« tauften. Kurt K. Keller aus Homburg im Saarland hat sich zusammen mit mir auf die Reise gemacht. Mit 88 Jahren ist er noch einmal ins Dorf am Omaha Beach gefahren, nach Saint-Laurent-sur-Mer, in die Normandie.

Einen Tag zuvor haben wir uns erst kennengelernt. Lange hatte ich nach einem deutschen Überlebenden der Invasion gesucht. Nach einem Mann, der diesen Tag nicht verklärt.

Ich fand Kurt K. Keller, der den D-Day nicht nur überlebte, sondern danach desertierte. Nach dem Krieg bis ins Heute hinein wurde er deswegen immer wieder bedrängt und verhöhnt. Er hat sich daher eine Geheimnummer zugelegt. Ich stieß auf ihn im Internet, seine Heimatzeitung hatte über ihn berichtet, weil er vor einer Schulklasse von seiner Soldatenzeit erzählt hatte.

Als wir uns in seiner kleinen Wohnung in Homburg im Saarland treffen, trinkt Kurt Keller Kaffee am Esstisch und nimmt die Hand seiner Frau in seine Hände, wenn ihn das Erzählen traurig macht. Von seinem Stuhl aus sieht er sich selbst ins Gesicht. An der Wand gegenüber hängt ein Bild vom 18-jährigen Keller in der grauen Wehrmachtsuniform. Der alte schaut dem jungen Mann jeden Tag in die Augen. Wenn Kurt Keller von damals berichtet, klingt aus seinen Worten der Schrecken. Aber auch eine sonderbare Sehnsucht nach diesem Strand. Dabei fürchtet er sich vor ihm bis heute. Er ist nie fertig mit ihm geworden. Doch er hängt auch an ihm. Er ist sein Verhängnis.

Er sagt, dass ihm nächtens oft so ist, als stünde er wieder am Omaha Beach. Er liegt dann schweißnass da neben seiner Frau Gertrud und will sich nichts anmerken lassen. »Er denkt, ich merke das nicht«, sagt seine Frau. Trotz der Last an Erinnerungen strahlt Keller heute Ruhe aus. Ein liebenswerter Groß- und Urgroßvater. Irgendwann an diesem Nachmittag traue ich mich, ihn einfach zu fragen, ob wir nicht einmal zusammen zurück zum Omaha Beach fahren sollen. Keller lächelt und sagt sofort zu. Ich frage ihn, ob es ihm vielleicht schon morgen passen würde, weil ich doch nun schon mal im Saarland bin. Keller sagt: »Prima, ja, morgen fahren wir los!«

Am nächsten Tag hole ich ihn und seine Frau ab. Ich habe einen Geländewagen gemietet, weil wir bis auf die Steilküste fahren wollen, an der er damals gelegen hatte. Von Homburg bis Saint-Laurent-sur-Mer in der Normandie sind es neun Stunden. Kerzengerade sitzen Kurt Keller und seine Frau auf der Rückbank des Wagens und schauen gebannt auf das graue Band der Autobahn. Je näher wir dem Ziel kommen, desto eindringlicher erzählt Keller. Als wir die Autobahn verlassen, fliegen erste Möwen über die Felder und kündigen das nahe Meer an. Keller deutet nach links und rechts, seine Stimme zittert: »Ich kenne hier jedes Haus und jeden Weg.«

Kaum, dass er angekommen ist, muss er nur seine Augen schließen, und die Zeitreise beginnt. Er sieht alle wieder vor sich, die Toten und die Überlebenden. Er sieht auch wieder die Armada von Tausenden Schiffen, die den Horizont säumen. Er hat die Flugzeuge vor Augen, die den Himmel verdunkeln. »Ich fühle wieder, wie die Erde unter meinen Füßen bebt.« Und er spürt wieder, wie alles um ihn brennt.

Kurt Keller weiß noch, wie die Ginsterbüsche, die die Küste überwucherten, lodern. Wie ihr glühendes Holz riecht und die verbrannten Leiber der Menschen. Wie der Qualm in seinen Augen brennt. Wie die ersten Landungsboote der Amerikaner ihre Luken am Strand öffnen und wie die ersten Reihen der GIs sofort ins Meer sinken, weil Kellers Kameraden mit den Maschinengewehren aus ihren Stellungen in die Menge hineinfeuern. Und wie auch er mit seinem Karabiner auf die Menschen zielt. »Ich weiß noch, wie ein schreckliches Schuldgefühl in mir aufwallte. Aber das musste ich ja bezwingen, es war ja Krieg, und die Männer dort unten wollten uns ebenfalls töten.« Eine Chance zu überleben haben die herausstürmenden GIs nur, wenn sie

verbotenerweise über die Seiten ihrer Landungsboote in die
See springen. Zwingen sie sich aber über die Rampe hinaus,
sind sie bloße Zielscheiben. Doch so oder so sind sie viel zu
schwer beladen, oft mit 50 Kilo Gepäck, das sie zum Grund
der an dieser Stelle meist drei Meter tiefen See zieht.

Wenn Kurt Keller heute seine Augen schließt, sieht er
auch diesen einen Soldaten vor sich stehen, der es fast bis
über den ganzen Omaha Beach geschafft hat. »Ich sehe ihn,
wie er auf die Steilküste und direkt auf mich zu rennt«, sagt
Keller. Auf der Anhöhe kauert Kurt Keller in seiner Stellung mit seinem Karabiner. Der Wehrmachtssoldat schießt
auf den GI und trifft ihn in die Brust.

Das Bild, das er sein Leben lang in sich trägt, lässt ihn
heute noch aufschrecken aus seinen Träumen, Nacht um
Nacht zurückkehren in den Krieg. »Da sinkt dieser amerikanische Soldat auf seine Knie«, erinnert sich Keller. »Er
nimmt seine Maschinenpistole in beide Hände, streckt seine Arme von sich.« Es wirkt fast so, als wolle er seine Waffe
jemandem übergeben. Dann legt er sie vor sich in den Sand.
Er nimmt seinen Helm ab, legt ihn ebenfalls in den Sand
und faltet seine Hände. Nun wirft er seinen Kopf in den
Nacken und hebt seinen Blick zum Himmel. Bis er zusam-
mensackt. »Er fällt mit dem Gesicht in den blutigen Sand.«

Kellers Stimme versagt. Es ist so, als wäre der amerikanische Soldat mit ihm in die Vergangenheit gereist. Wir sind
gerade die große Böschung hochgelaufen, hinauf zu seiner
alten Stellung. Dort oben angekommen, sacken Kellers
Schritte immer wieder in Senken und Furchen aus Sand.
Sie ziehen sich durch die Kuppe der Steilküste und markieren die alten deutschen Schützengräben, aus denen Keller
mit seinen Kameraden auf die Amerikaner feuern musste.
Über das Labyrinth aus Gräben ist der Ginster gewuchert,

aber man erkennt sie noch deutlich. Keller erstarrt plötzlich. Er deutet immer wieder auf die Stelle am Strand. »Als ich sah, wie dieser Mann dort ein letztes Mal zum Himmel betet, war das für mich ein Wendepunkt in meinem Leben. Ich fragte mich: Wie kann man so fromm sein, dass man in den letzten Sekunden seines Lebens noch betet?« Keller hatte bis dahin nur an Adolf Hitler geglaubt. Doch als er sah, wie sich dieser Soldat im Sterben an Gott wandte, war plötzlich alles anders.

Es waren nicht die Abertausenden von Toten, die ihn so berührten. Es war dieser eine Soldat. »Er hat mein Leben verändert.« In den Tagen danach beschließt Keller, nicht länger für Hitler zu töten. Er schwört sich zu desertieren, wenn er die Invasion und dieses sinnlose Massensterben überlebt. Weil er seine Kameraden nicht im Stich lassen will, wartet er bis zum September 1944. Auf dem Rückzug Richtung Rhein ist es so weit. Keller flieht, um den Wahnsinn nicht länger mitmachen zu müssen. In dieser Zeit beginnt er, an Gott statt an Hitler zu glauben. Zum ersten Mal fällt ihm auf, was auf seinem Koppelschloss eingeprägt ist: »Gott mit uns«. Der Propagandaspruch wird seine Hoffnung. Keller glaubt bis heute, dass Gott ihn gerettet hat. Und er sagt, dass all seine Kameraden an diesem verdammten Tag zum Himmel gebetet hätten, egal ob sie zuvor an ihn geglaubt hätten oder nicht. Und dass alle weinen mussten.

Auch nach 70 Jahren kehrt mit der Erinnerung die alte Angst zurück. Die alte Ohnmacht. Wir steigen wieder hinab von der Steilküste und wagen uns an den Strand. Kellers Atem geht schwerer und flacher, seine Augen irrlichtern hinter seiner Brille, wie damals suchen sie den Horizont ab, der voller Schiffe war. Kaum ein Wehrmachtssoldat an vorderster

Front hat den Angriff der Alliierten am 6. Juni 1944 in der Normandie überlebt. Keller ist vielleicht der letzte Deutsche, der noch von diesem Tag am Strand erzählen kann.

In seinen dunkelbraunen Augen, die in den tiefen Falten seines Gesichts fast verschwinden, liegt die Trauer über das, was geschah, und das, was er tat. Doch er will sich zusammennehmen, und das Wetter hilft ihm dabei. Die Frühlingssonne gießt ihr Licht über das Meer und färbt es tintenblau. Die ersten Badegäste haben ihre Handtücher ausgebreitet. Kinder spielen Ball und lassen am Himmel, den die Jagdbomber damals verdunkelten, Drachen steigen. Ihr Lachen schallt über den Sand.

»Nun sind wir also wieder da«, sagt Kurt Keller. Die Steilküste türmt sich links und rechts von ihm 30 Meter hoch auf und scheint ihn zu umarmen. Gute 400 Meter sind es jetzt bei Ebbe von der Promenade mit ihren Denkmälern, die an die Invasion erinnern, bis zur Brandung. Die Ebbe war es, die am frühen Morgen des »Längsten Tages« den Strand fast einen halben Kilometer freigab und die Amerikaner dem Feuer der Deutschen auslieferte. »Wären sie doch nur bei Flut gelandet, viele wären verschont geblieben«, flüstert Keller. Er klingt heiser, scheint versteinert. Aber er will sich an diesem Ort nicht gehen lassen, will Haltung zeigen. Sein Lebensmotto heißt: »Geradstehen!«. Er mag sich hier nicht selbst beweinen. Etwa 250.000 Soldaten starben am D-Day und an den nächsten Tagen der »Operation Overlord«. Die einen, weil sie den Kontinent befreien wollten. Die anderen, weil sie überzeugt waren, ihn verteidigen zu müssen.

Es kostet Keller viel Kraft, den Strand zu betreten. Er tastet immer wieder nach der Hand seiner Gertrud, mit der er seit 56 Jahren verheiratet ist und die auch in diesem Augenblick an seiner Seite ist. Sie streicht ihm über sein Gesicht.

»Komm, Kurt, wir schaffen das jetzt«, sagt sie. Kurt Keller ist für sein Alter gut zu Fuß, und doch blickt er im Gehen unentwegt auf den Boden. Er scheint jeden neuen Schritt abzuwägen. »Ich gehe so vorsichtig, weil ich mir vorstelle, dass unter meinen Füßen lauter Tote liegen. Der Strand ist doch ein Friedhof.« So tastet er sich vor mit kleinen, verzagten Schritten. So pumpt sein Herz und schlägt ihm bis zum Hals vor Aufregung.

Seine Frau hakt sich jetzt bei ihm ein, das hilft ein bisschen. Er erzählt, wie die GIs, bleich vor Angst und vom Wellengang, aus den Booten stolpern. Wie ein Streifschuss reicht, um sie ins Verderben zu stürzen. Der vordere Strand ist übersät von »Rommelspargeln«, mit Minen bestückte Holzpfähle, und »Tschechenigeln«, Panzersperren aus drei miteinander verschweißten Stahlträgern. Generalfeldmarschall Rommel hat sie in den Strand rammen lassen, um die Landung aufzuhalten. Sie alle wären bei Flut unsichtbar gewesen für die Angreifer. Vielleicht entschied sich General Eisenhower deswegen dazu, bei Ebbe loszuschlagen.

Keller erinnert sich, wie die verzweifelten GIs hinter diesen Strandbefestigungen ein wenig Schutz vor dem Kugelhagel der Deutschen suchen. »Das war das Schlimmste, was sie tun konnten, denn so boten sie den Gewehrschützen Zeit und Gelegenheit, um auf sie zu zielen.« Der Film *Der Soldat James Ryan* von Steven Spielberg zeigt in seinen ersten zwanzig Minuten genau diese Szenen des großen Massakers. Viele Kinozuschauer und auch Kritiker hielten die Inszenierung der Grausamkeit für übertrieben. Keller aber sagt, dass der Film in diesen Augenblicken der Wirklichkeit sehr nahe kam.

Das Meer nimmt all das Leid noch am selben Tag mit sich. Auch die abgerissenen Hände, Arme oder Beine, nach denen einige der schwer verwundeten GI's in der Gischt suchen. Er beobachtet, wie Soldaten sich einige letzte Meter auf ihren Armen durch den Sand robben, weil sie ihren Unterkörper verloren haben. Er sieht die Köpfe der Erschossenen in ihren Stahlhelmen im Wasser treiben. Wie sie stundenlang in den Wellen schaukeln und dabei aussehen, als wollten sie stumm verneinen, was sich zugetragen hat.

Keller lag am 6. Juni 1944 oben auf der Klippe über dem Omaha Beach, auf die er nun wieder hinaufsteigt. Als er die Gräben seiner alten Stellung wiederfindet, nimmt er seine Kappe ab und senkt den Kopf. Die Windböen zerren an ihm, beinahe wehen sie ihn um. Sie blähen seinen Blouson auf und lassen seine Hose flattern. Keller erzählt, wie ihm dort oben mitten in der Schlacht die Munition ausgeht. Wie sein Arm sich im Donner der Schüsse zu seinem Kameraden vortastet, der neben ihm im Sand liegt, um ihn um neue Patronen zu bitten. Keller tippt ihm auf die Schulter – und seine Hand versinkt in einer großen Wunde, aus der Blut quillt. Eine Granate hat ihn getroffen.

Minuten schweigt Keller, ringt mit sich. Sein Atem stockt, und seine Worte, die er hervorbringt hier am Strand, sind kaum zu verstehen. Der Wind und das Wellenrauschen reißen sie gleich wieder mit sich, ehe er sie ganz ausgesprochen hat. Dann fasst er sich wieder und schildert, wie er gefangen war in seiner Stellung, als die Jagdbomber ihre tödliche Fracht herabregnen ließen. »Sie flogen so tief, dass wir die Köpfe der Piloten in ihren Bombern sahen.« Die Erde der Küste erzittert. Er kann kaum schießen, die Munition ist knapp, sein Magazin hat nur zehn Schuss. Nicht weit von ihm feuert jemand mit dem MG 42, der »Hitlersäge«, die 25 Kugeln pro Sekunde auf die Todgeweihten niedergehen lässt.

Er erinnert sich, wie er immer wieder zum Himmel hinaufsieht, weil er hofft, dass die deutsche Luftwaffe den Versprengten am Boden helfen wird, wie man es ihnen immer versprochen hat. Doch dann regnen schon wieder Bomben herab, und Keller wird verschüttet. Nur weil sich sein Helm über sein Gesicht legt, überlebt er unter der Erde, bis ihn seine Kameraden ausgraben.

Seit diesem Tag quält Keller die Angst vor der Enge. Er steigt bis heute ungern in Aufzüge, meidet kleine Räume. Sein Arzt riet ihm, alles aufzuschreiben. Das tat er: Seine Erinnerungen sind in einem kleinen Buch erschienen: *Vom Omaha Beach bis Sibirien.*

Am Abend möchte Keller die Kathedrale von Bayeux besuchen. Er öffnet die schwere Pforte und atmet die kühle Luft, in der noch die Weihrauchschwaden eines Gottesdienstes stehen. Er zieht seine Mütze vom Kopf und faltet die Hände. Ehrfurcht und Staunen liegen in seinem Blick, der an den Kirchenfenstern hängen bleibt. Das Abendlicht fällt durch die Scheiben und wirft bunte Schatten auf den Marmorboden. Links und rechts in den Seitenschiffen erinnern mit Flaggen und Orden geschmückte Gedenkstätten an die toten britischen, amerikanischen und französischen Veteranen. Vor jedem bleibt Keller stehen, senkt seinen Kopf und flüstert ein Gebet. Als er gerade eine Kerze anzündet, bemerkt er, wie ein Mann im Ornat sich ihm von der Seite nähert. Der Pfarrer fragt nicht lange, breitet seine Arme aus und heißt Keller willkommen in seiner Kirche. Auf Deutsch lädt er ihn ein, in ein paar Wochen wiederzukommen. Am 6. Juni 2014 wird der Pfarrer hier einen großen Gedenkgottesdienst zum 70. Jahrestag der Alliierten-Landung feiern. Keller steht starr vor Rührung vor dem Geistlichen, bringt kein Wort heraus, sosehr er das auch gerne würde, und verbeugt sich nur. Erst als er wieder hinaustritt aus der kühlen Kirche in den Frühlingsabend, flüstert er: »Ich hätte den Pfarrer gern um Verzeihung gebeten …« Tränen füllen seine Augen. Er schluckt: »Vielleicht verzeiht mein Gott mir ja das, was ich getan habe.«

Am nächsten Morgen beim Frühstück im Hotel bricht Keller sein Croissant in Stücke und isst jeden Bissen mit Bedacht. »Das habe ich mir angewöhnt im Krieg. Das Brot war kostbar.« Nebenan im Frühstücksraum sitzen amerikanische Veteranen. Vielleicht sind es Männer, die ihm damals gegenüberstanden. Keller würde sie gern fragen, aber er möchte sich nicht aufdrängen. Ein bisschen verlegen ist er auch. Das ganze Hotel ist dekoriert mit Devotionalien der großen Schlacht. Im Treppenhaus stehen verrostete Wehrmachtsstahlhelme, im Frühstücksraum hängen Uniformen der GIs hinter Glas und Fotos von Winston Churchill.

Wie die amerikanischen Veteranen will auch Keller heute zum nahen US-Soldatenfriedhof Colleville-sur-Mer fahren. An diesem Ort mit seinem Meer aus weißen Kreuzen drehte Steven Spielberg die Anfangsszene seines berühmten Films *Der Soldat James Ryan*. Sie zeigt den geretteten James Ryan als alten Mann, der noch einmal zurückkommt an den Ort des Kampfes. Ganz so wie es jetzt Keller tut. Schon als er auf dem Parkplatz vor dem Gelände aussteigt, riecht es nach Pinien und Meer. Mit jedem seiner Schritte kommt er der Brandung und dem Schreien der Möwen näher. Der Friedhof liegt auf einer hohen Klippe. Jeder Besucher erreicht ihn nur über einen Weg, von dem der Blick zum Strand geht, an dem die Soldaten ihr Leben ließen. Jeder, der zu den Gräbern hier oben gelangen will, muss also auch hinunter auf die Todeszone von einst sehen, die jetzt so friedlich und farbensatt wie eine Postkarte am Horizont steht. Nun betritt Keller den akkurat gepflegten Rasen, der sich wie grüner Samt über das Areal ausbreitet und jeden Schritt auf ihm dämpft.

Tausende Male aus schneeweißem Marmor reihen sich nun vor Keller auf, Kreuze für die toten Christen, Davidsterne für die toten Juden unter den GIs. Keller streicht über einzelne Grabsteine, immer wieder. Er betrachtet die Blumen auf den Gräbern. Erstaunlich viele liegen dort, meist einzelne Rosen. So viele Menschen denken also noch an die Toten, so viele kommen über den Atlantik, um sie hier zu besuchen.

Als wir zwischen den Kreuzen und Sternen stehen und Richtung Meer sehen, fühlen wir uns sonderbar leicht, weil wir über die Gräber hinweg direkt auf den Strand und das Blau des Meers blicken. Da ist kein Haus, kein Zaun, kein Wall. Nur dieses für einen Friedhof sonderbare und gute Gefühl von Weite und Grenzenlosigkeit. Wir sehen auf das Band des grünen Rasens mit den weißen Grabmälern, dann auf den Streifen des azurfarbenen Atlantiks. Zuletzt in den Himmel. Gehen die Besucher in die andere Richtung, gelangen sie zu einem Denkmal. Hoch wie ein Haus ist es. Da steigt ein junger Soldat aus Bronze aus den Wellen des Atlantiks himmelwärts. Um sein Haupt trägt er einen Lorbeerkranz. Keller senkt seinen Kopf, auch an diesem Ort.

Auf dem Weg zurück zum Hotel erzählt er, was nach dem D-Day mit ihm geschah. Wenige Tage nach seiner »Fahnenflucht« wird er festgenommen und zum Tode verurteilt. Doch dann kommandiert man ihn ins Bewährungsbataillon 500, ein Himmelfahrtskommando an der Ostfront. Dort gerät er in russische Gefangenschaft. Die Rote Armee verschleppt ihn in ein Lager. »Arbeit macht frei« steht in schmiedeeisernen Lettern über dem Tor, und so glaubt Keller an ein Arbeitslager, als jemand ihm sagt, wo er sich wirklich befindet: im gerade befreiten Vernichtungslager Auschwitz. Dort zwingen ihn die Russen, die Leichen zu bergen und zu bestatten. Wochen später verfrachten sie ihn nach Sibirien. 8000 Kilometer von der Heimat entfernt. Doch Keller gelingt die Flucht. Seine Stationen sind amtlich dokumentiert. Am 7. November 1949 kehrt er heim nach Homburg. Am Bahnhof wartet seine Mutter. Gerade erzählte Keller mir noch, wie wichtig die Mütter für ihn und seine Kameraden gewesen waren. Dass fast alle, die um ihn herum starben, kurz vor ihrem Ende nach ihrer Mutter gerufen hatten. Er sagt: »Als wir heimkamen, waren Leib und Seele schwer geschunden. Aber doch waren wir tief glücklich, wieder freie Menschen zu sein. Ich erlebte eine zuvor nie so gekannte Freiheit. Intensiver als je zuvor, ganz neu. Und ich weiß die Erfahrung bis heute zu schätzen.«

Das letzte Ziel unserer Reise ist der deutsche Soldatenfriedhof La Cambe. Eine kilometerlange Allee führt zu ihm. Jeder der Tausenden von Bäumen steht für einen deutschen Soldaten. Und jeder trägt eine Tafel mit einem Namen. Meist haben die Hinterbliebenen der Toten einen Gruß hinterlassen. Auf dem Schild mit der Nummer 1205 etwa lesen wir: »In Erinnerung an Kurt Stürmer – wir konnten Dich nie kennenlernen. Deine Tochter, Enkel und Urenkel«. Auf dem daneben steht geschrieben: »Für meinen geliebten Hermann, der mir immer fehlen wird.«
Durch einen großen steinernen Torbogen betritt Keller die Ruhestätte seiner Kameraden. Er verstummt beim

Anblick der schlichten und von Moos besetzten Steinkreuze und beginnt, die Grabplatten nach Namen abzusuchen, die er kennt. Er scheint sich mit seinem Blick am Boden ganz zu verlieren. Doch dann, nach einer Stunde, bleibt er stehen. »Fritz Jürgensmeier!«, ruft er plötzlich und deutet auf den Namen, der da auf der Grabplatte steht. »Ja, das ist er! Der Fritz!« Seine Stimme beginnt zu beben. »Mensch, Fritz …! Da bist du ja …!« Er beugt sich hinab, weil er seinem Kameraden näher kommen will. Und auch, weil es ihn in die Knie zwingt, weil seine Beine das erste Mal an diesem Tag nicht mehr recht wollen. Da hockt er nun, streicht wieder und wieder mit seiner flachen Hand über das Grabmal. Dann erhebt er sich, steht gerade, sammelt sich und flüstert: »Es ist gut, dass der Fritz nun ausruhen kann. Es ist gut, dass er jetzt nicht mehr gestört wird. Er war ein treuer Kamerad. Er hielt zu mir. Er war bei mir. Und nun bin ich bei ihm.«

Keller ist aufgewühlt und doch auch zufrieden. Er hat seinen Fritz wiedergefunden. Nun kann es nach Hause gehen. Neun Stunden fahren wir zurück nach Homburg an der Saar. Keller, der auf dem Hinweg so viel erzählte und den so viele Erinnerungen einholten, schweigt nun meistens. Sein Kopf scheint all die Bilder, die er gesehen hat, einzuordnen. Oft schließt er seine Augen, schläft aber nicht. Hinter seinen Lidern verweben sich die Szenen von damals und von heute. Was war wie damals? Was war anders? Wie schrecklich schön sah heute der Frieden aus an diesem Ort des furchtbarsten Krieges?

Als wir seine Heimat erreichen, fühlt es sich für Keller ein wenig so an wie damals, als er endlich aus dem Krieg zurückkam. Bei unserem Abschied steht er sehr lange noch gerührt im Türrahmen und winkt. Und dann ruft der 88-Jährige noch: »Zu meinem 90. Geburtstag sehen wir uns wieder. Ich lade Sie jetzt schon ein.«

Natürlich folge ich der Einladung anderthalb Jahre später. Im Dezember 2015 feiert Kurt K. Keller seinen Ehrentag im »Homburger Hof«. Dort, wo er alle wichtigen Ereignisse seines Lebens gefeiert hat. Und dort, wo nach dem Krieg die amerikanische Kommandantur für Homburg Quartier bezog. Keller bietet mir den Platz an seiner Seite an und wird an diesem Abend immer mal wieder seine Hand auf meinen Arm legen, wenn er vom Krieg erzählt.

Keller sitzt am Kopfende eines langen Tischs, seine Kinder und Enkelkinder prosten ihm zu. In ihren Gesichtern glaube ich manchmal den jungen Kurt Keller von damals zu sehen. Sein Sohn und seine Töchter erzählen mir, wie sie aufgewachsen sind mit den Erinnerungen ihres Vaters: »Der Krieg war immer da. Morgens beim Frühstück und abends beim Abendbrot. Doch trotzdem ist unser Vater immer auch ein fröhlicher Mann gewesen.«

Kurt Keller trägt an seinem Festtag einen schwarzen Samtanzug und manchmal an diesem Abend zieht er stolz eine Kappe über, auf die in goldenen Lettern das Wort »Veteran« gestickt ist. Es ist das Geschenk eines amerikanischen Generals, der mit Keller Freundschaft schloss, als der Saarländer noch einmal an den Omaha Beach reiste zu den großen Feierlichkeiten mit der Queen und Obama am 6. Juni 2014. Da lud man ihn ein, sich in eine Reihe zu stellen mit den französischen, britischen und amerikanischen Ehemaligen. Keller war bewegt, sein Herz schlug ganz schnell. Dann stand da auf einmal dieser US-General vor ihm, grüßte ihn und fragte ihn, was ihn denn herführe. Als er Kellers deutschen Akzent hörte, stutzte er erst einmal, dann umarmte er ihn. Ein schottischer Veteran spielte dazu auf seinem Dudelsack. Und ein alter französischer Soldat hakte sich bei Keller ein. Er deutete erst auf Kellers Herz, dann auf sein eigenes und sagte zum ihm: »Il est fini! Es ist vorbei!«

Keller sagt, seit diesen Reisen spüre er zum ersten Mal in seinem langen Leben so etwas wie Leichtigkeit. So wie heute auch. An seinem 90. Geburtstag trinkt Keller Mineralwasser, lacht und redet über das Leben. Und doch auch viel über den Krieg. »Es kommt mir alles wie gestern vor. Und deswegen finde ich es schlimm, dass die armen Bundeswehrsoldaten heute überall auf der Welt im Einsatz sind. Wir Deutschen sollten uns da zurückhalten«, meint er. »Wenn mir heute einer sagt, dass jemand auf dem Feld der Ehre gefallen sei, dann ist das eine Lüge. Heute wie damals. Ich weiß, was Diktatur und blinder Gehorsam unter Ausschaltung eigenen Denkens für ein grausames, weltweites Verbrechen nach sich ziehen können.«

Dann lächelt er, wenn er über das Heute nachdenkt. Keller freut sich, dass Deutschland die vielen Menschen aufnimmt, die in diesen Tagen zu uns flüchten. »Ich kann diese Menschen und ihre tiefe Not verstehen, die alles zurücklassen, nur um ihr Leben zu retten. Denn ich war ja selber auf der Flucht vor dem Krieg. Für mich gab es damals keinen Ausweg, kein rettendes Land, in das ich hätte fliehen können.«

Dann steht er auf und hält eine kurze Rede: »Meine Lieben«, sagt er, »ich danke euch, dass ihr gekommen seid … Mein Leben war ein aufregendes Abenteuer, voller Licht und voller Finsternis … Die Zeit verrinnt … Trinken wir auf das Heute. Und auf die Zukunft!«

»Das ist derselbe Mond wie daheim«

Wie Hans-Erdmann Schönbeck Stalingrad und den 20. Juli überlebte

Manchmal lässt ihn die Vergangenheit nicht schlafen, bis heute nicht. Dann hilft ihm der Himmel. Er schaut aus seinem Fenster und sieht in die Nacht. Hinauf zum Mond. Der Mond tröstet ihn, wenn er sein Schlafzimmer mit seinem Licht ausfüllt. Hans-Erdmann Schönbeck liebt den Mond. Er leuchtet für ihn wie damals in Stalingrad. Als die Welt im Krieg um ihn herum brannte, war der Mond für ihn der letzte Frieden. Als er gefangen war im Kessel von Stalingrad, schaute er zu ihm hinauf. Und fühlte sich einen Wimpernschlag lang frei. Er träumte sich heimwärts. Mit drei Sätzen, die ihm noch heute die Tränen in die Augen treiben, obwohl ihn doch seit Stalingrad nicht mehr viel erschüttern kann. Er sagte sich: »Das ist nun derselbe Mond, wie ihn meine Eltern und meine Schwester daheim sehen. Er scheint genauso in Deutschland wie hier. Er ist meine Brücke zur Heimat.«

Hans-Erdmann Schönbeck ist im Jahr 2016 ganze 93 Jahre alt und lebt hoch über München im elften Stock einer Luxus-Seniorenresidenz des Augustinums. Er bewohnt ein großes Appartement mit breiter bodentiefer Fensterfront und einer Loggia mit Postkartenblick auf die Alpenkette. Alle Fenster des Heims gehen Richtung Berge, denn hinter dem Haus hört man die Autobahn, und dass hier am Rand von München die weiß-blaue Schönheit der Stadt ausbleicht und sich im Grau des riesigen Heim-Komplexes verliert, sollen die Bewohner möglichst wenig spüren.

Er sitzt im Sessel seines Wohnzimmers und will beginnen zu erzählen, als am Himmel, der so weit und blau und friedlich vor seinem Fenster liegt, ein Flugzeug vorbeifliegt. Schönbeck verstummt, schaut zur Maschine und dem langen Silberstreifen, den sie hinter sich herzieht. Er schweigt, deutet zum Streifen, der sich langsam aufzulösen beginnt. Und der ihn jetzt mit einem Schlag sieben Jahrzehnte in seine Vergangenheit versetzt: Er denkt an jene Flugzeuge, die ihn und die letzten Männer aus Stalingrad retten sollten. Doch für 240.000 von insgesamt 300.000 deutschen Soldaten gab es kein letztes Flugzeug. Schönbeck aber überlebte.

»Ich bin neugierig auf jeden neuen Tag. Ich stehe immer mit einem Lächeln auf«, sagt er. Auch wenn es gelegentlich wehtut. Noch vor Jahren steckten ganze Schrapnellteile aus Stalingrad in seiner Schulter. Er ließ sie herausoperieren, von einem Juwelier vergolden und schenkte sie seiner damaligen Frau: »Nichts kommt näher von meinem Herzen«, sagte er ihr.

Nun stecken nur noch kleine Splitter in seiner Schulter. Manchmal schmerzen sie und reißen ihn aus dem Schlaf, dann versucht er, nicht an das Gestern zu denken.

In seinem Appartement ist es still. So sehr, dass man das Dröhnen, das Beben, das Grollen, von dem er erzählt, zu hören glaubt. Manchmal, wenn er kurz einmal innehält in seinen Gedanken, weil ihn das Zurückdenken traurig macht, passiert etwas Seltsames. Dann scheinen seine letzten Worte in seinem Wohnzimmer nachzuhallen. Nicht weil er so laut sprechen würde, sondern weil seine Worte so viel in und mit sich tragen.

»Stalingrad!« Wenn Schönbeck nur den Namen der Stadt sagt, in der er eingeschlossen war, klingt es nicht nach einem Ort. Es klingt nach all dem Grauen, für das es keine Sprache gibt. Er meidet es, so gut er kann, und wenn er es doch einmal benutzt, verdunkelt sich seine Stimme und er muss tief ein- und ausatmen, bevor er weitersprechen kann.

93 Jahre Leben: Manchmal kommt es ihm vor, als wolle sich das Schicksal bei ihm erkenntlich zeigen, ihn dafür belohnen, dass er damals in diesem Erdloch nicht aufgegeben hatte. Dabei hatte es eigentlich keinen Ausweg gegeben. An sich hätte er sterben müssen. Doch Schönbeck entkam dem Tod.

Alle paar Stunden zieht ein neues Flugzeug vor Schönbecks Fenster vorbei, und jedes Mal schaut er ihm nach und denkt an diese Szenen: wie seine Kameraden auf die letzten Maschinen, die im Kessel landen, zustürmen. Wie sie sich hineindrängen wollen. Wie sie schreien, flehen, weinen. Wie die meisten von ihnen scheitern, sich noch mit letzter Kraft an die Tragflächen der wieder startenden Flugzeuge klammern. Wie der Pilot in der Luft einmal kurz mit den Tragflächen ruckelt und die Verzweifelten abschüttelt. Wie sie vom Himmel herabfallen, zurück in die Hölle von Stalingrad.

Damals kauert Schönbeck in einer Kuhle, hört die Flugzeuge am Himmel. Rücken und Schulter aufgerissen, erblindet von einer schweren Wirbelsäulenverletzung, steif gefroren und auf 45 Kilogramm abgemagert liegt er dort bei minus 30 Grad. Um ihn herum hat sich ein weißes Nichts aus Schnee ausgebreitet. Wie ein Leichentuch hüllen Schnee und Frost ihn ein. Dumpf hört er noch den Donner der Geschütze. Das Grollen, es kriecht Stunde um Stunde näher an ihn heran, und mit ihm nähern sich die Russen. Kurz zuvor hat ihm ein Kamerad noch eine Pistole mit nur einer Patrone zugesteckt, für den Freitod, wenn sie ihn in wenigen Stunden erreichen. Da hört er plötzlich im Gefechtslärm das vertraute Geräusch einer Heinkel He-111. Und dann die Stimme eines Kameraden. Der zieht ihn aus dem Loch heraus, nimmt ihn auf seine Schultern, wirft ihn in den Laderaum der Heinkel. Schönbeck spürt, dass die Maschine an Fahrt aufnimmt, dass sie abhebt. Er erwacht erst wieder, als sich ein Sanitäter zu ihm hinabbeugt, in einem Lazarett hinter der Front. Langsam kehrt sein Augenlicht zurück. Er wird in einen Verletztentransport verladen und erreicht erst Wochen später endlich seine Heimat Breslau.

Von allen Bildern des Wiedersehens steht ihm eines bis heute besonders vor Augen: seine Mutter, die am Bahnsteig steht und ihm rote Rosen entgegenstreckt. Mit letzter Kraft schleppt er sich aus dem Waggon, er bäumt sich auf, er will seiner Mutter unbedingt aufrecht entgegengehen. Dann erst lässt er los und fällt in ihre Arme. Er weiß noch heute, wie wunderbar die Rosen leuchteten.

Das Rot dieses Augenblicks hat sich bis heute über alle anderen Farben seiner Erinnerungen gelegt. Über das Braun der russischen Steppen, das Schwarz des Rauchs, über das weiße Nichts. Schnee sieht Schönbeck bis heute jeden Tag – auf den Gipfeln der Alpenkette vor seinem Wohnzimmerfenster. Dahinter, neben seinem Schreibtisch, hat er eine Weltkarte an die Wand seines Appartements gehängt. Von München ins heutige Wolgograd sind es keine zehn Zentimeter.

Es gibt noch etwa eine Handvoll lebender Zeugen, die diese schreckliche Schlacht überlebt haben. Schönbeck ist einer davon. Wenn er von diesem verbrecherischen Krieg erzählt, dann stets geplagt von Zweifeln und voller Zorn auf Hitler. Trotzdem erlebte er in seiner Truppe auch Zusammenhalt. Wie er mit den letzten Kameraden Arm in Arm weinte, wie die Tränen an den Gesichtern gefroren und wie sie am Heiligabend »Stille Nacht« sangen, wird er nie vergessen. »Ich konnte meinen Kameraden Zuversicht geben, ich konnte den Arm um sie legen und sie trösten«, sagt Schönbeck. Genauso wenig vergisst er, wie er als Leutnant alten Russen die Hütten über ihren Köpfen abriss, um in der baumlosen

Steppe an Brennholz zu kommen. Wie er auf russische Soldaten feuerte, wie er Menschen tötete – »um nicht selber getötet zu werden«. Dieser Zwiespalt quält ihn bis heute.

Schönbeck hat in seinem Heim zwei prominente Mitbewohner, die ebenfalls im Zweiten Weltkrieg kämpften, den SPD-Politiker Hans-Jochen Vogel und den *Der Alte*-Schauspieler Rolf Schimpf. Vogel kämpfte in Italien, Schimpf in einer Sturmgeschützeinheit in Russland, er wurde schwer verwundet, als eine Salve ihn ins Genick traf. Manche von Schönbecks Nachbarn im Heim wollen mit ihm über den Krieg reden. Schönbeck bleibt dann meist höflich reserviert und versucht, das Gespräch auf das Heute zu lenken. Landser-Romantik ist ihm jedenfalls völlig fremd.

Anscheinend wirft die Erinnerung an das Schreckliche bei ihm keinen Schatten auf sein heutiges Leben. Er ist einer der wenigen Veteranen aus dem Kessel an der Wolga, die von innen heil geblieben sind, deren Seelen kaum Schaden genommen haben in diesem Krieg. »Das ist ein großes Geschenk«, sagt Schönbeck. Er ist ein verblüffend gegenwärtiger Mensch. Er schaut jeden Tag in den Himmel und freut sich seines Lebens.

Wir kennen uns seit 2013, als ich ihn zum 70. Jahrestag der Schlacht von Stalingrad interviewte. Danach sind wir in Verbindung geblieben und sehen uns oder telefonieren alle paar Monate. Wenn auf meinem Handy sein Name aufblinkt, ist das für mich immer ein kleines Wunder. Da meldet sich ein Mann, der schon so gut wie tot war und dann doch gegen jede Wahrscheinlichkeit dieses entsetzliche Massaker überstanden hat. Wie schön, denke ich dann jedes Mal, dass er noch lebt. Und manche kleine Sorge, die mich gerade noch umtrieb, verschwindet. Ich habe in dieser Sekunde, bevor ich das Handy ans Ohr nehme, das

Flugzeug im Sinn, mit dem Schönbeck in den Himmel entkam. Und mir wird ganz leicht zumute.

Ich schätze an ihm seine Weltläufigkeit und Großzügigkeit. Bei einem meiner letzten Besuche wollte er nicht ins Restaurant des Augustinums gehen wie sonst, war stattdessen mit dem Taxi in die Münchner Innenstadt zu Dallmayr gefahren und hatte eine Tüte voller Köstlichkeiten besorgt, die er mir in der Küche seines Appartements servierte.

Wenn es ihm schlecht geht und er das Bett hüten muss, wie häufiger in letzter Zeit, will er nicht besucht werden. Nur wenn er aufrecht gehen und stehen kann, sehen wir uns wieder. So auch im März 2016, als er nach monatelangem Klinikaufenthalt endlich wieder zurück in seinem Appartement ist. Dieses Mal waren es der Magen, das Herz »und der Rest des Körpers«, erklärt er mit einem Lächeln. »Ich hielt einigen Winden stand in meinem Leben. Es kann aber gut sein, dass der nächste Wind mich umweht«, sagt er, »wir haben nicht mehr viel Zeit. Ich möchte schon noch gerne leben, aber mir bleibt nicht mehr lange dafür.« Und so versprechen wir uns, dass wir uns schneller als sonst wiedersehen, damit er sein Kapitel meines Buchs lesen kann. Denn er weiß ja nicht, wie viel Zeit ihm noch bleibt. »Meine Kräfte verlassen mich immer mehr.«

Er ist gerade wieder einmal Großvater geworden und zum ersten Mal auch Urgroßvater. In die Freude darüber mischt sich Sorge, »dass die Kinder in diese Welt hineingeboren werden«. Er sagt das seinen Lieben nicht, »denn ich will nicht, dass meine Sorge ihr junges Leben belastet. Und doch kann ich nicht anders, als so zu denken.« Was ihn am meisten fürchten lässt: »Dass unsere Welt so in Unordnung ist. Dass nur noch dort Ordnung ist, wo ein Diktator diejenigen, die gegen ihn sind, töten lässt. Dass ein Mann wie

Donald Trump vielleicht Präsident von Amerika werden könnte. Dass Putin freie Länder bedroht und erobert. Dass die IS-Terroristen Menschen, die in den arabischen Ländern helfen wollen, die Köpfe abschlagen.« Und dann beunruhigt ihn noch die Zuwanderung in Deutschland. »Ich unterstütze nach wie vor Frau Merkel«, sagt er dann, »aber ihre Flüchtlingspolitik braucht eine feste Ordnung. Wenn sie jetzt festlegen würde, wie viele Menschen pro Jahr zu uns kommen können, wären wir immer noch das beliebteste und friedvollste Land der Welt, aber wir hätten endlich wieder eine feste Ordnung.«

Von seinem Küchenfenster aus kann er hinübersehen bis zum BMW-Tower am Münchner Petuelring. Der Vorstandsvorsitzende von BMW, wo Schönbeck so lange selbst im Vorstand saß, hat dort im 22. Stock der Firmenzentrale sein Büro. Schönbeck ist dort auch heute noch manchmal zu Gast, denn Harald Krüger, der aktuelle Boss, hält viel von Schönbecks Rat. Und so kommt ab und an eine dunkle 7er-Limousine bis vor die Tür des Seniorenheims gefahren, um Schönbeck abzuholen und zu Krüger zu bringen. Eine halbe Stunde lang nimmt sich der BMW-Chef dann Zeit für ihn. Die beiden trinken Tee, und Krüger möchte wissen, was früher wichtig war und was heute wichtig ist für den alten Herrn. Wie er BMW von außen sieht. Hans-Erdmann Schönbeck freut sich, dass seine Meinung noch gefragt ist. Überhaupt sah er sich, trotz des Unheils, das er erlebte, immer auch als Glücksmensch. Als ein Hans im Glück.

Im Heim lebt er allein, er ist geschieden. So gut er kann, hält er sich gerade. Seine linke Schulter, von der ihm fast das ganze Schulterblatt fehlt, reckt er höher als die rechte. Er ist ein Gentleman, der maßgeschneiderte Kombinationen, teure Krawatten und handgefertigte Schuhe trägt. Immer schmaler ist er mit den Jahren geworden. Sein Haar ist schneeweiß, doch seine Augen unter den buschigen Brauen sind klar. Seinen Krieg hat er ins Regal verbannt. Zwei Meter messen die Bände über den Zweiten Weltkrieg.

Als Joseph Vilsmaier Anfang der Neunzigerjahre seinen, wie Schönbeck findet, »sehr realistischen« Stalingrad-Film drehte, nahm er Schönbeck als militärischen Berater mit an das Filmset nach Finnland. Diese Wochen belasteten ihn eigentlich nicht. Nur an einem Drehtag holte ihn die Angst von damals wieder ein. Für eine Szene hatte der Regisseur originale T34-Panzer aus Russland beschaffen lassen. Als er das Rasseln ihrer Ketten wieder hörte, kroch der alte Schrecken hoch in ihm. Davon erzählte er den Schauspielern des Films, vor allem Thomas Kretschmann, der einen Leutnant spielte, wie Schönbeck einer gewesen war.

Im Abspann des Vilsmaier-Films erschien auch Schönbecks Name. Und so kam es, dass kurz nach der Premiere eine fremde Frau bei ihm anrief. Ob er denn der Hans-Erdmann Schönbeck sei, der damals in diesem Erdloch in Stalingrad gelegen habe? Als Schönbeck das bejahte, versagte der Frau zuerst die Stimme. Dann erzählte sie von ihrem Vater, dem Hauptfeldwebel, der einen Leutnant Schönbeck in ein Flugzeug geworfen hatte.

Für ein Wiedersehen zwischen Retter und Gerettetem war es zu spät. 350 Flugzeuge der Wehrmacht hätten pro Tag landen müssen, um die Truppen so zu versorgen, wie es Reichsmarschall und Luftwaffenchef Hermann Göring versprochen hatte. Doch die Maschine, mit der Schönbeck gerettet wurde, war eine der letzten, die den Kessel noch verließen. Bald schon kam keine einzige mehr. Der selbstlose Hauptfeldwebel hatte Stalingrad nicht überlebt.

Schönbeck brachte es nach dem Krieg als Top-Manager bis in den Vorstand von Audi, dann von BMW und dort auch in den Aufsichtsrat. Er war Präsident des deutschen und des europäischen Automobilverbandes. Er bekam das Bundesverdienstkreuz und den Bayerischen Verdienstorden. Er geht gebeugt, und doch strahlt er noch immer eine große Würde aus. In seinem Gesicht liegt bis heute die Konzentration und Ernsthaftigkeit, mit der dieser Manager vom alten Schlag lebte und arbeitete. Er genoss sein Leben, war zweimal verheiratet, ist stolz auf seine drei Kinder, seine sieben Enkel, seinen Urenkel. »Meine Familie trägt mich.« Seine Kinder blicken ihn von Gemälden an seiner Wohnzimmerwand mit großen Augen an. Auf diesen Bildern scheint die Zeit stillzustehen, doch auf dem Tisch liegt seit Neuestem ein iPad. Damit skypt er manchmal mit seinen Enkeln. Nur selten kann er noch sein Heim verlassen, einen Ort, an dem viele Männer leben, die in diesen Krieg ziehen mussten. Schönbeck war Fahnenjunker der 11. Panzerdivision, später dann Leutnant in dem 24. Panzerregiment und führte dort eine Schwadron.

Schönbeck ist einer der Menschen, die einen Raum verändern, wenn sie ihn betreten. Er hat Charisma. Und doch gibt es Momente im Gespräch, in denen sich Schönbeck in seiner Vergangenheit zu verlieren scheint. Dann umklammert seine Hand die Sofalehne, und sein Blick schweift zur Kommode, auf der die Fotos seiner Lieben und seiner alten Villa in Gräfelfing stehen. Goldgerahmtes Glück, das er mit einem Lächeln betrachtet. Verlässt er sein Appartement, geht er gestützt auf die Handläufe die Flure entlang, die ganz niedrig an die Wände geschraubt sind, weil die meisten Bewohner nicht mehr aufrecht gehen können. Wohin Schönbeck auch geht, überall stoßen Lichtschranken die Türen zu den nächsten Räumen auf.

»Natürlich bin auch ich hierhergekommen, weil es dem Sterben entgegenging, schon vor Jahren. Aber das scheint sich verschoben zu haben«, sagt er mit einem Lächeln. Der Tod, er ist ihm zum zweiten Mal in seinem Leben sehr gegenwärtig. Nur auf eine viel sanftere und erträglichere Weise als in der Jugend seines Lebens.

Nein, sagt Schönbeck, wer Stalingrad erlebte, habe spätestens dann nicht mehr an Hitler glauben können. »Ich habe ihn verflucht.« Und doch war er einer der unzähligen deutschen Soldaten, die verstrickt waren in diesen verbrecherischen Vernichtungskrieg. Von den Gräueltaten der SS im Rücken der vorrückenden Front – »davon haben wir viel zu lange nichts gewusst, und später wollten wir es nicht glauben«, sagt er.

Nach seiner Rettung aus Stalingrad verbrachte er ein Jahr im Lazarett. Danach schickte man ihn ins Oberkommando des Heeres in den Mauerwald in Ostpreußen, wo er in nächster Nähe zum Führerhauptquartier Wolfsschanze als Lagebearbeiter diente. Er war im Begleitkommando von Hitler bei dessen Flügen von Ostpreußen auf den Obersalzberg. Doch schon vor dem Attentat am 20. Juli 1944 war aus dem Mitmarschierer ein Hitler-Gegner geworden. »Er hatte seine Soldaten verraten, ich wurde innerlich ein Gegner, der sich zutiefst wünschte, er möge getötet werden.«

Schönbeck fühlte sich den Offizieren sehr nahe, die sich gegen Hitler verbündeten. Sein Vorgesetzter im Oberkommando der Wehrmacht im Mauerwald, Karl-Heinrich Graf von Rittberg, zog ihn mehrmals ins Vertrauen: »Schönbeck, ich erwarte, dass Sie Ihren Eid brechen, kann ich auf Sie zählen?«, fragte ihn der Major kurz vor dem 20. Juli. Und Schönbeck antwortete: »Jawohl, Herr Major, selbstverständlich. Sie können auf mich zählen!« Er wusste seit diesem

Moment, dass ein Attentat kurz bevorstand, und schwieg – das allein hätte gereicht, um ihn wie so viele andere Mitwisser des Attentats hinzurichten. Schönbeck war mit dem Mitverschwörer Albrecht von Hagen befreundet, teilte mit ihm seine Baracke im Mauerwald. Jener von Hagen hatte eine Sprengstoffbombe für Stauffenberg unter seinem Bett versteckt, zwei Meter von Schönbecks Matratze entfernt. Und so schlief Schönbeck tagelang neben der Bombe.

Er schließt jetzt im Gespräch für Momente die Augen und erinnert sich, wie er nach dem misslungenen Attentat in seiner Heimatstadt Breslau Hitler zum ersten Mal direkt gegenüberstand. Schönbeck sollte den SS-Tross mit dem Diktator vom Flughafen in die Jahrhunderthalle bringen. Und so fuhr Schönbeck voraus, hinter ihm der Autokorso mit Hitler. Vor der Jahrhunderthalle stoppte er, öffnete Hitler die Autotür, grüßte ihn, machte ihm Meldung und sah ihm dabei in die Augen. Schönbeck trug eine Pistole bei sich, er sollte Hitler bei einem möglichen Attentat schützen. Und dachte sich: Du müsstest jetzt nur deine Pistole ziehen und schießen. Erzählt Schönbeck von dieser Szene, greift er heute noch an seine rechte Gürtelseite, vielleicht so wie damals. Doch seine Hand verharrte dort. »Das war ein schlimmer Moment in meinem Leben. Ich hab's nicht fertiggebracht.« Denn mit dem Gedanken zu schießen kam die Angst: »Mein Gott, du lebst doch gerade erst wieder!«

Über sein Bild von Hitler legt sich bis heute seine Erinnerung an Claus Graf von Stauffenberg. Schönbeck sieht ihn vor sich, wie er im Offizierskasino in Ostpreußen am Tisch neben ihm sitzt. Der Mann mit der Augenklappe und dem Handstumpf zieht auch ihn in den Bann.

Wenige Tage nach dem 20. Juli verschleppt ihn die SS auf der Suche nach Mitverschwörern in ein Waldstück zum

Verhör. Schönbeck glaubt schon an sein Ende. Die Männer traktieren ihn mit Fragen: »Du hast doch auf der Bombe gelegen! Gib es zu!«, brüllen sie, aber sie können ihm nichts nachweisen. Dass ihm die Folter erspart bleibt, wundert ihn selbst bis heute Die große Enttäuschung aber, dass Hitler das Attentat überlebt, bleibt ihm. »Dass der 20. Juli scheiterte, war mein zweites Stalingrad«, sagt er mit bebender Stimme und feuchten Augen.

Unruhig streicht er im Gespräch über den Notfallknopf an seinem Arm, mit dem er schnell Hilfe herbeiholen kann. Im Krieg gab es so oft keine Rettung für seine Kameraden, daran denkt er jetzt. Noch heute findet und sammelt die Deutsche Kriegsgräberfürsorge Gebeine, die in der Ödnis rund um Stalingrad verstreut liegen. Was übrig blieb von ihnen, sind ein paar Kochen, ihre Erkennungsmarke und manchmal noch das metallene Koppelschloss ihrer Uniform mit der Aufschrift »Gott mit uns«.

Schönbeck hatte sich damals in seinem Erdloch gottverlassen gefühlt. Und nur wenige Augenblicke später dann wieder gerettet vom gleichen Gott. Sieben Jahrzehnte später wähnt er sich erneut in seinem Leben Gott ein wenig näher als all die Jahrzehnte zuvor. Fast so nah wie damals, als das Flugzeug auf ihn zurollte. »Je älter ich werde, desto intensiver wird meine Suche nach Gott«, sagt er. Und dann deutet er auf die Rosenstöcke auf seinem Balkon, die jetzt schon ein paar Knospen tragen, und sagt: »So einfach kann das sein mit dem lieben Gott.« Dann sieht er nach unten auf die Wiese vor dem Heim. Es ist Februar, aber die ersten Krokusse haben es schon durch den kalten Boden geschafft. Daran erfreut sich Schönbeck. Es sind die 94. Krokusse seines Lebens.

Vor Kurzem musste er sich von seiner 98-jährigen Schwester verabschieden, vor einem Jahr schon von seiner anderen, der 99-Jährigen. Immer gegen fünf Uhr nachmittags telefonierte er mit der Ältesten, in ihren letzten Lebensjahrzehnten fast jeden Tag. Als sie sechs Wochen vor ihrem 100. Geburtstag die Kräfte verließen, schaffte es ihr Bruder noch an ihr Bett in der Klinik. »Da war sie schon nicht mehr ansprechbar.« Trotzdem redete er ganz leise auf sie ein. »Ich wusste nicht: Lebt sie noch oder ist sie schon gestorben? Aber ich fühlte mich ihr in diesem Augenblick sehr eng verbunden. Und wieder spürte ich diese gewisse Nähe von Gott.«

Die Dämmerung hat sich über die Alpenkette am Horizont gelegt. Gleich kommt die Nacht und wird mit ihrem Schwarz den Himmel mit den Bergen vereinen. Wie bestellt ist der Mond aufgegangen. Jener Mond, der sein Vertrauter war in der bittersten Fremde. Er will ihm deswegen bis heute nahe sein und hat ein großes Fernrohr auf seine Loggia gestellt, vor sein Schlafzimmerfenster. Weil ihn die Erinnerung oder vielleicht auch nur die Splitter in seiner Schulter heute Nacht sicher nicht ruhig schlafen lassen, wird er sich später nach draußen in die vorfrühlingshafte Nacht setzen. Dort wird er dann durch das Teleskop seinen Blick über den Himmel schweifen lassen. Das hilft ihm immer. Die Welt um ihn herum wird dann so herrlich klein, er selbst wird es auch. Und mit ihm alles Gestern, das gerade noch gewaltig war. Es liegt dann wieder weit zurück. Er wird den Mond mit seinem Fernrohr nah zu sich heranholen. So nah, als könne er nach ihm greifen. Es ist der Mond von Stalingrad. Derselbe von damals. Es ist der Mond von München. Der Mond, der ihn gerettet hat.

»Ich habe ihn heiß geliebt«

Zeitzeugen erinnern sich an Claus Graf von Stauffenberg – und sein Sohn an den Vater

Manchmal hört er Stauffenberg heute noch rufen. Er muss dafür nur kurz seine Augen schließen und einen Moment lang seinen Atem anhalten. Dann klingen die letzten Worte des Grafen in ihm nach. So sehr haben sie sich eingewoben in seine Erinnerungen. »Es lebe das heilige Deutschland!« In der Nacht des 20. Juli 1944 steht der einfache Soldat Hans Splinter an einem Fenster des Bendlerblocks in Berlin und blickt auf die vier Männer, die sich gleich vor einen Sandhaufen stellen müssen. Nicht einer nach dem anderen, wie so oft dargestellt, sagt Splinter, sondern nebeneinander.

Überall im Bendlerblock haben die Soldaten die Radios aufgedreht. Hitlers Rundfunkrede, in der dieser der »Vorsehung« und höheren Mächten für sein Überleben dankt, hallt bis in den Hof des Gebäudes, wo Claus Schenk Graf von Stauffenberg, Werner von Haeften, Albrecht Ritter Mertz von Quirnheim und Friedrich Olbricht stehen und auf ihren Tod warten: »Wenn ich heute zu Ihnen spreche, dann geschieht es aus zwei Gründen: 1. Damit Sie meine Stimme hören und wissen, dass ich selbst unverletzt und gesund bin. 2. Damit Sie aber auch das Nähere erfahren über ein Verbrechen, das in der deutschen Geschichte seinesgleichen sucht«, tönt Hitler aus den Volksempfängern. Dann breitet sich Stille im Hof des Bendlerblocks aus.

Hans Splinters Kameraden bekommen den Befehl, diese düstere Szenerie mit den Scheinwerfern ihrer Fahrzeuge zu beleuchten. Splinter hört die Schritte des Erschießungskommandos, dann das Klicken der durchladenden Gewehre. Ein Kommandeur sieht Splinter oben an einem der

Fenster stehen und brüllt ihm zu, er solle sofort verschwinden. Splinter duckt sich unter das offene Fenster, sodass er nur noch hören kann, was nun geschieht. Der Kommandeur unten im Hof schreit: »Legt an…!«, und dann brüllt er: »Feuer!«

Bevor Claus Schenk Graf von Stauffenberg, von den Kugeln des Erschießungskommandos getroffen, niedersinkt, hört Hans Splinter ihn rufen: »Es lebe das heilige Deutschland!« Andere Zeugen wollen nur »Es lebe Deutschland!« oder auch »Es lebe das geheime Deutschland!« verstanden haben. Letzteres hätte dann eine Anspielung auf die Gedankenwelt Stefan Georges sein können, den der Graf so sehr verehrte. Doch Hans Splinter ist sicher: »Er rief ganz deutlich: ›Es lebe das heilige Deutschland!‹ Und ich fand es enorm, dass er diesen Satz noch loswerden konnte. Er hat ihn förmlich in die Kugeln hineingerufen.«

Sonderbar wirkt dieser Satz heute, in Zeiten, in denen kaum jemandem noch etwas heilig ist oder »heilige Krieger« Terror über die Welt bringen. Vielleicht lässt er sich vor Stauffenbergs biografischem Hintergrund besser einordnen: Er war Patriot und er war Christ, ihm war sein Land heilig, er wollte nicht länger hinnehmen, dass es untergeht. Stauffenberg stand für ein Deutschland, das der Nazibarbarei Werte entgegensetzte und bereit war, sich zu diesen Werten zu bekennen und alles dafür zu geben.

Im Jahr 2009, als ich mit ihm spreche, ist Hans Splinter 89 Jahre alt und der letzte direkte Zeuge von Stauffenbergs Hinrichtung. Er war in den Vierzigerjahren der Fahrer des Grafen, wohnte zeitweilig in dessen Haus in der Berliner Tristanstraße, um immer für ihn da zu sein. Er kochte ihm seinen geliebten Brombeerblättertee, besorgte ihm Zigaretten, fuhr ihn im offenen Wagen, weil Stauffenberg das liebte.

Er ermunterte ihn immer, schnell zu fahren. »Splinter, aber doch nicht so schnell!«, rief er dann doch. »Denn Stauffenberg konnte sich mit seiner einen Hand im Wagen kaum festhalten«, erzählt Splinter. Der Oberst war damals schon kriegsversehrt, bei einem Tieffliegerangriff in der Wüste Nordafrikas verlor er ein Auge, die rechte Hand und zwei Finger der linken.

Splinter sitzt nun in seinem Wohnzimmer in der Nähe von Fulda und klingt glücklich, wenn er sich an seinen alten Chef erinnert: »Er hat bis zum Schluss gekämpft. Und er gab erst auf, als er verhaftet wurde. Am späten Abend des 20. Juli 1944 traten plötzlich Offiziere mit Maschinenpistolen im Anschlag in ein Zimmer des Bendlerblocks, wo ich mit meinen Kameraden saß. Sie riefen ›Für oder gegen den Führer?‹ Mir war sofort klar, jetzt bloß kein falsches Wort, sonst ist es vorbei! Wir stotterten: ›Natürlich für den Führer!‹. Die Offiziere gingen weiter und feuerten auf dem Flur einige Schüsse ab. Kurz darauf habe ich dann gesehen, wie sie Stauffenberg nach unten bringen.«

Wie so viele andere, die sich an den Grafen erinnern, schwingt auch in Hans Splinters Worten großer Respekt vor dessen Tat. »Wir haben als gute Deutsche damals natürlich gespürt, dass hier jemand versuchte, Deutschland zu retten«, sagt der Rentner. Und dass er sehr bedaure, dass sein Vermächtnis »dem Vergessen anheimgegeben wurde«. Splinter klingt wehmütig: »Die deutsche Öffentlichkeit weiß zwar, was damals geschah. Aber nehmen wir wirklich Anteil daran? Empfinden wir Dankbarkeit und Stolz?«, fragt er sich. Und immer, wenn er vor Schulklassen über seinen alten Chef erzählen soll, spürt er, dass die jungen Leute zwar verstehen, dass sich da jemand gegen Ungerechtigkeit aufgelehnt hatte. »Stauffenbergs Opfer für die Nation jedoch, die Idee, sein Leben einzusetzen, um sein Land zu retten, ist ihnen weitgehend fremd«, sagt Splinter. Und das liege nicht an den Schülern, sondern daran, dass »niemand ihnen diesen Opfergeist vermittelt hat. Stauffenberg bleibt ihnen innerlich fremd.«

War Hans Splinter einer der letzten Zeugen, die Stauffenberg in der Nacht des 20. Juli gesehen haben, so war der Ordonnanzoffizier Christoph Scheibler einer der Ersten, der ihm an diesem Tag begegnete. Er war zuständig für die Gäste in der Wolfsschanze, und so empfängt er den Grafen, als dieser am Vormittag des 20. Juli im Führerhauptquartier in Ostpreußen eintrifft.

Als ich den damals 88-jährigen Scheibler im Jahr 2009 zum 20. Juli befrage, lobt er als Erstes Stauffenbergs »Kaltblütigkeit«. Der alte Mann aus Köln mag eigentlich nicht gern an die Nazizeit erinnert werden, nur an Stauffenberg denkt er mit einem Lächeln zurück. »Ich bewunderte sofort seine freundliche Kühle und Souveränität.« Scheibler servierte ihm gegen 10.30 Uhr ein verspätetes Frühstück, er hatte in der Küche des Offizierskasinos sogar etwas Krebsfleisch für den Oberst. Der aß es mit Appetit. »Wir haben dann geplaudert. Über die Sonne, wie schön sie an diesem Morgen strahlt.«

Dann packt Stauffenberg mit seinen drei Fingern seine Aktentasche, die er fest an sich drückt. Ihr Inhalt wiegt schwer: zwei Brocken Sprengstoff, zwei Zünder und eine Zange, eigens für ihn angefertigt. Mit diesem Werkzeug will der kriegsversehrte Claus Schenk Graf von Stauffenberg die Bomben gleich scharfmachen.

»Man sah Stauffenberg sofort eine seltene Stärke an, trotz seiner Verwundungen. Aber er brauchte Hilfe«, erinnert sich Christoph Scheibler. Also nahm der Leutnant der

Reserve dem Oberst die Tasche mit den beiden Bomben ab und trug sie ihm ein Stück, als er ihn zu Hitlers Lage-Baracke führte. Verdutzt fragte er ihn: »Warum ist die denn so schwer?« Und Stauffenberg antwortete: »Ich habe nun mal viel zu tun.« Christoph Scheibler muss bis heute anerkennend lächeln über diese Antwort.

Schon am Morgen des 20. Juli 1944 heizt die Sonne den Wald der Wolfsschanze auf. Es wird ein heißer Tag werden. Stauffenberg soll jetzt gleich vor Hitler referieren. In einer Stunde will er den »Führer« in die Luft sprengen. Am Vorabend hat er sich ein letztes Mal seinem Beichtvater, einem katholischen Pfarrer, anvertraut. Ihn quält die Last, auch Unschuldige töten zu müssen, um Hitler zu beseitigen.

Stauffenberg ist ein Perfektionist. Einer, dem ausgerechnet in der Wolfsschanze ein fataler Fehler unterläuft: Gegen Mittag wird er zur Baracke gerufen, in der sich Hitler mit seinen Offizieren zur Lage trifft. Unter dem Vorwand, sein Hemd wechseln zu wollen, verschwindet er mit seinem Adjutanten Werner von Haeften in einem Vorzimmer. Mit Mühe gelingt es den beiden, einen der zwei Sprengsätze scharfzumachen und in der Tasche zu verstauen. Dann ruft Major Ernst John von Freyend vor der Tür: »Stauffenberg, so kommen Sie doch!« Hitler lässt die Lagebesprechung um eine halbe Stunde vorverlegen. Aufgeschreckt verlässt Stauffenberg den Nebenraum mit nur einem Sprengsatz in der Tasche. Sein Adjutant bleibt mit der zweiten Bombe zurück. Dabei hätte er ebenjene gar nicht mit einem Zünder versehen müssen. Die Explosion der einen Bombe hätte auch die zweite detonieren lassen. Die doppelte Wucht hätte nicht nur Hitler, sondern alle Anwesenden in der Baracke sicher getötet.

Stauffenberg gibt vor, nur schlecht hören zu können, und bittet deswegen, nah bei Hitler postiert zu werden, »dass ich alles mitbekomme«. Ihm gelingt es, die Tasche unter den Kartentisch zu stellen, ganz in Hitlers Nähe. Generalfeldmarschall Keitel meldet ihn Hitler. Der dreht sich kurz vom Kartentisch zu ihm um und reicht ihm stumm seine Hand. Die beiden kennen sich. Schon vor fünf Tagen sprach Stauffenberg vor Hitler in der Wolfsschanze und wollte ihn da bereits töten. Doch seine Mitverschwörer stoppten ihn damals, weil Himmler nicht wie geplant anwesend war.

Nun steht Stauffenberg erneut vor Hitler: Der Oberst ist einen Kopf größer, er steht kerzengerade, nichts verrät seine Anspannung. Selbst dem ebenfalls anwesenden und linientreuen General Walter Warlimont fällt er sofort positiv auf. Nach dem Krieg erinnert er sich an den Gast in der Baracke: »Wie er dort stand, das eine Auge durch eine schwarze Binde verdeckt, einen verstümmelten Arm in einem leeren Uniformärmel, hoch aufgerichtet, den Blick geradeaus auf Hitler gerichtet, bot er ein stolzes Bild.«

Stauffenberg sagt, er müsse telefonieren, und verlässt den Raum. Bis heute ist nicht geklärt, wer in diesem Moment die Tasche weiter weg von Hitler, unter den Tisch rückt – auf die andere Seite des breiten Tischbeins, an die von Hitler abgewandte Seite. Ebendieses Tischbein wird den Diktator, der sich zudem im Augenblick der Explosion auch noch weit über die Tischplatte gebeugt hat, retten. Gegen 12.50 Uhr explodiert der Sprengsatz und schleudert alle Männer zu Boden.

Alle Fenster der Baracke bersten, Flammen lodern heraus. Einige Offiziere schleudert die Wucht der Explosion aus den Fenstern ins Freie. Doch Minuten später erhebt sich Hitler aus den rauchenden Trümmern der Baracke. Seine

Hose hängt zerfetzt an ihm herunter, er selbst kommt mit einigen Schürfwunden und Prellungen davon. Der Kartentisch und das schwere Tischbein haben ihn geschützt. Wäre die Lagebesprechung wegen der großen Hitze nicht in diese Holzbaracke verlegt, sondern wie üblich in einem Bunker abgehalten worden, hätte Hitler aller Wahrscheinlichkeit nach nicht überlebt.

Kurz nach der Explosion passiert der fliehende Stauffenberg die Baracke in seinem offenen Wagen und sieht, wie ein Opfer seines Attentats auf einer Trage aus der Baracke gebracht wird, zugedeckt mit einem schwarzen Umhang. Stauffenberg denkt, er verhülle den toten Diktator. Der Oberst schafft es gerade noch aus den Sperrkreisen. In der Eile hat er sein Koppel und seine Mütze im Vorraum der Baracke vergessen. Und sein Adjutant Werner von Haeften wirft auf der Fahrt zum Flugplatz die zurückbehaltene Bombe und auch die speziell für Stauffenberg geformte Zange aus dem offenen Wagen in den Wald. Beide erreichen das Flugzeug. Angekommen im Berliner Bendlerblock, dem Heeresamt, gelingt es Stauffenberg sogar, als Anführer der Verschwörer die »Operation Walküre«, den Umsturzplan, anlaufen zu lassen.

Bis heute wird Stauffenberg für seine Strategie kritisiert. Viele, auch die Gutmeinenden fragen, warum er nicht einfach versucht habe, Hitler mit einer Pistole zu erschießen. Diese Kritiker vergessen oder leugnen zwei Tatsachen: Erstens durfte sich zu diesem Zeitpunkt des Krieges niemand mehr Hitler mit einer Waffe nähern, ohne dass dessen Leibwächter eingeschritten wären. Die Wachen in der Wolfsschanze achteten darauf, dass alle, die in Hitlers Baracke eintraten, zuvor ihr Koppel mit ihren Pistolen ablegten. Zweitens war Stauffenberg unentbehrlich für den weiteren

Verlauf des geplanten Umsturzes, er war Herz und Motor des ganzen Unternehmens. Er hätte sich also nicht opfern dürfen. Nicht in diesem Moment, nicht an diesem Tag. Auch wenn er sich durchaus bewusst war, dass er seine Tat womöglich nicht lange überleben wird.

Mitverschwörer Ewald-Heinrich von Kleist, der ursprünglich und ein halbes Jahr zuvor von Stauffenberg ausgewählt worden war, das Attentat zu verüben, sagte kurz vor seinem Tod im Jahr 2013: »Stauffenberg wollte immer dabeibleiben und sich opfern. Er wollte das unbedingt. Das ist ihm von General Ludwig Beck verboten worden. Meiner Meinung nach zu Recht. Stauffenberg war derjenige, der auch in Berlin alles in der Hand hatte. Er war die Schlüsselfigur.«

Seine wichtigste Botschaft hinterlässt er in zwei Sätzen, die er kurz vor dem 20. Juli sagt: »Es ist Zeit, dass etwas getan wird. Derjenige allerdings, der etwas zu tun wagt, muss sich bewusst sein, dass er wohl als Verräter in die deutsche Geschichte eingehen wird. Unterlässt er jedoch die Tat, dann wäre er ein Verräter vor seinem eigenen Gewissen.« Darin liegt nicht nur das Vermächtnis Stauffenbergs, sondern auch das besondere Kennzeichen seines Charakters. Da ist sich einer bewusst, welchem Zwiespalt sein Handeln unterworfen ist. Und wie sehr seine Tat wohl missverstanden werden wird. Aber da spricht auch einer aus einer tiefen inneren Unabhängigkeit und Freiheit heraus. Stauffenberg nimmt keine Rücksicht auf sich selbst und sein späteres Bild in der Geschichte. Ihm ist sein Land heilig. Deswegen muss er jetzt etwas wagen. Er kann nicht anders. Der Historiker Peter Hoffmann spricht vom »Opfersinn« der Männer des 20. Juli.

»Ja, ich denke, es war in gewisser Weise ein Opfergang«, glaubt auch Berthold Maria Schenk Graf von Stauffenberg.

Wenn der älteste Sohn des Attentäters über seinen Vater redet, wirkt es wie eine von Ehrfurcht bestimmte Suche. Als ich ihn im Jahr 2009 besuche in seinem Haus bei Stuttgart, ist er 74 Jahre alt. Ein Mann in Cordhose und dezent kariertem Sakko, der lange denkt und in sich geht, bevor er eine Meinung äußert. Er will seinem Vater gerecht werden, immer noch, denn: »Wir haben ihn heiß geliebt.«

Wie sein Vater ging Berthold zur Armee, war am Ende seiner Laufbahn Generalmajor der Bundeswehr. Für einen Soldaten ist er ein erstaunlich sanfter Mann, einer, der sich Fragen stellt und nach Antworten sucht. »Vor allem frage ich mich bis heute, warum er die zweite Bombe nicht mit in die Tasche gelegt hat.« Berthold von Stauffenberg blickt von seinem Sessel auf die Bronzebüste seines Vaters, die einen Ehrenplatz in seinem Wohnzimmer einnimmt. Als seine Mutter Nina 2006 starb, hat sie ihrem Sohn dieses Original von Frank Mehnert vermacht. Hinter dem Bronzekopf hängt ein Kreuz, an das ein Buchsbaumzweig geklemmt ist. Um die Büste herum hat der Sohn Fotos aufgestellt. Sie zeigen ihn als Jungen mit Prinz-Eisenherz-Frisur mit seinem Vater, der 1943 aus dem Lazarett heim nach Schloss Lautlingen in Baden-Württemberg kam. Beide lachen. Es ist Berthold von Stauffenbergs ganz private Gedenkstätte, und es ist berührend zu beobachten, wie viel Zuneigung bis heute im Blick des Sohnes liegt. Äußerlich ähneln Bertholds freundliche, gütige Züge eher dem Gesicht seiner Mutter Nina, und doch hat er den Ausdruck seines Vaters vererbt. Ein Foto auf seiner Kommode zeigt den Enkel des Attentäters, Berthold von Stauffenbergs Sohn. Er trägt die Züge des Obersts und heißt auch nach ihm.

Er ballt nun seine linke Faust und lässt nur die drei Finger stehen, die seinem Vater blieben. Dann streicht er mit seinen Fingern über seine rechte Faust, die den Handstumpf des Vaters darstellen soll. »Wir haben ihm oft über seine Hand gestreichelt, und er hat uns ganz stolz gezeigt, was er alles mit seinen drei Fingern kann. Ihm gelang es sogar, seine Schuhe zuzubinden«, erinnert sich der Graf. Der berühmte Arzt Ferdinand Sauerbruch ist ein Freund Stauffenbergs und will dem im Afrikafeldzug versehrten Offizier eine Prothese anfertigen. Doch der lehnt ab. Als Stauffenberg Sauerbruch in seine Umsturzpläne einweiht, warnt der ihn: »Sie sind nervlich und körperlich zu schwach. Sie können leicht Fehler begehen in Ihrem Zustand.« Doch nichts kann Stauffenberg aufhalten.

»Ich habe das Gefühl, dass ich jetzt etwas tun muss, um das Reich zu retten«, sagt er seiner Frau Nina, als er noch frisch verwundet im Krankenbett eines Lazaretts liegt und gerade seine Hand und sein Auge verloren hat. Sie antwortet mit einem Lächeln: »Dazu bist du in deinem Zustand ja genau der Richtige!« Und wie im Film *Operation Walküre* mit Tom Cruise dargestellt, verlässt der Verwundete kurz danach das Krankenbett. In wenigen Tagen bringt er sich selbst bei, mit seinen drei übrig gebliebenen Fingern auszukommen, sogar alleine eine Krawatte zu binden. »Eine ganz neue innere Bestimmtheit, drängender als je zuvor, ging nun von ihm aus«, erinnern sich Freunde.

Berthold von Stauffenberg denkt zurück, wie unbekümmert er mit dem versehrten Vater umging. »Er konnte auch ausgelassen mit uns sein«, sagt er. Anderen gegenüber spielt der Oberst gern den Advocatus Diaboli, der alles infrage stellt: »In Diskussionen nahm er meist die Gegenposition ein.« Wenn man Berthold von Stauffenberg fragt, welche Wesenszüge er mit seinem Vater teilt, sagt er: »Wie ihn bringt auch mich so schnell nichts aus der Fassung.« Je länger der Sohn des Hitler-Attentäters in seinem Haus im Schwäbischen über den Vater redet, desto vorsichtiger wägt er seine Worte ab. Desto leiser wird seine Stimme. Es ist wie eine Andacht. Vom Wohnzimmersessel aus schweift sein Blick immer häufiger zur Büste seines Vaters. Lange blickt er ihn an. Als wolle er ihn fragen, ob er einverstanden ist mit seinen Sätzen. Deswegen schweigt er auch lieber, wenn man ihn fragt, was es ihm bedeutet hat, den gleichen Beruf wie sein Vater zu wählen. Wenn man von ihm wissen will, wie es für ihn war, in einer damals noch jungen Bundeswehr zu dienen, die den »Bürger in Uniform« dem alten Heldenbild des Soldaten entgegenstellen wollte, für das sein Vater ja noch stand. Und auch zum national-konservativen Weltbild seines Vaters mag er nicht Stellung nehmen. Der Sohn lehnt sämtliche Vergleiche zwischen ihm und seinem Vater ab. Dafür bewundert und verehrt er ihn zu sehr bis heute.

Claus von Stauffenberg muss eine einzigartige Aura und Präsenz gehabt haben. Viele Zeitzeugen erzählen, dass Menschen um ihn herum verstummten und sich ihm zuwandten, wenn er einen Raum betrat. Der gut aussehende Mann gewann schnell Sympathien, die er für sich nutzte. Er nahm Menschen augenblicklich für sich ein. Viele erinnern sich, wie ein Zwinkern, ein Lächeln von ihm verband. In einer Zeit, in der offene Worte sich verboten, eine hilfreiche Gabe. Selbst seine Feinde beeindruckte er: Gestapo-Beamte, die nach dem 20. Juli seine Spuren zurückverfolgten, notierten Stauffenbergs »Sehnsucht und Ringen«.

Eine »gebändigte Leidenschaft« habe Stauffenberg umgetrieben, sagte Altbundespräsident Richard von Weizsäcker, der ein Freund der Verschwörer war. Er lernte den Oberst kennen, als er ein paar Monate im Generalstab des

Heeres als Ordonnanzoffizier von General Gerhard Matzky arbeitete. »In dieser Funktion musste ich den Offizieren des Generalstabs Akten bringen und kam so auch eines Tages zu Stauffenberg. Ich meldete mich bei ihm mit meinem Namen. Seine erste Frage war, ob ich Stefan George kenne. Stauffenberg wusste wohl, dass der spätere ›Erbe‹ Georges, Robert Boehringer, ein naher Freund meiner Eltern war.« Weizsäcker erinnerte sich an Stauffenberg als »sehr lebhaft, direkt und spontan. Er war eine eindrucksvolle Erscheinung. Es war imponierend, ihm entgegenzutreten. Er hatte schon einen besonderen Ruf. Und ich war etwas befangen. Ich kannte natürlich Gedichte von George, hatte ihn persönlich aber nur einmal in jungen Jahren getroffen.«

Stauffenberg begegnet Stefan George bereits als junger Mann. Er schließt sich dem Kreis um den neuromantischen Dichter an, preist das »geheime Deutschland«, das eines Tages kommen werde – für Stauffenberg das Synonym für ein besseres Land. Er bleibt George bis über dessen Tod verbunden. Zusammen mit seinem Bruder Berthold hält er sogar die Totenwache für George an dessen offenem Sarg. Der Graf scheint ein zutiefst romantisch veranlagter Mensch gewesen zu sein. Als Jugendlicher versinkt er in deutschen Rittersagen und will ihnen nacheifern. Er hängt sich Repliken von Dürers mystischen Stichen in sein Kasernenzimmer. Schon seinen Lehrern in der Schule fällt Claus von Stauffenbergs Charisma auf. In einem Aufsatz zum Thema »Was willst du werden?« schreibt er 1923: »Des Vaterlandes und des Kampfes fürs Vaterland würdig zu werden und sich dem erhabenen Kampf für das Volk zu opfern.«

Er tritt ins 17. Reiterregiment in Bamberg ein. Ein Mustersoldat mit hohen Wangenknochen, blauen Augen, gewelltem Haar, das er für Fotos mit dem Kamm niederdrückt. Er ähnele dem »Bamberger Reiter«, der legendären Statue im Dom, sagen seine Freunde. Daran muss ich immer denken, wenn ich in Bamberg bin, dieser Stadt, die sich auf sieben Hügeln erstreckt und in der die Zeit stillzustehen scheint. Dann laufe ich an der Villa vorbei, in der Stauffenberg lebte, gehe zum »Reiter« und fühle mich dem berühmten Bewohner dieser Stadt nahe.

Früh ragt er überall heraus. Die Offiziersschule verlässt er als Bester. Der Rittmeister schreibt Stauffenberg eine vertrauliche Beurteilung, in der er dessen »zuverlässigen Charakter mit unabhängiger Willens- und Urteilsbildung« lobt. Stauffenbergs Ausbilder erwähnt auch »kleine Mängel«, gelegentliche Anflüge von »Überheblichkeit, die aber nie verletzend wirkt«. Der Adelige sieht sich und seine Verbündeten in der Tat als Elite, vielleicht lässt ihn dieser Stolz fehleranfällig werden. Andererseits gibt er sich uneitel. Der Karriereoffizier wird zwar hochdekoriert werden, seine Abzeichen und Orden, unter ihnen das Deutsche Kreuz in Gold und das Eiserne Kreuz 1. Klasse, trägt er aber nur selten. Für seine »hervorragenden Leistungen« bekommt der Graf einen Ehrensäbel, auf dem sein Name eingraviert ist. Der ist heute neben seinem Cello in der Stauffenberg-Erinnerungsstätte im Stuttgarter Alten Schloss zu sehen, in der Hitlers Stimme aus einem Lautsprecher dröhnt.

Diese Stimme, so glaubt Stauffenberg am Nachmittag des 20. Juli, sei nun für immer verstummt. Er trifft im Bendlerblock ein, voller Tatendrang. Als Stabschef beim Befehlshaber des Ersatzheeres ist er in der idealen Position, den von ihm umgeschriebenen Notfallplan »Walküre« umzusetzen. Stundenlang befiehlt er, telefoniert er, treibt er seine Männer an. Als am Abend alle Radiosender Hitlers

Überleben vermelden, ist die Verschwörung gescheitert. »Die Schergen lärmen schon vor der Tür!«, ruft Stauffenberg und liefert sich einen Schusswechsel mit den heranrückenden Soldaten.

Generaloberst Friedrich Fromm, Chef des Ersatzheers und Mitwisser der Verschwörung, reißt das Kommando wieder an sich und gibt sich nun als zu allem entschlossener Gegner der Aufständischen aus, um sein eigenes Leben zu retten. Er verurteilt sie standrechtlich zum Tode, auch um seine eigene Mitwisserschaft zu vertuschen. Dabei hatte Fromm gar nicht das Recht zu einem Standurteil. Es sollte ihm auch nicht nützen, denn auch er würde später in Plötzensee hängen. Stunden zuvor war es Stauffenberg und seinen Männern gelungen, Fromm festzusetzen, wozu auch der junge Leutnant Ewald-Heinrich von Kleist beitrug, damals Offizier im Bendlerblock. Er verteidigte Stauffenberg mit der Waffe in der Hand.

Doch keine Stunde später sind Stauffenberg und seine engsten Vertrauten tot: sein Adjutant Werner von Haeften, Albrecht Ritter Mertz von Quirnheim und General Friedrich Olbricht. Mitverschwörer Generaloberst Ludwig Beck versucht vergeblich, sich selbst zu töten, dann gibt Fromm den Befehl, ihn zu erschießen.

Noch in den frühen Morgenstunden des 21. Juli 1944 werden Stauffenberg und seine Mitstreiter auf dem St.-Matthäus-Kirchhof verscharrt. Doch Reichsführer Heinrich Himmler lässt sie wieder ausgraben. Am Hals des gläubigen Stauffenberg finden die SS-Leute eine Kette mit einem Kreuz. Sie verbrennen die Leichen. Nichts soll an die Männer des 20. Juli erinnern. Ihre Asche wird über den Rieselfeldern Berlins verstreut, auf denen damals Abwässer geklärt wurden.

Sein Sohn Berthold sieht am 21. Juli 1944 die Zeitungs-schlagzeilen mit dem Namen Stauffenberg, die Hasstira-den der Goebbels-Propaganda. Er versteht die Welt nicht mehr – schon gar nicht ahnt er die große Gefahr. Himmler wollte die Familie Stauffenberg zunächst »bis ins letzte Glied auslöschen«. Berthold von Stauffenberg sagt: »Ich war damals zehn Jahre alt und hörte, dass es ein Attentat auf den Führer gab. Ich fragte meine Mutter, was da geschehen ist. Doch sie gab mir keine Antwort, drückte mich vom Radio weg.« Doch dann muss der Sohn lesen, dass sein Vater erschossen worden ist. Es schmerzt ihn mit doppelter Wucht. Da ist die Trauer eines Kindes, da ist aber auch das Unverständnis über die Tat. Denn natürlich haben ihm seine Eltern verheimlicht, dass der Vater gegen Hitler kämpft. Um ihre Kinder zu schützen, spielt seine Mutter jetzt die überraschte und unwissende Ehefrau, sagt, dass der »Vati einen schlimmen Fehler begangen hat«. Nur um Berthold und seine drei Geschwister zu entlasten, sollten auch sie verhört werden. Kurz darauf verschleppen SS-Männer sie in ein Kinderheim im Harz. Die Mutter kommt ins KZ Ravensbrück. Sie müssen den Namen »Meister« annehmen. Stauffenberg sagt: »Sie nannten uns ›Verräterkinder‹.«

Von nun an wurde die »ganz kleine Clique gewissenloser Offiziere«, so Hitler, »gnadenlos ausgerottet«. So klein kann sie nicht gewesen sein, denn allein 200 Männer ließ Hitler in den folgenden Monaten hinrichten. Seine Sicht auf die Attentäter teilten auch nach dem Krieg nicht nur manche Stammtische. In den Fünfzigerjahren sprach sich noch die Hälfte der Deutschen gegen die Verschwörer aus. Bundes-präsident Theodor Heuss ehrte sie 1954 zum ersten Mal öffentlich. Natürlich konnten auch die 68er wenig mit der militärisch-nationalen Gesinnung der Attentäter anfangen.

Wer wie Stauffenberg nur sich selbst und seinem Gewissen verpflichtet war, ruft damals wie heute Zweifler und Zyniker auf den Plan. Kritiker behaupten, den überwiegend aristokratischen Verschwörern sei es bei ihrem Plan darum gegangen, eigene Privilegien oder sogar Ländereien im Osten zu retten. Wahr ist, dass sie sich ihrem Land verpflichtet fühlten. Und dass die Männer des 20. Juli auch Kontakte zu christlichen, bürgerlichen und sozialdemokratischen Widerstandskreisen hatten. Stauffenberg selbst war ein Freund Julius Lebers.

Ein anderer Vorwurf lautet, Stauffenbergs Attentat sei zu spät gekommen. Doch nach dem 20. Juli 1944 starben 4,8 Millionen Deutsche, mehr als in all den Jahren des Krieges zuvor. Es rollten weiter unablässig Züge nach Auschwitz. Städte wie Würzburg, Potsdam, Dresden oder Darmstadt wurden zerbombt und viele ihrer Bewohner getötet. All das hätte durch Hitlers Tod am 20. Juli 1944 verhindert werden können. Abgesehen davon hatten die Verschwörer um General Henning von Tresckow und Stauffenberg bereits zuvor mehrere Versuche unternommen, Hitler zu töten.

Trotzdem wird Stauffenberg von manchem Kritiker bis ins Heute hinein vorgeworfen, selbst ein Nazi gewesen zu sein, der nur von Hitler enttäuscht wurde. Doch nicht einmal zu Beginn des Krieges begeisterte er sich wirklich für die neuen Machthaber. »Der Narr macht Krieg«, sagte er 1939 über Hitler. Gleichwohl erfasste auch ihn die Euphorie über die Blitzsiege in Polen und Frankreich. Er schrieb seiner Frau Nina aus Polen vom »Mischvolk und vielen Juden«, von einem »Volk, das sich nur unter der Knute« wohlfühle. Doch als jemand aus seiner Truppe zwei jüdische Frauen erschießt, lässt er ihn vors Kriegsgericht stellen – eine tollkühne Idee damals. Als er 1941 von den Verbrechen im Rücken der Front an Zivilisten, Kriegsgefangenen und Juden erfuhr, reagierte er mit Zorn wie schon zu Zeiten der »Reichskristallnacht« 1938. Er verließ den Saal, als der Hetzer Julius Streicher in Bamberg sprach. »Findet sich kein Offizier, der das Schwein Hitler mit der Pistole umlegt?«, fragte er 1942 einen Major, als er von einem Massaker an Juden erfuhr. Stauffenberg handelte, weil ihm die Kriegsführung zuwider war und er Deutschlands Ehre retten wollte. Der Holocaust war ebenfalls eines seiner Motive für die Attentatspläne. »Wir wollten den Judenmord stoppen«, sagte Philipp von Boeselager. Unter den Verschwörern gab es auch Mitläufer, einige wenige waren auch in Naziverbrechen verstrickt, etwa der SS-Kommandeur Arthur Nebe, der Massaker an Juden verantwortete und der auch den Hitler-Attentäter Georg Elser verhörte.

Angesichts der Mehrheit von Mitläufern, die der Barbarei bis zum Kriegsende tatenlos zusahen, scheint der Vorwurf an Stauffenberg, kein lupenreiner Demokrat gewesen zu sein, zu spät Einsicht gezeigt und zu spät gehandelt zu haben, doch reichlich merkwürdig.

Wie breit der Widerstand aufgestellt war, zeigt sich, wie bereits erwähnt, schon daran, dass etwa 200 Männer nach dem gescheiterten Attentat hingerichtet wurden. Nahezu alle von ihnen bekannten sich freimütig zum 20. Juli. Der Historiker Joachim Fest prägte das Wort vom »Lohn der Vergeblichkeit«: Ihr Scheitern lasse die Männer in einem »noch reineren Licht hervortreten«.

Aus meiner Sicht ist ebendiese Bereitschaft zum Verzicht eines der großen Vermächtnisse dieser Helden. Sie taten etwas ohne eine Aussicht, dafür entlohnt zu werden. Wie wertvoll scheint mir das gerade für die heutige Zeit: Stauffenberg und seine Freunde taugen sehr wohl als Vorbilder für die vielen Freiwilligen, Ehrenamtlichen und Hilfsbereiten in Deutschland, die für ein Ziel etwas wagen und unternehmen, ohne vorher zu fragen, ob sie dabei etwas für sich gewinnen.

Dennoch – unsere Nachbarn Frankreich oder England würden mit solchen »Helden« vermutlich unverkrampfter umgehen. In London überragen die Tapferen des vergangenen Jahrhunderts als Granitmonumente die schönsten Plätze der Stadt. Würde ein Stauffenberg-Denkmal mitten in Berlin nicht auch dem modernen Deutschland gut stehen?

Bis heute verbietet sich Berthold von Stauffenberg jedes Hadern mit dem Schicksal seiner Familie oder gar seinem eigenen. Er hat lernen müssen, ohne einen Ort um seinen Vater zu trauern. So ging es einigen Kindern von Verschwörern, etwa auch Klaus von Dohnanyi. Berthold von Stauffenberg schweigt, wenn man ihn darauf anspricht. So still ist es in seinem Wohnzimmer, dass das Ticken der Wanduhr ganz laut klingt. Dann sieht der Sohn zum Foto seiner Mutter hinüber, das neben dem seines Vaters steht. Als Nina von Stauffenberg im KZ Ravensbrück schwanger mit dem fünften Kind war, schrieb sie ein Gedicht. In seinen Zeilen schwingen die Trauer, aber auch die unvergängliche Verbundenheit mit ihrem Mann und die Gegenwart der Vergangenheit:

Du bist bei mir, wenn auch Dein Leib verging.
Und immer ist's, als ob Dein Arm mich noch umfing.
Dein Auge strahlt mir zu, im Wachen und im Traum.
Dein Mund neigt sich zu mir, Dein Flüstern schwingt
im Raum:

›Geliebtes Kind! Sei stark, sei Erbe mir!
Wo Du auch immer bist, ich bin bei Dir!‹

»Du musst es tun!«

Zu Besuch bei Ewald-Heinrich von Kleist,
der Hitler töten sollte

Der alte Herr in seinem Sessel führt eine Kaffeetasse zum Mund. Sie ist aus teurem Porzellan und trägt ein Wappen, das dem ähnelt, das hinter Glas an seiner Wohnzimmerwand hängt. Ewald-Heinrich von Kleist isst zum Kaffee ein Stück Kuchen und redet entspannt von damals. So scheint es jedenfalls. Dabei erzählt er auch »von dieser kleinen Sache«, als er am 20. Juli 1944 die Pistole zog, um seinen Oberst zu verteidigen. Eine »kleine Sache« am 20. Juli 1944? Dem Tag, als er, der damalige Leutnant, einer von Stauffenbergs Mitverschwörern war, die sich gegen Hitler erhoben? Ewald-Heinrich von Kleist gehört zu den Menschen, die große Worte nur für andere finden. Von sich selbst erzählen sie wenig. Doch das, worum es geht, ist keine kleine Sache, sondern riesengroß.

Ich blicke auf Kleists Zeigefinger am Henkel seiner Kaffeetasse und stelle mir vor, wie sich dieser Finger wohl damals um den Abzug seiner Pistole krümmte. Wie er am 20. Juli 1944 seine Pistole zog und sich schützend vor seinen Vorgesetzten stellte. Um Claus Schenk Graf von Stauffenberg – in einer ziemlich aussichtslosen Lage – zu verteidigen.

Als ich Kleist zum ersten Mal treffe, ist er 86 Jahre alt, beim letzten Mal, im Sommer 2012, ist er 89. Ich habe mir fest vorgenommen, ihn nun endlich zu dieser »kleinen Sache« genauer zu befragen. Bei den Besuchen zuvor lenkte er immer ab, wenn er an dieser Stelle seiner Erinnerungen angekommen war.

Denn von allen »Helden« dieses Buchs bestritt Ewald-Heinrich von Kleist am hartnäckigsten, jemals einer gewesen zu sein. Graf Stauffenberg etwa nannte er »einen Meister der Tat«. Wenn es aber um seine eigene Taten ging, knurrte er nur ein paar Worte hervor, die man überhören sollte. Mit ihnen verbarg er auch an diesem Tag, was heldenhaft war. »Ach, Sie meinen diese kleine Revolvergeschichte? Ach, die …«, raunte er und versuchte, das Thema zu wechseln. Dann endlich begann er zu erzählen.

»Niemand hatte das Standvermögen Stauffenbergs. Ich habe ihn bewundert.« Nur einmal habe er ihm etwas angemerkt; das war, als man ihn verhaften wollte. »Sein Brustkorb bewegte sich auf und ab wie ein Blasebalg, so stark atmete er. Doch in seinem Gesicht sah ich auch dann keine Anspannung. Er verfügte über eine unerhörte Kontrolle. Immer höflich, immer klar, nie aufgeregt. Selbst als er verhaftet werden sollte. Fabelhaft.« In genau diesem Moment steht Kleist Stauffenberg bei.

Es ist der Augenblick, als Stauffenberg am Nachmittag des 20. Juli von der Wolfsschanze zurückkehrt und im Bendlerblock, dem Sitz des Allgemeinen Heeresamtes, die Macht an sich reißen will. Da stürmt Stauffenbergs Befehlshaber Generaloberst Fromm, einer der wichtigsten Männer im Bendlerblock, auf ihn zu. Fromm will den Attentäter festsetzen lassen. Kleist zögert nicht lange, um Stauffenberg zu schützen. Er zieht seine Pistole. Zusammen mit Stauffenbergs Adjutanten Werner von Haeften tritt er Generaloberst Fromm entgegen. Kleist drückt Fromm seinen Revolver in den Bauch.

Wie viel Mut braucht es, um in der Machtzentrale des deutschen Heeres einem Generaloberst seine Pistole entgegenzustrecken? Das verschweigt Kleist gern und zuckt wieder einmal mit den Schultern. Dabei gehörte er doch zu den wenigen Männern, die an diesem Tag ein Stück deutscher

Ehre retteten, und es ist doch ein Wunder, dass ihn dieser Moment nicht sein Leben kostete.

Typisch für ihn, dass er jetzt lieber von »diesem Haeften« spricht: »Der war ein toller Kerl, eine wichtige Person. Stauffenberg blieb stehen, reichte ihm die drei übrig gebliebenen Finger seiner linken Hand. Die beiden waren wie unter einer Glocke in diesem Moment, so stark war ihr Zusammenhalt im Raum spürbar. Und das in einem Moment, in dem die Geschichte auf des Messers Schneide tanzte.«

Kleist und seine Freunde wollen jetzt nicht aufgeben. Sie glauben noch an den Staatsstreich. Kleist rennt hinaus und sieht, wie vor dem Bendlerblock das »Wachregiment Hermann Göring« festgesetzt wird. Ausgerechnet diese Garde, was für ein Symbol. Kleist erinnert sich: »Was für ein herrlicher Anblick! Das hat mich einmal mehr bestärkt.«

Einen starken Eindruck muss Kleist schon lange zuvor auf Stauffenberg gemacht haben. Schon im Februar 1944 fragt Stauffenberg ihn, ob er ein Attentat auf Hitler verüben kann. Kleist war einer von mehreren Offizieren, die diese Tat wagen sollten. Er erinnert sich: »Mein Freund Graf Schulenburg stand Stauffenberg nahe. Er sagte eines Tages zu mir: ›Wir suchen einen, der das nun macht, und da fielst du mir ein.‹ Wir gingen dann zu Stauffenberg.« Der Oberst mit der Augenklappe kommt gleich zur Sache. »Er fragte mich, ob ich bereit wäre, Hitler mit Sprengstoff zu töten.«

Stundenlang unterhalten sich die beiden über die verschiedenen Möglichkeiten, »sehr viel über die verschiedenen Zünder und über die Wirkung des Plastiksprengstoffs. Das interessierte mich alles wenig. Ich fragte ihn: ›Was haben wir für Truppen, um uns abzusichern am Tag des

Attentats?‹ Da kam von ihm nicht viel. Das fand ich schwierig. Er entgegnete: ›Wissen Sie eine bessere Lösung?‹ Ich sagte: ›Nein.‹«

Kleist bittet um einen Tag Bedenkzeit, reist zu seinem Vater nach Pommern, um ihn um Rat zu fragen. Im Stillen erhofft sich der Sohn, dass der Vater ihm abrät. »Eltern lieben doch ihren Nachwuchs, nicht wahr?«, sagt Kleist mit einem Lächeln. Der Vater, ein konservativer Preuße und Hitler-Gegner, der später in Plötzensee hingerichtet werden wird, schaut seinen Sohn lange an. Dann geht er zum Fenster, blickt hinaus und spricht in die Weite: »Wer in so einem Moment versagt, wird nie wieder froh in seinem Leben. So eine Gelegenheit bietet sich dir nur einmal. Du musst es tun.« Und so fährt der Sohn zurück zu Stauffenberg und sagt ihm zu. »Ich war doch jung und wollte nicht so gerne sterben«, erinnert sich Kleist an diesen Tag. »Donnerwetter, dachte ich. Es wäre mir lieber gewesen, er hätte gesagt: ›Tu das nicht.‹ Aber so war er: kompromisslos. Ab da gab es für mich nichts mehr zu überlegen. Alles war klar.« Bei einer Präsentation neuer Uniformen soll er sich selbst und Hitler in die Luft sprengen. Kleist hat die Bomben bei sich, da wird die Vorführung im letzten Moment abgesagt.

»Je älter ich werde, desto häufiger wundere ich mich, dass ich überlebt habe«, sagt er mir. Genauso wie er sich von Jahr zu Jahr mehr wundert, »wie es Stauffenberg gelang, gegen den Machtblock des Bösen anzugehen und ihn fast umzustürzen. Es waren seine menschlichen Stärken, die ihn dazu befähigten.« Wie Stauffenberg stammt auch Kleist aus einer an Vorbildern reichen Familie alten Adels. Er ist ein Nachfahre des Dichters Heinrich von Kleist. Bis ins 13. Jahrhundert lässt sich die Kleist-Linie zurückverfolgen, darunter viele Gelehrte, Generäle, Kirchenfürsten und eben Dichter. Schon seine Eltern und Großeltern hätten ihm die »moralische Basis« vermittelt, sagt er.

Am Ende des 20. Juli wird Kleist in die Gestapo-Zentrale gebracht. »In einem schönen, offenen Mercedes. Die Tore der Zentrale gingen auf, und ich dachte an die *Göttliche Komödie*, wo über dem Höllentor steht: ›Lasst, die ihr eintretet, alle Hoffnung fahren!‹«

An dieser Stelle blickt Kleist lange in seinen von Lebensbäumen gesäumten Garten: »Wissen Sie, ich glaube an einen Schutzengel, der mir damals geholfen hat. Und an Gott in einer sehr simplen Art. Sehr schlicht und unkompliziert ... Vielleicht glaube ich auch an die Hölle. Wobei Himmel und Hölle auch das Gewissen sein können. Ein schlechtes Gewissen ist die Hölle.«

In der Haft rechnet Kleist fest damit, erschossen zu werden. »Mehr als dreißig Mal wurde ich in den Kellern verhört. Ein Gestapo-Beamter, er hieß Gänge, half mir in diesen Verhören. Er stand hinter dem Vernehmenden und gab mir lautlos zu verstehen, wie ich zu antworten habe. Er nickte, schüttelte den Kopf, gab mir Zeichen. Bis heute weiß ich nicht, warum er das tat. Am nächsten Tag fuhr man mich ins KZ Ravensbrück. Mit Graf Yorck von Wartenburg und meinem Freund Graf Schwerin.«

Kleist gelingt es immer wieder, seine Verbindung zum 20. Juli zu vertuschen, kommt aus dem KZ frei und wird »unehrenhaft« aus der Wehrmacht entlassen. Später rät man ihm, wieder dort unterzutauchen. »Ich wandte mich an General von Schwanitz. Er ermöglichte es mir, in einer Einheit in Italien unterzukommen. Er riskierte seinen Kopf. Ein erstaunlicher Mann. Ich kenne viele, die nach dem Krieg Helden sein wollten. Er war einer.«

Kleist wirkt in seiner preußischen Bescheidenheit imposant. »Ich hatte und habe oft Angst in meinem Leben. Angst ist ein Zeichen der Vernunft. Angst ist eine Warnung, eine Prüfungsphase. Und irgendwann muss man sie überwinden«, sagt er.

Kurz nach dem Krieg traf Kleist in München einen amerikanischen Major. Der sagte ihm: »Seit Monaten sind wir in Deutschland unterwegs und haben noch keinen einzigen Nazi getroffen. Niemand will einer gewesen sein.« Da antwortete Kleist ihm: »Jetzt haben Sie einen. Ich bin einer.« Kleist glaubte, dass ihn der Major nun festnehmen und verhören lassen würde. Doch der öffnete eine Flasche Wein und bat ihn, zu erzählen. Am Ende wurden es sehr viele Flaschen. Kleist redete stundenlang über seine Erlebnisse an der Front. Damals wie heute sagt Kleist, dass das Gedenken an den militärischen Widerstand wichtig sei für Deutschland. Um dann hinzuzusetzen: »Aber ich beteilige mich nicht daran. Menschen neigen dazu, sich und ihre Taten auf Kosten der Wahrheit zu verklären.«

Es eint die Helden dieses Buchs, dass sie nicht das sein wollen, für das so viele Menschen sie halten. Sie wollen sich selbst durch Lob nicht vereinnahmen lassen. Sie sind geistig unbestechlich, materiell ohnehin. Sie mögen im üblichen und allzu menschlichen Maße eitel sein – in ihrem Innersten jedoch sind sie auch frei von der Erwartung und dem Urteil anderer. »Es ist mir völlig egal, was die Leute über mich sagen«, sagte Kleist. »Komplimente sind eine gefährliche Sache, sie fördern die Eitelkeit. Und aus Eitelkeit entstehen sehr viele Fehler. Ich bin natürlich auch eitel, aber man muss versuchen, es zu bekämpfen. Und so kann jeder sagen über mich, was er will. Es ist mir egal.«

Kleist hatte die Gabe, die Freiheit und Souveränität, die er ausstrahlte, auf die Menschen zu übertragen, die ihm begegneten. Kleist machte einem Mut, auf sich selbst zu hören, in sich selbst zu vertrauen. Ich kann dieses angenehme Gefühl heute noch abrufen, wenn ich an ihn denke. Und vielen, die ihn kannten, wird es ähnlich gehen. Man muss ihn einmal gesehen oder gehört haben: Wer auf YouTube die Stichworte »Ewald-Heinrich von Kleist« und »Tribute« eingibt, kann sich einen kleinen Film ihm zu Ehren ansehen, der sein Charisma andeutet. Vielleicht erklärt eben dieses Charisma, wie die Männer des 20. Juli einander inmitten einer Diktatur des Schweigens erkannten, wie sie zusammenkamen und was sie zusammenhalten ließ. Sie kämpften nicht nur für die Freiheit und sehnten sich nach ihr, sie trugen sie in sich. Und zwar so unerschütterlich, dass sie sich trauten, gegen die Feinde der Freiheit anzutreten. Sie waren so erfüllt von ihr, dass sie andere beflügelten. Was täten diese Menschen heute gut.

Ewald-Heinrich von Kleist, der nach dem Krieg einen juristischen und später einen militärfachlichen Verlag aufbaute, gründete 1963 die »Wehrkundetagung«, die heute Münchner Sicherheitskonferenz heißt. Seit 2009 wird während der jährlichen Tagung ein Preis mit seinem Namen verliehen – an Persönlichkeiten der Außen- und Sicherheitspolitik, »die sich in besonderer Weise für Frieden und Konfliktbewältigung eingesetzt haben«. Der bayerische Ministerpräsident hat ihn im schönsten Raum Münchens, dem Kaisersaal der Residenz, schon an Henry Kissinger, Javier Solana oder Helmut Schmidt verliehen. Die silberne Medaille trägt die Inschrift »Frieden durch Dialog« und zeigt zwei Menschen, die sich vor einer mit Olivenzweigen geschmückten Weltkugel die Hände reichen. Ich frage

Ewald-Heinrich von Kleist, was ihm das bedeutet. Er zuckt auch jetzt wieder mit den Schultern und antwortet: »Ja, ist halt so.«

Sein Mund verrät, dass dieser Mann Humor hat, und zugleich kann er so streng und gelassen schauen wie Hitchcock. Man kann sich ausmalen, wie er in den Gestapo-Verhören sein Gesicht bewahrte – nicht nur im übertragenen Sinn. Seine Stimme zwingt zum Zuhören, sie ist tief und dunkel. Er sagt: »Man muss immer das Richtige tun. Mehr kann man ja nicht.« Er lebt in einer der feinsten Gegenden von München, die man aus typischen Derrick-Folgen kennt. An den Wänden seines Hauses hängen Kerzenleuchter und Heeresabzeichen hinter Glas. Kleist ist ein Militärexperte mit erstaunlich pazifistischen Tendenzen. Vielleicht weil er erlebt hat, was Krieg heißt: »Ein Mensch, auf den nie geschossen wurde, weiß nicht, wie gefährlich das Schießen ist. Damit stellt sich die Frage nach der Leichtfertigkeit, militärische Gewalt einzusetzen. Meine Generation hat gesehen, wie es ist, wenn die Menschen sterben, für die man Verantwortung trägt. Das ist ein kolossaler Eindruck. Den wird man so schnell nicht los – zum Glück«, sagt er und setzt eine lange Pause, als wolle er sich vergewissern, dass man ihn auch wirklich verstanden hat. »Deswegen stehe ich auch diesen Auslandseinsätzen der Bundeswehr sehr zurückhaltend gegenüber. Diese Armee ist doch gegründet worden zu unserer Verteidigung, das sollten wir nicht vergessen. Ich bezweifle, ob es richtig ist, dass sich die Deutschen zunehmend militärisch engagieren.«

Und dann erzählt er lange und besorgt von dem, was Deutschland seiner Ansicht nach künftig fürchten müsse: einen Terrorismus, der sich noch weiter internationalisieren und stärker unseren Alltag bestimmen werde, der in seiner

Perfidie die Menschen immer stärker ängstigen werde. Kleist sagt das kurz vor seinem Tod 2013 – drei Jahre vor den Anschlägen von Paris und Brüssel.

Er trifft solche Aussagen frei von der Meinung anderer und daher herrlich unbekümmert. Diese innere Unabhängigkeit erklärt vielleicht, warum er und seine Mitstreiter damals so mutig handelten. Sie folgten ihren Idealen, auch gegen die Mehrheitsmeinung oder die Staatsräson. »Auch wenn alle es tun – ich nicht«, war die Losung von Philipp von Boeselager. Und Berthold Beitz sagte: »Ich wollte selbst immer frei sein. Deswegen war mir auch die Freiheit der anderen immer wichtig.«

Auch Ewald-Heinrich von Kleist kann solche gewaltigen Sätze ersinnen und sie gelassen aussprechen. Er redet von Stauffenberg als einem Mann, der unglaubliche Gegensätze in sich vereinte, der über »eine äußerst seltene und erstaunliche Kombination verfügte: glühendes Herz, eiskalter Verstand.« Kleist lächelt. »Ein leidenschaftlicher Idealist. Aber ganz bei sich, sachlich. Sehr viele Nazigegner, die ich kannte, hatten große Fantasie und Emotion, aber keinen Bezug zur Praxis. Stauffenberg verfügte über beides.«

Wenn er vom Oberst spricht, leuchten seine 89 Jahre alten Augen wasserblau. Doch geht es um ihn selbst und seine Rolle im Widerstand, sagt er: »Das ist doch so lange her … Darüber ist alles gesagt … Wen interessiert das heute noch?«

Zum Gedenktag des Hitler-Attentats am 20. Juli 2010 lädt ihn der damalige Verteidigungsminister Theodor zu Guttenberg ein, die Rede zum öffentlichen Gelöbnis vor dem Reichstag zu halten. Sie wird live im Fernsehen übertragen. Kanzlerin Angela Merkel sitzt im Publikum und ist von seinem Auftritt bewegt. Viel zu spät lernt eine breite

Öffentlichkeit einen deutschen Helden kennen. Kleists Rede an diesem Tag ist sein Vermächtnis. In ihr sagte er Sätze wie diese:

»(…) Diejenigen, die nie in einer Diktatur gelebt haben, immer in Freiheit waren, können nicht ermessen, wie kompliziert und schwierig es war. Was waren das für Leute, was waren das für Männer? Wir lebten damals nicht in einer globalisierten Welt, sondern diese Männer waren ihrem Land und ihrem Volk verbunden, nein, verpflichtet. Das Wort ›dienen‹ in einer Gemeinschaft war nichts Ungewöhnliches, sondern etwas Selbstverständliches, eigentlich ein Muss. Und sie hatten begriffen, dass es Wichtigeres gibt als das eigene Dasein.

(…) Die Umstände waren äußerst schwierig und man muss sich einmal fragen, was waren eigentlich die wesentlichen Gründe, die sie bewegten? Sie mögen unterschiedlich für den Einzelnen gewesen sein, aber in einem waren sie sich wohl alle einig. Die tiefe Scham und das Entsetzen, dass diese Verbrechen im deutschen Namen von einer deutschen Regierung begangen wurden. Ihre absolute Ungeduld, den Rechtsstaat wiederherzustellen, das trat immer wieder hervor. Die Hoffnung spielte wohl auch eine Rolle, dass man der Welt zeigen wollte, dass nicht alles hingenommen worden war. Der entscheidende und wichtigste Grund war aber, dass man das entsetzliche Töten beenden wollte.

(…) Wir haben eine Epoche von 65 Jahren Frieden hier in Zentraleuropa gehabt. Das hat es vorher nicht gegeben. Es ist eine einmalige Glücksoase gewesen. Allerdings muss sie gepflegt werden. Es ist nicht selbstverständlich, und es ist nicht überall auf der Welt so, dass diese Oase den Menschen Frieden gibt. Frieden und Freiheit, das muss man natürlich im Zusammenhang sehen. Es gehört zusammen! Es gibt Gegenden in dieser Welt, wo es anders aussieht. Wir denken an Afghanistan, wo unsere Soldaten im Einsatz sind und wo wir schmerzliche Verluste haben. Jeder einzelne Verlust ist für uns Seelenschmerz.

Wir wollen uns nicht daran gewöhnen und wir haben Sorgen um unsere Soldaten, die dort im Einsatz sind. Sie, die Sie heute das Gelöbnis hier ablegen, Sie können erwarten, dass die Verantwortlichen niemals vergessen, dass Blut und Leben der Anvertrauten das höchste und teuerste Gut ist, was wir haben. Wir haben nichts Wertvolleres! Aufgabe der Sicherheitspolitik ist es, dies zu schützen. Wir hoffen, dass dies so sein wird. Und Sie können erwarten, dass man das nie vergessen wird. Ich wünsche Ihnen, wenn Sie in das Zivilleben zurückkehren, dass Sie die befriedigende Überzeugung mitnehmen, Ihren Teil für uns geleistet zu haben. Und dass wir Ihnen den Dank entgegenbringen, den wir für Ihre Vorgänger haben!«

Als am Ende meines letzten Gesprächs mit Kleist ein Fotograf kommt, um ihn zu porträtieren, steht er auf einmal von seinem Sofa auf, setzt sich auf einen Stuhl neben mich und reicht mir seine Hand. Der Herr, der gerade noch wie ein Monolith vor mir saß und mich staunen machte, lässt mich in diesem Moment erahnen, wie fürsorglich er mit seinen Soldaten gewesen sein muss. »So, und jetzt machen Sie bitte noch ein Erinnerungsfoto von uns«, sagt er zum Fotografen, »denn ich werde bald 90 und es wird Zeit für mich.

Das wird kein lustiger Tag, denn dann ist es ja bald aus.«
Acht Monate später, im März 2013, wird Kleist tatsächlich
sterben.

Bevor ich mich von ihm verabschiede, reden wir noch von
seiner Zeit vor dem 20. Juli, als er Leutnant an der Front
war. »Ich hatte das Glück, diesen Krieg als Zug- und Kom-
panieführer zu überleben. In dieser unteren Ebene sind Sie
mit Ihren Leuten eng zusammen. Es sind dieselben Kugeln,
die Ihnen um die Ohren pfeifen. Ihre Leute haben Angst,
Sie auch. Und so entwickeln Sie ein Vater-Sohn-Verhältnis
zu Ihren Männern. Und wenn nun einer stirbt, dann stirbt
Ihr Kind.« Die Gelassenheit in seinen Zügen weicht Em-
pörung. »Nichts ist wichtiger als das Blut und Leben der
einem Anvertrauten. Unter Hitler verreckten sie für das
Falsche, im Glauben, das Rechte zu tun. Das treibt mich bis
heute um. Dafür lohnt sich der Einsatz. Das war auch der
Anlass für mich, die Sicherheitskonferenz zu gründen. Und
mein Grund für den 20. Juli.«

Als sich der einstige Leutnant an einen seiner Soldaten
erinnert, klingt seine Stimme plötzlich ganz weich. »Der
sang so gerne und trug mir immer so wunderbar mein Lieblingslied vor: ›Mamatschi, schenk mir ein Pferdchen.‹ Er
kam an die Front, ich auch, in verschiedene Einheiten. Wir
verloren uns lange aus den Augen. Eines Tages hörte ich
irgendwo aus einem Erdloch neben mir jemanden ›Mamatschi‹ singen. Mein Kamerad hatte mich gesehen und zur
Begrüßung für mich gesungen. Wir mussten vorsichtig sein,
so sehr schossen die Scharfschützen.« Dann schweigt Kleist
für ein paar sehr lange Augenblicke und muss schlucken.
Seine großen blauen Augen schimmern. »An einem der
nächsten Tage trugen sie ihn hinter den Gefechtsstand. Er
hatte einen Bauchschuss, war ganz gelb. Da sah er mich ein

letztes Mal an und sagte leise zu mir: ›Jetzt kann ich nicht mehr für Herrn Leutnant singen.‹«

»Auch wenn alle es tun –
ich nicht«

*Freiherr von Gersdorff, Baron von Boeselager
und die Bombe*

An seinem Grab war ich schon oft vorbeigegangen. Ich spaziere häufiger über den Münchner Ostfriedhof, weil auf ihm hundert Jahre alte Bäume stehen und München dort so still ist mitten in der Stadt. Und weil ich in der Nähe wohne. Doch diese Inschrift auf dem Grabstein habe ich übersehen in all den Jahren. Bis mir eines Tages im Mai 2016 der Name aus dem Augenwinkel heraus endlich auffiel: Rudolf-Christoph Freiherr von Gersdorff.

Ich sah auf sein Todesdatum: 27. Januar 1980. Eigentlich hätte er schon am 21. März 1943 sterben sollen. Dann hätte er vielleicht die Weltgeschichte gedreht. Aber Gersdorff blieb am Leben – und mit ihm der Mann, der noch weitere zwei Jahre Millionen von Menschen mit sich in den Untergang reißen sollte.

Gersdorffs Grab hat einen Sonnenplatz auf dem Ostfriedhof. Blütenblätter fallen wie Schnee aus den Kronen der Kastanien herab. Nur der Gesang der Vögel dringt in die Ruhe. Kurz male ich mir all den Geschützdonner, das Fauchen des Feuers und das Schreien der Menschen aus. Dieser Mann wollte dem endlich ein Ende setzen. Mit einem letzten Knall.

Rudolf-Christoph Freiherr von Gersdorff war groß, hatte ein gut geschnittenes Gesicht, und seine Offiziersmütze trug er immer ein bisschen zu schräg auf seinem Kopf. In seinem Lächeln, das er auf Fotos zeigt, liegt etwas Gewinnendes. Um Hitler zu töten, war er bereit, selbst zu sterben.

Der 21. März 1943 war der »Heldengedenktag« in Nazideutschland. Hitler eröffnete eine Ausstellung sowjetischer Beutewaffen im Berliner Zeughaus, und Freiherr von

Gersdorff sollte ihm die Ausstellung als Experte erläutern. In seinen weiten Manteltaschen trug er zwei Splitterminen, die er kurz vor Hitlers Eintreffen aktiviert hatte. Allenfalls zehn Minuten blieben ihm – und die Säurezünder hätten ihr Werk vollendet. Deswegen suchte Gersdorff die Nähe Hitlers beim Rundgang. Die ihm ständig folgende Gruppe, darunter Heinrich Himmler, Wilhelm Keitel und Karl Dönitz, hätte die Wucht der Explosion kaum überleben können. Auch Hermann Göring war dabei, der aussah »wie ein Operettenstar« mit seiner weißen und mit Orden überhäuften Uniform, schrieb Gersdorff in seinen Memoiren – »und zudem auffällig geschminkt«.

Da stand Gersdorff also nun direkt neben Hitler, während sich die Säure durch die Kapsel des Zünders fraß. Doch als wäre er gewarnt worden, verfiel Hitler in Unruhe. Statt sich wie geplant die Exponate vom Freiherrn erklären zu lassen, eilte er wie ein Getriebener durch die Ausstellung, ohne ein einziges Mal vor den Ausstellungsstücken innezuhalten, und verließ schon nach zwei Minuten das Zeughaus wieder. Gersdorff blieben noch ein paar Minuten, um sein Leben zu retten. Er lief auf eine Toilette, wo er seine Bomben im letzten Moment entschärfen konnte. Nach der gescheiterten Aktion wurde er an die Ostfront zurückbeordert.

Ich habe Gersdorff für seinen Wagemut immer bewundert. Es gibt wenig Literatur über diesen Mann, nur seine vergriffenen Memoiren *Soldat im Untergang*. Vorangestellt ist ihnen ein Vers von Stanislaw Jerzy Lec: »Wer eine Tragödie überlebt, ist nicht ihr Held gewesen.« Da ist sie wieder, die Bescheidenheit der Bedeutenden. Gleich zu Beginn seiner Autobiografie verneint der Held der Geschichte, je einer gewesen zu sein. Im Netz findet man Schwarz-Weiß-Fotos, wohl aus den Siebzigerjahren, die Gersdorff zeigen.

Ein Mann mit feingliedrigen Pianistenhänden und einem Gesicht, das von Ernst und Beherrschung bestimmt wird.

Auf dem Münchner Ostfriedhof krächzen Krähen in den alten Bäumen. Witwen beugen sich über Begonien, schöpfen Blumenwasser aus den Brunnen, harken Kies und Torf. Ein Totengräber hebt mit seinem Bagger ein neues Grab aus. Touristen schießen Selfies vor der Gruft des Modeschöpfers Rudolph Moshammer. Etwas weiter nördlich, nicht weit vom Gersdorff-Grab entfernt, liegt Johann Rattenhuber, der als Chef des »Kommandos für den Schutz des Führers« der oberste Hüter über Hitlers Leben war. Dass er unweit von dem Mann ruht, der Hitler fast getötet hätte, kommt mir wie eine Ironie der Geschichte vor.

Im Krematorium des Ostfriedhofs, das bis heute seinen Dienst tut, wurden viele Leichname der in Nürnberg hingerichteten Kriegsverbrecher eingeäschert, auch jene von Hermann Göring, der seinen Henkern zuvorkam und Gift nahm. Seine Asche wurde in einen Seitenarm der Isar gestreut. Wäre Gersdorff erfolgreich gewesen am »Heldengedenktag« 1943, es wäre kaum etwas geblieben, was man vom »Reichsmarschall« hätte bestatten können.

München, das war die »Hauptstadt der Bewegung«, aber eben auch die Stadt des Rudolf-Christoph von Gersdorff. Wieso aber erinnert die Stadt so wenig an diesen Mann, der auf ihrem Ostfriedhof begraben liegt? Tausende amerikanische Touristen buchen jeden Sommer eine »Third-Reich-Tour« durch München und halten Ausschau nach Hitler-Relikten. Wäre es nicht schön, sie würden auch etwas über diesen Freiherrn von Gersdorff erfahren?

Den Männern des militärischen Widerstands im Dritten Reich wird, wie bereits erwähnt, bis heute vorgeworfen, sie hätten sich ausgerechnet nicht das getraut, was angeblich am nächsten lag – nämlich Hitler mit einer Pistole zu erschießen. In seinen Erinnerungen beschreibt Gersdorff, warum ein Pistolenattentat auf Hitler nie versucht wurde:

> Man muß absolut sicher sein, daß Hitler ein Attentat nicht etwa nur verletzt überlebt. Aus diesem Grund war der nächstliegende Gedanke an ein Pistolenattentat verworfen worden. Schmundt [Hitlers Adjutant] hatte erzählt, daß Hitler an allen lebenswichtigen Stellen seines Körpers gegen Pistolenmunition geschützt sei. Anlässlich eines Besuches Hitlers bei der Heeresgruppe Mitte hatten wir auch feststellen können, daß sogar in seiner Mütze Stahleinlagen waren. Ein Attentäter hätte den kleinen Zielraum in der Mitte des Gesichts treffen müssen, um ihn mit einiger Sicherheit zu töten … Hinzu kam, dass selbst das Ziehen einer kleinen Handfeuerwaffe die Gefahr eines Mißlingens des Anschlags heraufbeschwor. Hitler und seine Umgebung standen unter scharfer Beobachtung von SS-Wachen.

Diese Wachen waren so gedrillt auf potenzielle Attentäter, dass sie schon nach einer Hand griffen, wenn sich jemand in Hitlers Nähe ein Taschentuch aus der Hosentasche zog. Gersdorffs Plan, sich möglichst dicht an Hitler zu halten, während er ihn durch das Zeughaus führte, und sich dann mit ihm in die Luft zu sprengen, war also die beste, weil sicherste aller Chancen.

Gedankt hat ihm Deutschland seine Opferbereitschaft nicht. All seine Versuche nach dem Krieg, in die Bundeswehr aufgenommen zu werden, scheiterten. In seiner Autobiografie machte er dafür Adenauers Staatssekretär und

Kanzleramtschef Hans Globke verantwortlich, den überzeugten Nazi und Schreibtischtäter, der als Kommentator der Nürnberger Rassegesetze hervorgetreten war. Gersdorff fühlte sich von jenen Kreisen ehemaliger Offiziere der Wehrmacht ausgegrenzt, die keinen »Verräter« in der neuen Armee sehen wollten. Keinen, der auf ihre eigene, oft zweifelhafte Vergangenheit hätte hinweisen können.

Auch an den Attentatsplänen des 20. Juli 1944 war Gersdorff noch beteiligt. Dass er überlebte, verdankt er seinen Mitverschwörern, die seinen Namen selbst unter der schlimmsten Folter der Gestapo nicht preisgaben. Was muss Gersdorff für ein Mann gewesen sein, für den seine Freunde das auf sich nahmen? Vielleicht verrieten sie ihn nicht, weil er ein guter Kamerad gewesen war, vielleicht auch, weil sie ihm danken wollten dafür, dass er sich als Erster von ihnen zu einem Selbstmordattentat bereit erklärt hatte. Es sollten noch weitere folgen, darunter der schon vorgestellte Ewald-Heinrich von Kleist. Und Philipp Freiherr von Boeselager.

Boeselagers Erinnerungen waren sein Leben lang bestimmt von einem verpassten Augenblick, von den paar Sekunden, in denen er bei einem Truppenbesuch in Smolensk drei, vier Meter vor Hitler herging. Mit einer geladenen und entsicherten Pistole in seiner Hosentasche. Stunden zuvor hatte er von seinem General, der eingeweiht war in die Pläne der Verschwörer, das Einverständnis bekommen, Hitler zu töten. Boeselager war entschlossen, nun zu feuern.

Wie gegenwärtig ihm dieser Moment im März 1943 geblieben ist, verdeutlicht Philipp von Boeselager, als ich ihn im Jahr 2007 besuche. Da sitzt er auf seinem Sessel und deutet hinüber zum Kamin. »Hier war ich und da drüben war Hitler. Und immer wieder denke ich: Hättest du ihn doch nur erschossen! Du hättest es tun sollen!«

Boeselager ist wie die meisten Mitverschwörer ein konservativer christlicher Patriot, der auch bei unserem Treffen frei von Pathos über »Pflicht«, »Vaterland« und »Ehre« spricht. Es sind die Schlüsselworte seiner Botschaft und der Geschichte seines Lebens, die er erzählt, als wäre sie eben erst passiert.

Auch er hat sich begeistert für die ersten Erfolge des NS-Regimes, auch für die Eroberungen dieses verbrecherischen Angriffskriegs. Ein Enthusiasmus, den Boeselager mit Stauffenberg und anderen hohen Wehrmachtsoffizieren teilt. Er dient Hitler, ist Träger der »Silbernen Nahkampfspange«. Als er von der Judenverfolgung erfährt, dieser »Schweinerei«, wie er sagt, als er erkennt, dass Millionen deutscher Soldaten vergebens sterben müssen, obwohl der Krieg längst verloren ist, wird er zu Hitlers erbittertem Gegner.

Als privilegierter Soldat im Generalstab nutzt er seine Kontakte und fragt die SS-Offiziere direkt auf den Kopf zu, was es mit den »Sonderbehandlungen« auf sich hat, von denen seine Kameraden im Stab raunen. Er erfährt, dass »alle Juden und Zigeuner im Rücken der Ostfront erschossen werden. Tresckow sagte mir, dass 16.000 Juden täglich sterben. Bis dato war es Gemunkel, nun hatte ich die Gewissheit.«

Aus dieser Gewissheit zieht er eine Schlussfolgerung: »Wir mussten Hitler beseitigen, weil wir die Verbrechen, den Judenmord, beenden wollten. Wir waren in seiner Nähe und in der Lage dazu. Wir mussten handeln. Ich sagte mir: Du kannst ihn stoppen. Also bitte!«

Im Frühling 1942 wird Boeselager nach einer schweren Verwundung als Ordonnanzoffizier zum Oberbefehlshaber der Heeresgruppe Mitte, Generalfeldmarschall Günther von Kluge, nach Russland versetzt. Dort lernt er die wichtigsten Männer der Revolte kennen, auch ihren Anführer Generalmajor Henning von Tresckow. In seinem Auftrag knüpft er Kontakte zu Hitler-Gegnern, um sie für den Widerstand zu gewinnen. Für Boeselager ist Tresckow eine Vaterfigur. Dutzende Bilder von ihm bewahrt er in seinen Fotoalben auf. Wenn er sie betrachtet, liegt Stolz in seinem Lächeln.

Schon im März 1943 ist der Baron bereit, sein Leben zu geben für ein Attentat. Er wird zusammen mit Generalfeldmarschall Kluge zu einer Besprechung mit Hitler nach Smolensk gerufen. Im Offizierskasino sitzt Boeselager Hitler direkt gegenüber, alle Rollen sind verteilt. Je drei Offiziere, unter ihnen Boeselager und sein Bruder Georg, hätten auf Hitler, drei andere auf Himmler feuern sollen, sobald sich beide an den Tisch gesetzt haben. So hat es Kluge, ein Mitwisser der Verschwörer, zunächst abgesegnet. An das Essen erinnert sich Boeselager auch zum Zeitpunkt unseres Gesprächs noch gut: »Rinderbraten in Rotwein mit Butterbohnen und Erbsen.«

Er ist entschlossen. Alle vorherigen Begegnungen mit Hitler ziehen in diesem Augenblick noch einmal an ihm vorbei. Er denkt daran, wie sich der Mann stets inszeniert, selbst bei seinen Lagebesprechungen, bei denen Boeselager manchmal dabei ist. Wie er seine Generäle mit technischem Detailwissen beeindruckt: »Er kannte die Schrauben englischer Panzer.« Wie Boeselager, wenn er zu ihm wollte, die Stationen der Einschüchterung durchlaufen muss. Die langen Wege zu ihm hin, die Fahnen, die salutierenden SS-Leute, das harte Geräusch, wenn sie ihre Hacken zusammenschlagen. »Ich fühlte mich, als ob ich immer kleiner werde, je näher ich ihm kam. Ich dachte: Hoffentlich kommst du hier wieder lebend raus!«

Nun sitzt er Hitler gegenüber. Er könnte schießen. »Die Spannung war unerträglich.« Doch Minuten zuvor hatte Generalfeldmarschall Kluge seine Zustimmung zurückgezogen, als er erfahren hatte, dass Himmler nicht im Kasino erscheinen würde. Kluge fürchtete einen Bürgerkrieg zwischen Wehrmacht und SS, wenn der SS-Führer überlebt hätte.

Auch eine als Cognacflasche getarnte Bombe, die Henning von Tresckow und Fabian von Schlabrendorff nach dem Essen in Hitlers Flugzeug schleusen, kann Hitler nicht töten. Beim Flug über Russland vereisen die Zünder.

Die Ahreifel südlich von Bonn gleicht einer Spielzeugeisenbahn-Kulisse. Schroffe Felsklippen ragen aus den Wäldern, in der Mitte des Dorfes Kreuzberg thront die gleichnamige Burg, von Efeu und Glyzinien umrankt, auf einem Hügel. Ein Wegweiser für Wanderer verrät, wer der Burgherr ist. Bei meinem Besuch 2007 bewohnt Philipp von Boeselager den Alterssitz unterhalb der Burg, einen schmucken Fachwerkbau. Zusammen mit Ewald von Kleist ist Boeselager einer der beiden letzten Überlebenden aus dem innersten Kreis der Widerstandskämpfer um Graf Stauffenberg.

Mit seinen 89 Lebensjahren sitzt er noch immer sehr gerade in seinem Sessel, und sein Blick ist scharf. Der alte Herr nimmt mich ins Visier, er ist Offizier geblieben. An den Wänden des Wohnzimmers hängen Ölgemälde von Burgen seiner Ahnen. Auf antiken Kommoden reihen sich wichtige Stationen seines Lebens, eingefasst von Silberrahmen. Ein Bild zeigt ihn, wie er seine Tochter zum Altar führt. Sie heiratete einen nahen Verwandten Stauffenbergs. Ein Zufall? »Ich glaube nicht an Zufälle. Ich glaube fest, dass man gelenkt wird«, sagt Boeselager und streicht über das Wappen seines Siegelrings, das auch vorn auf dem Burgtor aus Schmiedeeisen prangt. Hinter der Burg liegt übrigens ein Hügel namens »Staufenberg«.

Boeselager deutet nun auf ein altes Soldatenfoto. Die entschlossenen Züge des jungen Mannes haben sich auch im faltigen Gesicht des alten Herrn erhalten. »Nur meine Beine machen nicht mehr so mit«, sagt der Baron und geht doch mit sicherem Schritt. Dass seine Beine von russischen Kugeln vernarbt sind, erwähnt er ungern. Schmerzmittel nimmt er deswegen bis zum Ende seines Lebens. Ein Held will er wie die anderen Verschwörer nicht gewesen sein. »Die Überlebenden einer Tragödie sind niemals deren Helden«, sagt Boeselager im Jahr 2007. Jahre später lese ich diesen Satz in Gersdorffs Biografie.

Im Jahr 1944 besorgt Boeselager die Bomben für Stauffenberg. Er hat Zugang zu englischem Sprengstoff, dessen geräuschlose Säurezünder besonders geeignet scheinen. Die Bomben schickt er Stauffenberg über einen Kurier. Er selbst kämpft in dieser Zeit an der Ostfront, kommandiert dort eine Eliteeinheit der Kavallerie. Sie ist die wichtigste Truppe im Aufstand gegen Hitler.

Zwei Tage, bevor Stauffenberg am 20. Juli die Bombe neben Hitler platziert, bricht Boeselager mit 1200 Reitern von Russland aus nach Westen auf, um Stauffenberg zu Hilfe zu eilen. Die Schwadron hetzt 200 Kilometer durch russische Wälder. Ein 36-stündiger Gewaltritt. Selbst über Straßen und Pflastersteine treiben die Männer ihre Pferde im Galopp. Einige Reiter kippen aus den Sätteln, weil sie einschlafen. Ihr Ziel ist ein Flugplatz bei Warschau, von dem aus sie nach Berlin fliegen wollen. Boeselager soll am 20. Juli den Staatsstreich in Berlin absichern, Himmler und

Goebbels festnehmen und SS-Schaltstellen, das Propagandaministerium, Bahnhöfe und Rundfunkstationen besetzen. Boeselagers Bruder und Mitstreiter Georg soll nach einem geglückten Attentat eine Brigade in Berlin befehligen. Er wartet ebenfalls darauf, von der Ostfront in Richtung Reichshauptstadt loszustürmen.

Da erreicht den Offizier die Nachricht eines Melders: »Alles zurück in die alten Löcher.« Das Signal für den Rückzug. Boeselager ahnt, dass etwas schiefgegangen ist im ostpreußischen Führerhauptquartier Wolfsschanze, wo vor wenigen Stunden die Bombe explodierte. Er weiß nicht, dass sein Sprengstoff Hitler nur leicht verletzt hat. Unbemerkt reitet der Freiherr mit seiner Schwadron wieder an die Front.

»Ich rechnete jeden Tag damit, geschnappt zu werden«, sagt Boeselager. Ständig trug er eine Zyankalikapsel in seiner Brusttasche, um nicht lebend in die Hände der Folterer zu geraten und am Ende gar seine Kameraden zu verraten. Den Knopf an der Uniform ließ er geöffnet, um schneller an das Gift kommen zu können. »Jedes Geräusch, jedes vorbeifahrende Fahrzeug ließ mich aufschrecken.« Wenn er sich daran erinnert, fasst er sich noch immer an die Tasche seines Sakkos.

Doch keiner seiner Soldaten verrät Boeselagers Aktion, alle Mitverschwörer und Mitwisser schweigen – wie bei Gersdorff verraten sie auch unter Folter seinen Namen nicht. Sein Bruder Georg bleibt ebenfalls unbehelligt, fällt aber später im Krieg.

Die Häscher der SS und Gestapo nehmen nach dem 20. Juli Hunderte Beteiligte fest. Mehr als 200 von ihnen enden in Konzentrationslagern oder in Berlin-Plötzensee. Aufgehängt an Schlingen aus Klaviersaiten, die an Fleischerhaken befestigt waren. Die Henker hoben ihre Opfer absichtlich langsam in diese Saiten, um die Qualen zu verlängern. Den Todeskampf der Widerständigen ließ Hitler für sein Privatkino filmen. Deswegen war der Hinrichtungsraum in Plötzensee grell von Scheinwerfern ausgeleuchtet. Um die Delinquenten selbst im Sterben zu entwürdigen, hatten die Scharfrichter die Anweisung, den bereits hängenden Männern ihre Hosen herunterzuziehen. Schon als man sie vor Gericht stellte, hatte man den einst stolzen Offizieren Gürtel und Hosenträger genommen und sie in Altkleider gesteckt.

So standen die während ihrer Haft abgemagerten und von der Folter gezeichneten Männer in Lumpen vor dem Blutrichter Freisler und mussten ihren Hosenbund festhalten. Woraufhin Freisler etwa General Erwin von Witzleben anschrie: »Was fassen Sie sich dauernd an die Hose, Sie schäbiger alter Mann?« Doch Witzleben blieb gelassen und prophezeite in seinem Schlusswort dem Richter: »Sie können uns dem Henker überantworten. In drei Monaten zieht das empörte und gedemütigte Volk Sie zur Rechenschaft und schleift Sie bei lebendigem Leib durch den Kot der Straße.«

So systematisch und beflissen Roland Freisler morden ließ – ganz zum Schluss kostete ihn sein Ehrgeiz selbst das Leben: Während eines Luftangriffs auf Berlin am 3. Februar 1945 wollte Freisler noch wichtige Akten gegen einige Verschwörer sichern, die diese schwer belastet hätten. In diesem Moment wird er von einem herabstürzenden Deckenbalken tödlich getroffen. Und so verdankt etwa Fabian von Schlabrendorff ausgerechnet Freislers Tod sein eigenes Überleben. Denn Freisler hielt Schlabrendorffs Akte in der Hand, als er starb und im Schutt begraben wurde. Er hatte bereits alle üblichen Foltermethoden der Nazis überstanden, ohne einen einzigen Namen seiner Freunde preiszugeben. Sogar als sie die nach dessen Selbstmord verstümmelte Leiche seines Freundes Tresckow wieder ausgruben und Schlabrendorff zeigten, schwieg er.

Boeselager bewundert seine Kameraden für ihre Tapferkeit. Er spricht heute vom »Wagnis der eigenen Verantwortung« und sagt: »Dass man das Leben riskiert, war im Krieg nicht das Schlimme. Das Schlimme sind die Fragen: Hast du recht? Darf man einen neuen Staat mit einem Mord beginnen?« Diese Fragen stellt er sich lebenslang. Auch Claus von Stauffenberg rang mit dieser Frage. Noch am Abend vor dem 20. Juli vertraute er sich einem Pfarrer an, weil es ihn quälte, auch Unschuldige mit in den Tod reißen zu müssen.

Noch immer spürt Boeselager eine Last, fragt sich, ob er damals genug gewagt hatte. Dann verliert seine Stimme für Momente ihre Festigkeit: »Ich lege Tresckow und den anderen immer noch Rechenschaft ab und frage mich: Bist du ihnen gerecht geworden?« Claus Schenk Graf von Stauffenberg bleibt in diesen Erinnerungen stumm, wie damals. »Wenn wir uns begegneten, zwinkerte er mich kurz an, mehr wäre unvorsichtig gewesen.«

Als wir uns in Kreuzberg treffen, verfilmt Hollywood gerade die Geschichte des 20. Juli. Durch den Film des Regisseurs Bryan Singer wird der deutsche Widerstand in den USA endlich zum Thema. Darüber freut sich Boeselager, denn »der war ja bislang in Amerika kaum bekannt«.

Boeselager selbst schwieg lange über all das und spielt es immer noch herunter. »Viele andere Soldaten hätten genauso gehandelt wie wir, hätten sie unsere Möglichkeiten gehabt.

Ich habe diese Verantwortung wirklich ungern getragen, ich hatte viel Angst. Lieber wäre ich irgendwo an den Nordpol versetzt worden.« Sich höchstpersönlich für das Wohl anderer verantwortlich zu fühlen und mit größtmöglicher Konsequenz zu handeln, zugleich aber Selbstdarstellung und Selbstvermarktung vehement abzulehnen – von einer solchen Haltung könnten heutige Politiker lernen.

Erst nach seiner Hochzeit im Jahr 1948 berichtet Boeselager seiner Frau von seinen Jahren im Widerstand. Als ihr Mann bei meinem Besuch einmal kurz den Raum verlässt, sagt sie mir: »Mein Mann glaubt, dass er überlebt hat, um von seinen toten Freunden Zeugnis zu geben.«

Nach dem Krieg studiert der Jesuitenschüler Volkswirtschaft, entscheidet mit, welche Wehrmachtsoffiziere in die Bundeswehr übernommen werden. Sein Geld verdient er, indem er das Forstgebiet verwaltet, das zu seiner Burg gehört. Boeselager engagiert sich im Malteserorden und für die deutschen Waldbesitzer. Für diese Arbeit bekommt er das Große Bundesverdienstkreuz – nicht für seinen Widerstand. Es mag sein, dass Boeselager das gelegen kommt, denn Selbstdarstellung liegt ihm nun mal nicht.

Ein paar Schritte von seiner Burg und seinem Wohnhaus entfernt haben seine Ahnen, allesamt aus katholischem altem Adel, eine Kapelle errichten lassen. Darin findet sich ein Relief, das den Heiligen Georg, den Drachentöter, zeigt. Nach ihm ist der gefallene Bruder von Philipp von Boeselager benannt. Unter dem Relief liegt ein schweres Buch mit den Namen der Gefallenen aus dem Ort und dem Landkreis. Noch heute wird an ihren Todestagen die Seite mit ihren Namen aufgeschlagen.

Doch obwohl die Männer des 20. Juli in ihrem Kampf gegen das Böse, gegen die Naziherrschaft symbolische

Drachentöter waren, erfuhr Boeslager wie fast alle anderen überlebenden Mitstreiter nach dem Krieg in Deutschland kaum Dank und schon gar keine Ehrung für seine Verdienste im Widerstand. Frankreich dagegen nahm den Baron im Jahr 2004 in die Ehrenlegion auf, die höchste Auszeichnung des Landes, weil er im Frankreichfeldzug mit gezückter Pistole gegen eine Einheit der Wehrmacht antrat, die gerade ein ganzes Dorf auslöschen wollte. Boeselager konnte seine eigenen »Kameraden« stoppen und das Dorf retten.

Von solchen persönlichen Heldentaten berichtet der 13-fache Großvater kaum, wenn er an Schulen oder Universitäten gegen Geschichtsverharmlosung und Schlussstrich-Mentalität anredet und die Jungen ermutigt, sich politisch zu engagieren. Er spricht von Vaterlandsliebe, die nötig sei, und beklagt, »dass es heute nicht mehr um das Dienen, sondern zu oft um das Verdienen geht«. Wie immer kann er nach solchen Vorträgen schlecht schlafen. Doch es sind nicht nur seine Kameraden, die in seine Erinnerung zurückkehren. Seine Frau erzählt, dass ihr Mann manchmal aufschreckt, weil er noch immer träumt, die Gestapo stehe an seinem Bett. In seinem Keller erinnert ihn ein alter Gegenstand an die Zeit des Widerstands: In einem Tresor liegt blank geputzt seine Pistole, mit der er Hitler erschießen wollte.

Nach seinem Tod im Jahr 2008 kam Boeselagers Waffe ins Militärhistorische Museums Dresden, wo man sie auch heute noch hinter Glas zu sehen bekommt. Der Baron starb im Alter von 90 Jahren. Eine Ehrenformation der Bundeswehr trug ihn zu Grabe. Einen Tag vor seinem Tod hatte er noch das Manuskript zu seiner Biografie *Der letzte Zeuge des 20. Juli 1944* freigegeben.

»Anders als in den Familien, deren Angehörige gefallen oder ermordet worden waren, war unser Vater nicht der ›Held des 20. Juli‹ oder der ›Verräter‹, den es zu betrauern galt. Er lebte mit uns«, sagt seine Tochter Monica Gräfin Adelmann. Als ich sie nach dem Vermächtnis ihres Vaters frage, antwortet sie zunächst als begeisterte Reiterin: »Was verbindet mich, die Tochter, das jüngste von vier Kindern, mit meinem Vater als Kavalleristen? Es sind, zunächst, materiell greifbar, die Zügel, die ich in meiner Freizeit auch heute beim Reiten in den Händen halte. Er hatte sie mir zusammen mit allen Reitsachen überlassen.«

Die geerbten Zügel erinnern die Gräfin an ihren Vater und an dessen Anglo-Araber-Hengst Moritz, mit dem er die gesamte Kriegszeit gemeinsam überlebt hatte. Nach dem Krieg bekam Moritz, zusammen mit Marlius, dem Pferd seines im August 1944 gefallenen Bruders Georg, in Georgs letztem Wohnort Heimerzheim das Gnadenbrot. »Die Zügel in der Hand halten und behalten, das war mein Vater. Für die Menschen, die ihm anvertraut waren, treu zu sorgen und Verantwortung zu übernehmen. Die Zügel nicht aus der Hand geben, die Richtung vorgeben, bis zum Lebensende. Aber auch in Ungeduld manchmal über die Dinge hinweggaloppieren«, sagt die Gräfin mit einem Lächeln.

Sie lebt mit ihrer Familie im Gutshaus des von Zinnen und Türmen beherrschten Renaissanceschlosses Hasperde bei Hameln, in dem heute ein Seniorenheim untergebracht ist. Wenn die Tochter sich an ihren Vater erinnert, tut sie das mit viel Liebe in ihrem Blick und ihrer Stimme: »Er war sportlich und forsch, charmant und manchmal unerbittlich. Er war ein Mensch voller Selbstvertrauen und großem Gottvertrauen, er hatte Rechtsbewusstsein und Entschiedenheit.«

Und dann erzählt sie, wie ihr Vater erst in den Achtzigerjahren zögerlich begann, die Erinnerungen an seinen Weg
in den Widerstand wachzurufen. »Zu tief getroffen hatten
ihn die Verletzungen durch die öffentliche Meinung. Diese
war geprägt worden durch Hitlers Bezeichnung der Attentäter vom 20. Juli 1944 als ›eine ganz kleine Clique ehrgei-
ziger, gewissenloser und zugleich verbrecherisch dummer
Offiziere‹. Auch lange nach Kriegsende hielt sich in der Öffentlichkeit diese Bewertung des Versuchs, Hitlers Regime
gewaltsam ein Ende zu setzen.« Philipp von Boeselager hatte das schon vorausgeahnt, als er sich dem Widerstand anschloss: »Wir wussten, dass wir in jedem Fall angefeindet, wenn nicht umgebracht würden. Selbst wenn das
Attentat geglückt wäre. Dann hätten viele Deutsche gesagt:
Wäre Hitler am Leben geblieben, hätten wir den Krieg gewonnen.«

Lebenslang habe ihn sein Trauma, verraten zu werden
oder unter der Folter selber Kameraden verraten zu müssen,
gefangen gehalten, sagt Gräfin Adelmann. In den letzten
Jahren vor seinem Tod aber habe ihr Vater immer ausführ-
licher berichtet. »Er nahm eine wachsende Offenheit und
ein steigendes Interesse wahr. Die Nachfragen aus der Öffentlichkeit und den Medien haben viele Details aus seiner
Erinnerung hervorgerufen. Ihn drängte die Verpflichtung,
die er gegenüber seinen ermordeten Kameraden verspürte,
das Vermächtnis der Widerstandskämpfer in die Zukunft
zu vermitteln. Sie hatten ihr Leben für Recht und Freiheit
eingesetzt, wenn auch ihre politischen Vorstellungen nicht
immer den heutigen entsprachen. Beides, Recht und Freiheit in Deutschland immer tiefer zu verwurzeln und zu verteidigen, war ihm ein tiefes Anliegen. Die sinkende Wahl-
beteiligung beunruhigte ihn zutiefst. Er wusste, dass Recht

und Freiheit nur durch dauernde aktive Beteiligung an der Gestaltung des Staates zu sichern waren.«

So beschreibt seine Tochter das Bekenntnis Philipp von Boeselagers zu einem demokratischen Rechtsstaat. Seine andere wichtige Botschaft – den eigenen Idealen unabhängig von der Meinung der Masse zu folgen –, sie findet sich in einem einzigen Satz wieder. Boeselager musste diese Worte nicht einmal aussprechen oder niederschreiben. Denn sie stehen ja seit 1648 eingeschnitzt in einen Fachwerkbalken seines Herrenhauses, unterhalb seiner Burg: Et si omnes, ego non – Auch wenn alle es tun, ich nicht.

»Das Leben stellt sich zwischen jedes Leid«

Klaus von Dohnanyi über seinen Vater Hans und seinen Onkel Dietrich Bonhoeffer

Als am 9. April 1945 sein Vater Hans und am selben Tag auch sein Onkel Dietrich Bonhoeffer zum Galgen gehen mussten, war Klaus von Dohnanyi gerade mal 16 Jahre alt. Wenn man ihn heute fragt, was ihn damals aufrecht hielt, antwortet die SPD-Ikone: »Ich war körperlich und geistig wie jeder Junge auf die Zukunft ausgerichtet. Meine Widerstandskraft, um solch einen Schmerz zu überwinden, kam wohl aus der Kraft des Lebens, aus dem Lebenswillen. Das Leben stellt sich zwischen jedes Leid und das eigene Selbst. Keiner weiß, mit welchen Kräften man welche Widerstände im Leben besteht. Wie man sich aufrecht hält.«

Vielleicht hat ebendieses frühe Leid in seinem Leben seine Seele widerstandsfähig werden, ihn nicht zerbrechen lassen als Jugendlichen und später als jungen Ehemann. Als seine erste Frau starb, war er 29 Jahre alt. Und vielleicht wuchsen ihm ganz ähnliche Kräfte zu, wie sie auch sein Vater Hans in sich trug. Stärken, die Hans von Dohnanyi die andauernde Angst um sein Leben und die Zeit im KZ Sachsenhausen ertragen ließen. Doch einen Vergleich zwischen ihm und seinem Vater würde Klaus von Dohnanyi nie zulassen. Das geht bei ihm sogar so weit, dass man ihn nur äußerst selten über seinen Vater und sein Erbe sprechen hörte. »Das kann man ja auch nicht machen«, wehrt er heute noch ab. »Mut kann man nicht vererben. Und das Leid auch nicht.«

Klaus von Dohnanyi, Jahrgang 1928, Brandt-Vertrauter, ehemaliger Staatsminister im Auswärtigen Amt und von 1981 bis 1988 Erster Bürgermeister Hamburgs. Sein Vater

Hans war einer der wichtigsten Männer des 20. Juli 1944. Ein Grab bekam er nicht. Denn die Nazis achteten darauf, dass von ihren Widersachern buchstäblich nichts blieb. Klaus von Dohnanyi vermutet, dass sein Vater »irgendwo im KZ Sachsenhausen verbrannt oder verscharrt wurde«. Da ist zwar ein Grab auf dem berühmten Dorotheenstädtischen Friedhof in Berlin, auf dessen Stein auch die Namen seines Onkels und seines Vaters eingraviert sind, die Gräber selbst aber blieben leer. »Meine Mutter war zunächst in Köln beerdigt. Auf ihrem Grabstein stand auch der Name meines Vaters. Ich habe meine Mutter inzwischen umbetten lassen. Sie liegt nun neben dem Gedenkstein für meinen Vater und Bonhoeffer auf dem Dorotheenstädtischen Friedhof.«

»Meine Trauer«, erzählt er, »war stark bestimmt durch jene so spürbare und ihr Leben beendende Trauer meiner Mutter. Trauer war für uns daher mit dieser Nähe verbunden: Wir haben sie meiner Mutter immer angemerkt. Sie konnte sich von ihr nie befreien und starb 1965 mit 62 Jahren.«

Rund um Dohnanyis Haus an der Hamburger Außenalster neigen sich alte Bäume im Wind. Manchmal dringt Möwenkreischen in die Stille seines Arbeitszimmers, dessen hohe Altbauwände bis zur Decke von seiner Bibliothek bedeckt sind. Er schaut jetzt lange aus seinem Fenster in den weiten Garten seines Hauses.

Erinnert er sich auch an glückliche Augenblicke mit seinem Vater, frage ich ihn. Da gerät der sonst so nordisch zurückhaltende Dohnanyi fast ein wenig ins Schwelgen: »Er war sehr jung, in der Familie damals eher wie Väter heute. Wir haben das genossen. Er war ein guter Bastler, ein guter Handwerker. Er hat uns Burgen gebaut und in

Bächen kleine Kraftwerke. Wunderbar. Er wollte, dass wir ein Handwerk lernen. Wir haben ihm später einen Koffer gebaut, in dem wir ihm Sachen ins KZ brachten.«

Das letzte Bild von ihm, an das er sich erinnert, ist jenes aus dem Haftkrankenhaus in Potsdam, in dem sein Vater mit schwerer Diphtherie lag. »Die hatte er sich selbst beigebracht mit von uns infizierten Speisen, um so den Verhören und der Folter zu entgehen. Das war am Abend des 20. Juli 1944.«

Der junge Klaus durfte mit seinem Vater nicht über das Attentat sprechen, das sich gerade ereignet hatte. Es wäre fatal gewesen. »Mein Vater hat alle Einzelheiten von uns ferngehalten, um uns zu schützen. Ich wusste natürlich, dass die ganze junge Familie gegen die Nazis war.« Hans von Dohnanyi hatte die Attentatspläne selbst vorbereitet. Schon als Referent des Reichsjustizministers legte er Akten an, in denen er die NS-Verbrechen dokumentieren wollte für die Zeit nach der Diktatur. Und er hatte eine eigene »private Praxis« eingerichtet, so nannte er es, wenn er seine Position im Ministerium nutzte, um vielen Leuten zu helfen. Mit dieser Einrichtung hat er auch 13 Juden im Jahr 1942 zur Flucht in die Schweiz verholfen. Er nannte es das »Unternehmen 7«.

Seine standrechtliche Verurteilung im KZ Sachsenhausen am 6. April 1945 erlebte er gelähmt und geschwächt. »Auf einer Trage wurde er zu diesem Scheinprozess geschleppt. Ich hoffe, dass er nicht mehr wirklich bei Bewusstsein war«, sagt sein Sohn. Am 9. April wurde Hans von Dohnanyi erhängt. Zum 100. Geburtstag seines Vaters wagte sich Klaus von Dohnanyi noch einmal zu einer Gedenkfeier nach Sachsenhausen. »Der Raum, in dem er lag, ist heute noch zu besichtigen.« Kurz vor der Hinrichtung versuchte noch ein

Gefängnisarzt, ihm zur Flucht zu verhelfen. Doch Hans von Dohnanyi lehnte ab, weil er ohne seine Kinder hätte fliehen müssen. Sein Sohn sagt: »Ich war zu der Zeit schon eingezogen, in ein Arbeitsdienst-Kampfbataillon. Mein Vater befürchtete, dass eine Flucht an Frau und Kindern gerächt werden würde. Das war ja durchaus denkbar.«

Die Briefe seines Vaters an die Familie hat Winfried Meyer in einem Buch herausgegeben, es trägt den Titel *Gott hat mir keinen Panzer um mein Herz gegeben.* Aus seiner Zelle schrieb er etwa an seine Frau: »Herzelein, über alles Geliebte Du! ... Ich liebe Dich unsagbar ...« und: »Wie oft ... habe ich nachts Dein kleines Bildchen zwischen die Hände gepresst, drücke meine Lippen darauf und flüstere mit Dir – dann musst Du es fühlen.«

Klaus von Dohnanyi sagt heute, dass ihm diese Zeilen damals nicht sein Herz zerrissen, sondern ihm Sicherheit gegeben hätten. »Und wenn ich heute die Briefe lese, denke ich zurück, wie behütet und liebevoll meine Mutter uns lang allein aufgezogen hatte.«

Auch an seinen Onkel Dietrich Bonhoeffer, die Symbolfigur des evangelischen Widerstandes und den Bruder seiner Mutter Christine, hat er glückliche Erinnerungen. »Er war viel bei uns zu Hause, wir waren gern mit ihm zusammen. Ein lustiger, liebevoller Onkel, der mit uns Tischtennis spielte und Skifahren ging.« Geprägt hat ihn sein Onkel, der Theologe, »am stärksten wohl durch seine Musikalität. Er spielte Klavier, mein Bruder Christoph sang dazu.«

Als seine Verbindungen zum 20. Juli herauskamen, nahm die Gestapo Dietrich Bonhoeffer als »persönlichen Gefangenen des Führers« fest. In seiner Todeszelle schrieb er Briefe an seine Verlobte. In einem vom 19. Dezember 1944 fügte Bonhoeffer »ein paar Verse, die mir in den letzten

Abenden einfielen« als »Weihnachtsgruß für Dich und die Eltern und Geschwister« an: Das berühmte Gedicht spendet bis heute Tauernden Trost, wird auf vielen Beerdigungen gesungen und gesprochen und ist auch seinem Neffen Klaus sehr wichtig. Wie kein zweiter Held gegen Hitler hat Bonhoeffer sein Gottvertrauen in schwerer Zeit zeitlos und eindringlich in Worte gefasst. Die letzte der sieben Strophen lautet:

> Von guten Mächten wunderbar geborgen,
> erwarten wir getrost, was kommen mag.
> Gott ist bei uns am Abend und am Morgen
> und ganz gewiss an jedem neuen Tag.

Seinem Gedicht voran stellte der Märtyrer noch diese Zeilen:

> Es ist, als ob die Seele in der Einsamkeit Organe ausbildet, die wir im Alltag kaum kennen. So habe ich mich noch keinen Augenblick allein und verlassen gefühlt. Du und die Eltern, Ihr alle, die Freunde und Schüler im Feld, Ihr seid mir immer ganz gegenwärtig. Eure Gebete und guten Gedanken, Bibelworte, längst vergangene Gespräche, Musikstücke, Bücher bekommen Leben und Wirklichkeit wie nie zuvor. Es ist ein großes unsichtbares Reich, in dem man lebt und an dessen Realität man keinen Zweifel hat. Wenn es im alten Kinderlied von den Engeln heißt: ›zweie, die mich decken, zweie, die mich wecken‹, so ist diese Bewahrung am Abend und am Morgen durch gute unsichtbare Mächte etwas, was wir Erwachsenen heute nicht weniger brauchen als die Kinder.

Bonhoeffer nahm seine Verurteilung und Hinrichtung als Mann des Widerstands, der im »Sinne des Staatsgesetzes gegen das geltende Recht verstoßen habe«, bewusst an. Er hielt sich nicht für »unschuldig«, sondern sah seinen Tod »aus Gottes Hand« als Konsequenz seiner Tat: »Wer das Schwert nimmt, soll durch das Schwert umkommen«, zitierte er aus dem Matthäus-Evangelium.

Die Nazis hatten es eilig. Heinrich Himmler drängte persönlich darauf, Bonhoeffers Hinrichtung schnell durchzuführen, weil die amerikanischen Truppen schon bald das KZ erreichen würden. Im Morgengrauen des 9. April 1945 führten sie ihn und seine Mitstreiter in den Hof des Arrestblocks im KZ Flossenbürg. Bonhoeffer musste sich ausziehen und nackt zum Galgen gehen. Der Lagerarzt war Augenzeuge dieser Szene und hielt sie 1955 schriftlich fest:

Durch die halb geöffnete Tür eines Zimmers im Barackenbau sah ich vor der Ablegung der Häftlingskleidung Pastor Bonhoeffer in innigem Gebet mit seinem Herrgott knien. Die hingebungsvolle und erhörungsgewisse Art des Gebetes dieses außerordentlich sympathischen Mannes hat mich auf das Tiefste erschüttert. Auch an der Richtstätte selbst verrichtete er noch ein kurzes Gebet und bestieg dann mutig und gefasst die Treppe zum Galgen. Der Tod erfolgte nach wenigen Sekunden. Ich habe in meiner fast 50-jährigen ärztlichen Tätigkeit kaum je einen Mann so gottergeben sterben sehen.

Mit ihm wurden Wilhelm Canaris, Ludwig Gehre, Hans Oster, Karl Sack und Theodor Strünck gehängt.

Klaus von Dohnanyis Vater Hans starb im KZ Sachsenhausen. Der Jurist war der engste Mitarbeiter des entschiedenen Hitler-Gegners General Oster, der im Krieg die Verbindung zwischen militärischem und zivilem Widerstand hielt und organisierte. »Mein Vater war das Zentrum, um das die Versuche, Hitler zu beseitigen, immer wieder kreisten«, sagt sein Sohn über seinen Vater. Die Nazis nahmen Hans von Dohnanyi bereits im April 1943 fest. Er hatte sich schon lange vor dem 20. Juli 1944 am Attentatsversuch des General von Tresckow beteiligt und wurde – anders als der General damals – frühzeitig enttarnt.

Er war es, der schon im März 1943 ein als Cognacflasche getarntes Sprengstoffpaket auf einem Flug nach Smolensk zu Tresckow schmuggelte. Diese Bombe gelangte dann über Tresckow an Bord der »Führer«-Maschine, mit der Hitler von Smolensk zurück nach Berlin flog. Während dieses Fluges über das winterliche Russland vereiste jedoch der Zünder des Sprengstoffs. Eine Szene, die der Hollywood-Film *Operation Walküre* mit Tom Cruise zeigt. Doch dass Hans von Dohnanyi hinter diesem Attentatsversuch stand und wichtiger Motor der Verschwörung war, wusste wohl kaum einer der Kinozuschauer.

Sein Sohn Klaus von Dohnanyi ist Grandseigneur und Gewissen seiner Partei, der SPD. Verheiratet ist er mit einer der bedeutendsten Lyrikerinnen der Gegenwart, der Schriftstellerin Ulla Hahn. Er spricht zunächst mit dieser für ihn typischen kristallklaren Stimme über seinen Vater, scheinbar unbewegt. Hat man ihn aber etwas länger im Gespräch erlebt, lässt der Musterhanseat immer noch etwas von der alten Trauer durchscheinen. Aber auch vom Stolz und von der Freude, wenn er von Yad Vashem erzählt, der Gedenkstätte für den Mord am jüdischen Volk, die Hans von Dohnanyi 2003 als »Gerechter unter den Völkern«

ausgezeichnet hatte. Im selben Jahr kamen Vertreter der Yad Vashem für eine Feierstunde nach Berlin ins Bonhoeffer-Haus, zum 100. Geburtstag von Klaus von Dohnanyis Mutter Christine. Was ihren Sohn besonders bewegte, war, dass die damalige Oppositionsführerin Angela Merkel mit ihrem Mann erschien. »Beide waren übrigens die einzigen politisch hervorgehobenen Leute, die dabei waren.«

War es nicht schmerzlich für ihn, dass sich keine SPD-Parteifreunde haben sehen lassen? »Sie waren eingeladen und kamen nicht. Ich habe das nicht verstanden. So etwas hinterlässt Spuren«, sagt Dohnanyi. »Es ist doch merkwürdig. Da wird einer der wenigen – ich glaube, es sind kaum über 400 Deutsche – von Yad Vashem geehrt, und dann gibt es jemanden im engeren Kreis der Partei, der damit verbunden ist. Und niemand nimmt sich Zeit. Verwunderlich. Auffallend.«

Gefestigt hat sich an diesem Tag seine Freundschaft zu Angela Merkel und ihrem Ehemann. »Eine menschliche Sympathie. Auch ihr Mann ist ein ganz ungewöhnlicher Mensch. Er ist so zurückhaltend, zugleich freundschaftlich, klug und sehr kulturell interessiert. Sein Stil, sich selbst aus dem öffentlichen Licht herauszunehmen, sich nicht hineinzudrängen und doch dabei zu sein, ist schon sehr ungewöhnlich.«

Und dann erzählt Klaus von Dohnanyi noch vom Einfluss Willy Brandts, »wie wichtig er war für mein Leben. Ein liberaler Sozialdemokrat, anders aufgewachsen als Herbert Wehner und Helmut Schmidt. Seine Liberalität kam mir sehr entgegen. Durch sie konnte er Menschen aller Richtungen für sich einnehmen. Er war ein offener Mensch. Das versuche ich auch zu sein. Insofern ist er ein Vorbild.« Die Nähe Dohnanyis zu Brandt, sie mag auch daran liegen, dass sich zwei Unangepasste und Eigenwillige begegnet sind.

Zudem hatte auch Brandt unter den Nazis gelitten und war vor ihnen geflohen.

Zum Abschied reden wir noch darüber, welchen Sinn für die Zukunft das Erinnern an den Widerstand haben kann. »Wir kümmern uns heute vorrangig um die Opfer der NS-Herrschaft, von denen die meisten selber allerdings nichts getan haben oder tun konnten, um Widerstand zu leisten«, sagt Dohnanyi, »das verdient auch unsere Erinnerung, unseren Respekt und unser Nichtvergessen. Aber die Wahrzeichen dieser Zeit waren diejenigen, die sich nicht gebeugt haben und das Risiko eingegangen sind, ohne dass sie verfolgt waren. Sie haben sich selbst entschieden. Und wir vergessen sie zu oft. Wir sind wohl nicht mutiger, als wir es 1933 waren, das ist bedauerlich. Dabei brauchen wir in Zukunft Charaktere, die auch unter schwierigen Bedingungen standhalten können. Diese Substanz, die wir künftig sehr benötigen, steckt in dem Knochengerüst des Widerstands: die Festigkeit, für eine zivile, moralische Gesellschaft einzutreten.«

Es war Sophie Scholl, die kurz vor ihrem Tod sagte: »Man muß einen harten Geist und ein weiches Herz haben.« Klaus von Dohnanyi schließt an diese Gedanken an, wenn er die Botschaft seines Vaters an das Heute und Morgen zusammenfasst. Im Nachwort zu dem Buch mit den Briefen seines Vaters schreibt er:

Mut, sogar großer körperlicher Mut, muss und darf kein Gegensatz sein zur Empfindsamkeit des Herzens. Die Welt, auf die wir zugehen, wird beides gleichermaßen brauchen. Insofern kann das Leben dieses mutigen, weichherzigen Täters auch ein Vorbild sein für das Leben in dieser neuen, globalisierten und unfriedlichen Welt.

»Ich versuche jeden zu retten«

Wilm Hosenfeld, der Held aus »Der Pianist«,
und sein Sohn

Es musste anscheinend erst jemand kommen, der sich darauf versteht, vergessene Giganten wieder gegenwärtig werden zu lassen. Wie es Steven Spielberg 1993 mit Oskar Schindler gelang, so tat es Roman Polanski ein paar Jahre später mit Wilm Hosenfeld. Dank ihm wurde Wilm Hosenfeld dem Vergessen wieder genommen. Dabei taucht dieser deutsche Volksschullehrer und Wehrmachtsoffizier in Polanskis Film *Der Pianist* eigentlich erst am Ende als Nebenfigur auf. Ein Mann, derart edelmütig und schön, dass viele glaubten, Polanski habe ihn erfunden. Doch der echte Wilm Hosenfeld war offenbar genau so, wie ihn der deutsche Schauspieler Thomas Kretschmann, der mit dieser Rolle in Hollywood bekannt wurde, dargestellt hat: unangepasst, wagemutig und gut aussehend, mit kantigem Profil, dichten Brauen und konzentriertem Blick. Er handelte, statt viel zu reden. Eben ein echter Held.

Roman Polanskis *Der Pianist* von 2002 erzählte die wahre Geschichte des Musikers Wladyslaw Szpilman, der nur mit viel Glück einem Transport nach Treblinka entkommt. Einer der Kapos, der ihn im Menschengewühl erkennt, stößt ihn zur Seite. Sein Vater Samuel, seine Mutter Edwarda, sein Bruder Henryk und seine Schwestern Halina und Regina treibt die SS währenddessen in den Viehwaggon. Szpilman, gespielt von Adrien Brody, will ihnen noch hinterherhasten, da wirft ihn derselbe Kapo zu Boden und zischt ihm zu: »Ich habe dir gerade das Leben gerettet, verschwinde von hier!« Szpilman gelingt die Flucht aus dem Getto. Jahre lang hält er sich in dem von Deutschen besetzten Warschau verborgen. Immer wieder verliert er sein Versteck, immer wieder überlebt er auf wundersame Weise. In den letzten Wochen des Krieges in Polen geistert er durch die Ruinen Warschaus, bis auf die Knochen abgemagert und verwahrlost. In einer Hausruine findet er eine Büchse mit Gurken und bemerkt bei der Suche nach einem Öffner den Mann gar nicht, der schon länger im Türrahmen steht und ihn beobachtet. Dieser Mann im Wintermantel der Wehrmacht fragt ihn: »Was suchen Sie hier?«, und: »Sie sind Jude?« Und der verschreckte Szpilman antwortet: »Ja, das bin ich.«

Als Szpilman dem Soldaten sagt, dass er Pianist ist, bittet dieser ihn, ihm etwas vorzuspielen auf dem Klavier, das dort in der Hausruine steht und unversehrt geblieben ist. Es ist die Schlüsselszene des Films. Adrien Brody, der Szpilman verkörpert, hatte für diesen Dreh so viel abgenommen, dass sich die Knochen seiner Finger unter der Haut stark abzeichnen. Das Sonnenlicht scheint förmlich durch seine Nasenflügel hindurch, so zart und ausgemergelt ist das Gesicht des Schauspielers. In diesem Zustand spielt der Pianist dem Wehrmachtssoldaten Wilm Hosenfeld das schwierige und sehr kunstvolle »Nocturne cis-moll« von Frédéric Chopin vor. Die Melodie, die Szpilman hervorbringt, legt sich über die Trostlosigkeit des Ortes und seiner Trümmer. Sie erfüllt die Ruinen mit ihrer Wärme. Hosenfeld ist davon derart bewegt, dass er Szpilman nicht verrät, sondern fortan beschützt und in seinem Versteck mit Lebensmitteln versorgt.

Die Filmszene, die Millionen Menschen rührte und staunen ließ über diesen guten Deutschen, zeigt nur einen Splitter aus dem Leben des wahren Wilm Hosenfeld. »Wir kennen die Namen von sieben Juden, die er rettete, von 25 Polen, die er beschäftigte, um sie zu schützen. Und wir wissen, dass er beim Warschauer Aufstand 20 bis 30 Polen rettete«, sagt sein Sohn Detlev Hosenfeld, der 85 Jahre alt ist, als ich ihn im Jahr 2014 in seiner Kieler Wohung besuche.

Detlev Hosenfeld war vor dem Ruhestand ein leidenschaftlicher Kinderarzt, sein Leben widmete er aber auch dem Andenken seines Vaters, den er früh verlor, im Jahr 1952. Detlev Hosenfeld ist ein besonnener Mann mit großen, sanften Augen, ebensolcher Stimme und ruhigen Gesten, der mich in seiner Zurückgenommenheit beeindruckt.

»Als ich meinen Vater das letzte Mal sah, erzählte er mir vom Holocaust. Das war im Februar 1944. Er hatte Heimaturlaub und kam aus Warschau, wo er stationiert war. Ich war ein 16-Flakhelfer in Kassel«, erzählt Detlev Hosenfeld, während er mir Kaffee und Bienenstich serviert. »Mein Vater, der zunächst an Hitler geglaubt hatte, hatte sich längst von ihm abgewandt. Er erzählte mir vom Schrecken in Warschau. Wie die Juden vergast wurden. Wie andere Juden in den Konzentrationslagern die Leichen wegschaffen mussten. Ich habe das nie vergessen.«

Es gab nicht viele Soldatenväter, die ihre Söhne einweihten in das, was sie erlebten. Wenn Detlev Hosenfeld heute von seinem Vater erzählt, spürt man dieses besondere Vertrauen immer noch, das der Vater damals in den Sohn gesetzt hatte. Ihre besondere Verbundenheit, die den Sohn sein Leben lang begleitet hat, obwohl ihnen so wenig gemeinsame Zeit miteinander blieb im Leben. Als ich ihm sage, dass mich das bewegt, fragt er: »Ist das wirklich so?«, und lächelt glücklich.

Ich spreche ihn auf die berühmte Filmszene, die erste Begegnung zwischen seinem Vater und dem Pianisten an.

»Die Sequenz zeigt, wie ergriffen mein Vater von Szpilmans Klavierspiel gewesen sein soll. Ich glaube aber, dass es nicht die Musik war, die ihn dazu bewog, Szpilman zu retten, sondern seine Art von Menschlichkeit. ›Ich versuche jeden zu retten‹, hatte er uns nach Hause geschrieben.«

Wenn Detlev Hosenfeld seinen Vater zitiert, macht er lange Pausen vor und nach den Zitaten. Es sind unvergängliche Sätze für ihn, in denen seine Ehrfurcht und seine Verehrung für den Vater anklingt. Da möchte ein Sohn seinem Vorbild gerecht werden, da ehrt und bewundert einer seinen Vater auch nach all den Jahren noch wie der Junge, der zu ihm aufschaute.

Hosenfelds Wohnung im Kieler Jungfernstieg ist ungewöhnlich bescheiden eingerichtet; Teppich, Tapeten und Mobiliar scheinen aus einer lang vergangenen Zeit zu stammen. An einer Wohnzimmerwand hängt ein Ölgemälde seiner Mutter. Es zeigt sie als junge schöne Frau. Gegenüber ist das Bild, das Szpilmans Sohn ihm schenkte, als er ihn in Kiel besuchte, lange vor dem Film *Der Pianist*, als er von Wilm Hosenfeld bereits aus der Autobiografie seines Vaters *Das wunderbare Überleben* wusste. Es ist ein Leinwanddruck der »Dame mit dem Hermelin« von Leonardo da Vinci.

Was Detlev Hosenfelds Wohnung beherrscht, sind seine Bücher in den Regalen, die von seiner lebenslangen Suche erzählen. Hosenfeld hat viele Tausend Seiten über den Nationalsozialismus und den Holocaust nicht nur gelesen, sondern durchgearbeitet, mit Bleistiftnotizen und Querverweisen versehen und Zehntausende Sätze markiert und unterstrichen.

Der Glockenschlag vom Turm der nahen Kirche klingt viertelstündlich in Detlev Hosenfelds Wohnzimmer hinein.

Und hallt von den Häuserwänden des Kieler Jungfernstiegs wider bis in den Schrevenpark. »Mein Vater war ein katholischer, gläubiger Dorfschullehrer. Es erfüllt uns bis heute mit Freude, wie konsequent und christlich unser Vater gelebt hat. Davon zeugt sein Tagebuch aus dem Krieg, das er in schmutziger Wäsche nach Hause schmuggelte.« Dieser Glaube trägt heute auch den Sohn.

»Mein Vater hatte zudem ein besonderes Sprachgefühl. Er schreibt in seinem Tagebuch von der ›Virtuosität im Massenmorden‹ an den Juden. Er war empfindsam und verwöhnte mich mit seiner Aufmerksamkeit. Er bestärkte mich«, sagt er und greift nach einigen der Briefe, die sein Vater ihm aus dem Krieg geschickt hat. »In diesen Briefen ließ er mich seine Zuwendung spüren. Ich lese sie bis heute. Ich fühlte mich von ihm gefördert, obwohl ich ihn so früh verloren habe.«

Einige der Briefe sind auch im Buch *Ich versuche jeden zu retten* erschienen. Detlev Hosenfeld verwahrt die Originale in Umschlägen, aus denen er sie jetzt mit den Fingerspitzen hervorzieht. Dann legt er sie mit beiden Händen und seiner ganzen Behutsamkeit auf den Kaffeetisch.

Seine großen Augen fliegen über die Zeilen. Einer der Briefe aus dem Jahr 1939 erzählt davon, wie Wilm Hosenfeld den Kriegsbeginn erlebt, der in ihm zwar keine Begeisterung hervorruft, aber auch noch keine Abkehr vom Regime. Hosenfeld fügt sich in das, was er für seine patriotische Pflicht hält und schreibt: »Jeder hat ein Deutscher zu sein, der für sein Volk zu stehen hat.« Doch schon im Jahr 1938, als in der »Reichskristallnacht« die Synagogen brannten, empfand er erstmals Abscheu: »… fürchterliche Zustände im Reich, ohne Recht und Ordnung, dabei nach außen Heuchelei und Lüge …«.

1939 ist Wilm Hosenfeld 44 Jahre alt und muss deswegen nicht zur kämpfenden Truppe, sondern zu einer Wachkompanie in Polen. Dort beobachtet er, wie willkürlich und grausam die deutschen Besatzer gegen polnische Kriegsgefangene und Zivilisten vorgehen, und wird auch Zeuge der Verbrechen an den Juden. Nachdem die SS das Warschauer Getto geräumt hat, vertraut er seinem Tagebuch an: »Mit diesem entsetzlichen Judenmassenmord haben wir den Krieg verloren. Eine untilgbare Schande, einen unauslöschlichen Fluch haben wir auf uns gebracht. Wir verdienen keine Gnade, wir sind alle mitschuldig. Ich schäme mich, in die Stadt zu gehen, jeder Pole hat das Recht, vor unsereinem auszuspucken. Täglich werden deutsche Soldaten erschossen, es wird noch schlimmer kommen, und wir haben kein Recht, uns darüber zu beschweren. Wir haben's nicht anders verdient.«

Und 1942 schreibt er in sein Tagebuch: »Die Lüge ist mit das größte Übel. Was sind wir belogen worden, und wie steht die ganze öffentliche Meinung hinter der Lüge. Kein Zeitungsblatt ist ohne Verlogenheit, mag es von militärpolitischen, wirtschaftlichen, historischen, sozialen, kulturellen Dingen reden, überall ist der Wahrheit Zwang angetan, die Wirklichkeit entstellt, verdreht und ins Gegenteil verkehrt.«

Gegen Kriegsende geriet Wilm Hosenfeld in russische Gefangenschaft bei Stalingrad, erlitt Folter, Isolationshaft und einen Schlaganfall. Das Ende des Films von Polanski zeigt Hosenfelds ganze Ausweglosigkeit damals. Zusammen mit vielen anderen deutschen Soldaten vegetiert er in einem sowjetischen Kriegsgefangenenlager, als ein paar Holocaust-Überlebende an dessen Zaun entlanglaufen und die Soldaten dahinter verfluchen. Da springt Thomas Kretschmann alias Wilm Hosenfeld auf, schleppt sich zum Zaun und ruft einem der Männer den Namen Szpilmans zu, weil er in diesem Moment hofft, irgendjemand könnte ihn kennen und dafür sorgen, dass sich seine Tat herumspricht und man ihn aus dem Lager befreit. »In der Tat haben sich einige, die er gerettet hatte, für ihn eingesetzt bei den Russen. Natürlich auch Szpilman«, sagt Detlev Hosenfeld.

Doch alles Bemühen war vergeblich. 1952 stirbt sein entkräfteter und kranker Vater in Kriegsgefangenschaft in der Nähe von Stalingrad.

Über all das hätte ich gerne noch ein weiteres Mal mit Detlev Hosenfeld geredet. Doch im Januar 2016 starb er in Kiel. Seine Tochter Mareike macht deutlich, wie viel ihrem Vater daran lag, das Gedenken an ihren Großvater Wilm lebendig zu halten: »Es war ihm ein wichtiges Anliegen, die Menschlichkeit, den moralischen Kompass, das schmerzhafte Hinschauen, das Mitfühlen, das helfende Handeln im Beispiel meines Großvaters vor der Vergessenheit zu bewahren. Es war meinem Vater wichtig, hervorzuheben, dass es auch anders ging, als sich einzurichten im Wegschauen, Ignorieren, Mitlaufen oder Mitmachen bei den Verbrechen gegen die Menschlichkeit. Es lag ihm viel an der Bedeutsamkeit, im historischen Kontext, aber genauso für die heutige Zeit, in der auch wir uns häufig nicht verantwortlich, nicht zuständig fühlen für das Leid der anderen, der Fremden. Obwohl wir genau wissen, dass unser globales Wirtschaften uns alle aufs Engste miteinander verbindet. Er wollte, dass diese Dinge nicht Vergessenheit geraten«, sagt Mareike Hosenfeld kurz nach der Beerdigung ihres Vaters.

»Obwohl mein Vater nicht wirklich ein klassisch ›geselliger‹ Mensch gewesen ist, liebte er es, an und mit anderen

Menschen geistig zu wachsen. Als besonders bereichernd empfand er es, andere für ›sein‹ Thema zu interessieren, gerade junge Leute ins Boot zu holen. Er hat sich unendlich viel Mühe gegeben, Schüler- oder Studierenden-Arbeiten zu Wilm Hosenfeld zu unterstützen. Im Ergebnis war es ihm eine sehr große Freude, wenn diese Arbeiten zu einem Erfolg wurden.«

Der Held Wilm Hosenfeld, der so früh sterben musste, blieb seinem Sohn Detlev über den Tod hinaus gegenwärtig: »Indem sich mein Vater so sehr beschäftigte mit den Taten meines Großvaters, bot ihm das auch die Möglichkeit, diesem Vater nahe zu sein, ohne den er das Erwachsenenleben hatte beginnen müssen, ohne den er wichtige Lebensentscheidungen zu treffen hatte. Sein Vater konnte ihn nicht leiten, begleiten, unterstützen und die Meilensteine seines Lebens nicht mehr mit ihm teilen.«

Und doch fühlte sich Detlev Hosenfeld schon als junger Mann von seinem abwesenden Vater in seinem Handeln bestärkt – so sehr, dass er sich selbst, der noch in den letzten Kriegsmonaten in die Wehrmacht eingezogen wurde, bald schon abwandte von den Nazis und desertierte. Seine Tochter sagt heute sehr entschlossen: »Ich weiß, dass diese sehr existenzielle Entscheidung von seinem Vater angebahnt und bestimmt wurde. Dadurch, dass er von ihm aufs Eindrücklichste von den entsetzlichen Verbrechen an den Juden erfuhr, wagte er diesen dramatischen und gefährlichen Schritt, der ihm vielleicht das Leben rettete. Als er den richtigen Augenblick gekommen sah, machte er sich mit siebzehn Jahren auf den ungewissen Weg, obwohl ihn keiner seiner Kameraden begleiten wollte. Diese wollten Befehlen folgend ausharren. Er dagegen wusste nicht nur, dass der Krieg verloren war, ihm war auch durch die Schilderungen seines Vaters überdeutlich klar, dass es nichts gab, was er hätte verteidigen wollen.«

Vor zwei Jahren unternahm die Tochter zusammen mit ihrem Mann eine Reise in die Vergangenheit, um die Entscheidung ihres Vaters noch besser nachvollziehen zu können. Im Dorf Göllingen bei Bad Frankenhausen suchte und fand sie die Brücke, die ihr Vater seinerzeit – fast wie im berühmten Film von Bernhard Wicki – verteidigen sollte. Genau an diesem Ort wagte er damals, zu desertieren. »Wer weiß: Ohne diese Entscheidung hätte es mich vielleicht gar nicht gegeben«, dachte seine Tochter sieben Jahrzehnte später beim Anblick dieser Brücke und verharrte lange stumm vor ihr.

Mareike Hosenfeld ist heute Sozialpädagogin und stellvertretende Leiterin der Freiwilligendienste in Kiel. Sie ist für andere Menschen da, und sie glaubt ganz fest, dass ihr Vater große Dankbarkeit dafür empfunden hat, dass ihr Großvater ihm diesen Weg gewiesen hatte. »Mein Vater musste nach Kriegsende keine komplette Kehrtwende der Überzeugungen machen, wie viele andere seiner Altersgenossen, für die eine Welt zusammenbrach. Mein Vater musste, seinen Eltern sei Dank, die Nazizeit nicht abspalten und nicht verdrängen.«

Mareike Hosenfeld hat es immer als sinnvoll und gut empfunden, dass in ihrem Zuhause der Holocaust, der Faschismus und totalitäre Ideologie stets Teil der Familiengespräche waren und jede Fernsehdokumentation zum Thema gemeinsam angeschaut wurde. »Erst viel später begriff ich, dass das in anderen Familien nicht so lief. Kaum jemand meiner Kommilitonen wusste, was die Großeltern im Dritten Reich gemacht, was diese von der Ermordung der Juden gewusst hatten oder inwiefern sie am System teilhatten.«

Ein Bewusstsein, das sie mit Stolz erfüllt auf ihre Familiengeschichte, »die meine politische Haltung sicherlich aufs Nachhaltigste geprägt hat«. Sie sieht ihren Großvater heute nicht als »übermenschlich strahlenden Helden, aber als ein leuchtendes Beispiel in seiner Menschlichkeit. »Er hat uns allen in der Familie eine aktive und offene Auseinandersetzung mit der Nazivergangenheit ermöglich.«

Als Mädchen begegnete sie übrigens eines Tages dem heute so bekannten Mann, den ihr Großvater gerettet hatte – im elterlichen Wohnzimmer. »Für mich ist das eine recht peinliche Erinnerung an Kindertage. Als Wladislaw Szpilman, der berühmte Pianist, bei uns zu Besuch war, drängte mein Vater mich ziemlich, ihm etwas auf unserem Klavier vorzuspielen. Er war wahrscheinlich stolz auf mich, ich fand das aber ungeheuer unangenehm und weigerte mich standhaft.«

Doch war auch die Neugierde in dem Mädchen geweckt auf das, was ihr Opa, den sie ja nie kennengelernt hatte, getan hatte. »Als junge Erwachsene begann ich, vertieft mit meinem Vater über das Geschriebene, die Zusammenhänge und Hintergründe zu reden. Das war beachtlich, denn wir hatten uns zuvor generationenkonflikt- und pubertätsbedingt eine Zeit lang eher weniger zu sagen gehabt. Mein ganz persönlicher Bezug zu den Aufzeichnungen meines Großvaters besteht also darin, dass sie meinen Vater und mich wieder in einen Dialog brachten, der nicht mehr abreißen sollte. Worüber ich mich sehr glücklich schätze.«

Im Jahr 2010 machten sich Mareike und Detlev Hosenfeld gemeinsam auf eine letzte Familienreise nach Jerusalem und besuchten dort die Holocaust-Gedenkstätte Yad Vashem. Die Tochter erinnert sich mit einem wehen Lächeln: »Zu meinen schönsten Erinnerungen an meinen Vater zählt seine Freude, die er empfand, als er den Namen seines Vaters als ›Gerechter unter den Völkern‹ lesen konnte, der dort in Stein gehauen war.«

»Ich bin stolz, ein Elser zu sein«

Der Neffe des Hitler-Attentäters erinnert sich

Wenn ich meine Wohnung im Münchner Stadtteil Haidhausen verlasse, sind es zehn Minuten zu Fuß bis zum Prinzregentenplatz 16. Dort war Hitler bis zu seinem Selbstmord am 30. April 1945 gemeldet. Laufe ich zwanzig Minuten in die andere Richtung, stehe ich vor Hans und Sophie Scholls letzter Bleibe in der Franz-Joseph-Straße 13 in Schwabing. Und gehe ich von meiner Wohnung vielleicht fünf Minuten lang um ein paar Ecken, komme ich zu dem Ort, an dem Georg Elser beinahe die Welt verändert hätte. Zum einstigen Bürgerbräukeller.

In einer ausgehöhlten Säule des Bierlokals hatte er seine »Höllenmaschine« versteckt. So nannte er seine selbst gebaute Bombe. Mit ihr hätte dieser einfache Mann etwa 50 Millionen Menschenleben retten können. Nur ein Augenblick fehlte dem schwäbischen Schreiner, um Hitler samt dessen engstem Zirkel am 8. November 1939 in die Luft zu sprengen. Dann wäre es nicht zu diesem Kriegsverlauf gekommen. Nicht zum Holocaust. Und nicht zu dieser Apokalypse.

Es gibt nur wenige Fotos von Georg Elser, und auf denen, die die SS und Gestapo aufgenommen haben, sieht er nach tage- und nächtelangem Verhör ausgemergelt, misshandelt und verwahrlost aus. Ein unrasiertes, gezeichnetes Gesicht, mit dem seine Peiniger Propaganda machen wollten. Dabei war Elser ein selbstbewusster Mensch mit klarem Blick und verschmitztem Lächeln. Etwas Unternehmungslustiges lag in seinen Zügen, etwas Eigenständiges und Unabhängiges. Der Mut eines Alleingängers, der so fest und unzerstörbar war, dass er selbst die Nazis verwirrte.

30 Abende lang ging Georg Elser in den Bürgerbräukeller, bestellte dort immer das einfachste Gericht für 60 Pfennige und wartete, bis er unbemerkt in der Besenkammer verschwinden konnte. Dort harrte er stundenlang aus, bis das Lokal schloss, stieg auf die Empore und kniete sich vor eine der tragenden Säulen. Es war die, die direkt hinter dem Pult stand, an dem Hitler jedes Jahr am 8. November, dem Abend vor dem Jahrestag seines gescheiterten Putschversuchs, redete. Stück für Stück höhlte Elser sie aus, um darin seine selbst gebaute Zeitbombe zu deponieren. Sie sollte das Dach des Bürgerbräukellers einstürzen lassen. Nacht um Nacht lag er davor auf den Knien, auch als diese längst wund und zerschunden waren. Alle zehn Minuten musste er seine Arbeit so lange unterbrechen, bis wieder die automatisch eingestellte Klospülung im Bierkeller einsetzte und sein Hämmern und Meißeln übertönte.

Wenn der Hausmeister den Bürgerbräukeller am Morgen wieder aufschloss und der Betrieb wieder einsetzte, trug Elser den Schutt und Mörtel hinaus. Erst versteckt in einem Karton und später in einem Koffer. Den Inhalt kippte er in die nahe Isar zwischen Müllerschem Volksbad und Kabelsteg. Genau an die Stelle, wo sie bis heute am schönsten fließt. Wo sich im Sommer Tausende Münchner auf ihren Kiesbänken sonnen und in ihrem grünen, an dieser Stelle nur knietiefen Wasser baden. Wenn in der *Tagesschau* Wetterimpressionen von einem heißen Sommertag gebraucht werden, filmt ein Team des Bayerischen Fernsehens immer wieder diesen einen Ort.

Ich denke an Elser, wenn ich über die Fußgängerbrücke laufe und die fröhlichen Menschen sehe, die dort in der Sonne liegen. Ich stelle mir vor, dass dieser Mann an diesem Ort den Zweiten Weltkrieg verhindert hätte. Und ich denke daran, wie Elser, der noch am selben Tag des gescheiterten Attentats in die Fänge der Gestapo geriet, eisern schwieg, auch unter der Folter. Bis die Beamten ihn zwangen, seine Hose herunterzulassen. Seine zerschundenen Knie überführten ihn.

Elser fehlten ganze 13 Minuten, um Hitler in die Luft zu sprengen. Seine Bombe detonierte zwar genau zum von ihm berechneten Zeitpunkt, doch weil Hitler und sein Gefolge das nebelverhangene München nicht per Flugzeug verlassen konnten und auf den Zug ausweichen mussten, dauerte sein Auftritt kürzer als all die Jahre davor. Und so ging die Bombe hoch, als der Saal schon fast leer war. Acht Menschen tötete Elsers Bombe.

Heute ist der Bürgerbräukeller abgerissen. An seiner Stelle steht die Philharmonie und das Kulturzentrum Gasteig. Zwei Gedenktafeln finden sich dort. Eine in den Boden eingelassene Metallplatte trägt die Inschrift: »An dieser Stelle im ehemaligen Bürgerbräukeller versuchte der Schreiner Johann Georg Elser am 8. November 1939 ein Attentat auf Adolf Hitler. Er wollte damit dem Terror-Regime der Nationalsozialisten ein Ende setzen. Das Vorhaben scheiterte. Johann Georg Elser wurde nach 5 1/2 Jahren Haft am 9. April 1945 im Konzentrationslager Dachau ermordet.« Etwas davon entfernt erklärt ein Schaukasten Elsers Tat. Ich freue mich, dass immer wieder einmal Münchner eine Kerze davorstellen oder eine Blume ablegen.

So auch in Konstanz, wo Elser vom Bildhauer Markus Daum mit einer Büste verewigt wurde. Sie steht an der Stelle, an der er bei seinem Versuch, in die Schweiz zu fliehen, von der Gestapo festgenommen wurde. In Berlin gibt es seit 2011 das größte Elser-Denkmal. Der Schriftsteller Rolf

Hochhuth, der sich lange Zeit ärgerte über »das feindselige Nichtverhältnis der Deutschen« zu diesem Mann, hatte sich für die Installation eingesetzt. Das über 17 Meter hohe Werk von Ulrich Klages besteht aus einer Stahlsäule, die oberhalb der Baumkronen zum Profil des Attentäters geformt ist. Bemerkenswert ist auch ihr Standort: an der Wilhelmstraße, nahe der zerstörten Reichskanzlei Hitlers und des einstigen Führerbunkers.

Auch in seinem schwäbischen Heimatort Königsbronn, nicht weit von Ulm, steht ein Elser-Denkmal am Bahnsteig. So als wolle der echte Elser gleich nach München abfahren. Seinen Rumpf und seinen Kopf hat der Künstler Friedrich Frankowitsch aus einfachem Stahl gefertigt, der heute von Rost überzogen ist. Seine Hände, mit denen er so geschickt seine »Höllenmaschine« erbaute, sind dagegen aus Edelstahl und deswegen bis heute glänzend silbern. Mehrmals vergriffen sich Unbekannte an der Statue. Einer von ihnen verschmierte Elsers Gesicht im Jahr 2015 mit Bauschaum, von dem Reste noch am Denkmal kleben, als ich im Mai 2016 vor ihm stehe. Ich schaue weiter hinab und sehe, dass der Figur der kleine Finger an der linken Hand fehlt. Jemand sägte ihn allem Anschein nach mit einer Metallfräse ab. Derjenige wusste offenbar, dass er auch dem echten Elser fehlte.

Ein paar Schritte vom Denkmal steht das Haus, in dem im ersten Stock der Georg-Elser-Arbeitskreis eine Gedenkstätte eingerichtet hat. Elsers Standuhr tickt dort, wie ein Symbol dafür, dass sein Erbauer und seine Taten zwar vergangen, aber nicht vergessen sind. Auch seine Zither und sein Werkzeug liegen da, als hätte er nur mal eben den Raum verlassen. Viele Besucher erfüllen die Dauerausstellung mit Leben. Vom Erdgeschoss, wo ein Café untergebracht ist, dringt Stimmengewirr, Kuchenduft und das Klirren von Kaffeetassen nach oben.

Mehr an seine Tat als an den Menschen dahinter erinnert die Kunst, die in München ganz in der Nähe seiner Hinterhofwerkstatt in der Türkenstraße an eine Häuserwand geschraubt ist. Das Projekt von Silke Wagner stellt den Moment der Explosion heraus. Jeden Abend um 21.20 Uhr flackert ihre Fassadeninstallation aus Neonröhren in Form einer explodierenden Bombe feuerrot auf. Der Platz in Schwabing trägt Elsers Namen.

Von dieser Stelle sind es mit dem Auto 20 Minuten bis zur KZ-Gedenkstätte Dachau, wo man bis heute die Zelle, in der Elser gefangen war, besuchen kann. Ich laufe einen dunklen Gang entlang zu seinem klammen Kerker, den ein winziges Fenster kaum erhellt. Durch die Gitterstäbe, die vom Boden bis zur Decke reichen, konnten die Wachen ihn rund um die Uhr beobachten. Sie erlaubten ihrem Häftling zu musizieren und stellten ihm eine Zither in die Zelle. Wie ich nun vor den Gittern stehe, male ich mir aus, wie es wohl geklungen haben mag in diesem Gang, wenn Elser spielte? Welche Lieder er gespielt haben mag?

Hinter den Krematorien des einstigen Lagers liegt bis heute ein Wäldchen. Hier, verborgen vor den Blicken der Mitgefangenen, lag der Hinrichtungsplatz des KZ. Am 9. April 1945, wenige Tage vor der Befreiung des Lagers durch US-Soldaten, tötete ein SS-Oberscharführer Georg Elser, den »Sonderhäftling des Führers«, durch einen Genickschuss. Sein Leichnam wurde im Krematorium verbrannt. Hitler hatte aus seinem Führerbunker heraus den Befehl gegeben. In der schriftlichen Anweisung dazu wird der Tarnname »Eller« verwendet:

Folgende Weisung ist ergangen: Bei einem der nächsten Terrorangriffe auf München bzw. auf die Umgebung von Dachau ist angeblich ›Eller‹ tötlich (sic) verunglückt. Ich bitte, zu diesem Zweck ›Eller‹ in absolut unauffälliger Weise nach Eintritt einer solchen Situation zu liquidieren. Ich bitte besorgt zu sein, daß darüber nur ganz wenige Personen, die ganz besonders zu verpflichten sind, Kenntnis erhalten. Die Vollzugsanzeige hierüber würde dann etwa an mich lauten: ›Am … anläßlich des Terrorangriffs auf … wurde u.a. der Schutzhäftling ›Eller‹ tötlich verletzt.‹

Merkwürdig wirkt, dass es den Nazis offensichtlich unangenehm war, Elser zu ermorden. Bis zuletzt glaubten sie, hinter diesem Mann verberge sich ein Komplott von Geheimdiensten. Deswegen wollte Hitler ihn nach dem »Endsieg« in einem großen Schauprozess aburteilen lassen. Andere Nazigrößen wiederum trauten Elser diese Tat einfach nicht zu. Sie glaubten nicht, dass ein Schreiner zu einer solch komplexen Tat fähig war. Und selbst unter den Mithäftlingen Elsers in Dachau gingen Gerüchte um, die Elsers Andenken nach dem Krieg sehr geschadet haben. So übernahm auch der für seinen Widerstand gegen die Nazis bis heute verehrte Pfarrer Martin Niemöller die Verleumdung, Elser sei ein SS-Mann gewesen und von Hitler für Propagandazwecke benutzt worden, und verbreitete sie nach dem Krieg weiter.

Hitler selbst nutzte den Zufall, dass er Elsers Bombe überlebt hatte, für seine Mythenbildung aus. Wieder einmal wähnte er sich von der »Vorsehung« geschützt und ließ sich als Unverwundbarer feiern. Goebbels schrieb kurz nach Elsers missglückter Tat in sein Tagebuch: »Er steht doch unter dem Schutz des Allmächtigen!« Nach Hitlers »wunderbarer

Errettung« ließ der Minister im ganzen Reich die Kirchenglocken läuten. Ein Nuntius aus Rom überbrachte sogar die persönlichen Glückwünsche von Papst Pius XII. Die NS-Propaganda stellte Elser von nun an als kleines Rad im Getriebe des britischen Geheimdienstes dar. Diese Lügen trugen zum Desinteresse der meisten Nachkriegshistoriker an Elser bei. Erst als in den Sechzigerjahren seine Verhörprotokolle entdeckt wurden, änderte sich das Elser-Bild.

Es sollten aber noch einmal zwei Jahrzehnte vergehen, bis er endlich als derjenige anerkannt wurde, der er war: ein Mann mit großem Gewissen und ebenso großem Mut, der personifizierte Beweis, dass auch der »kleine Mann« schon früh das Unrecht des Naziregimes durchschauen konnte, wenn er denn wollte, und auch als Einzelner etwas dagegen unternehmen konnte. Elser begründete sein Tun in seinem Verhör schlicht so: »Ich wollte den Krieg verhindern.« Und dann gab er in drei knappen Sätzen eine zeitlose Botschaft zu Protokoll: »Ich bin ein freier Mensch gewesen … Man muss machen, was richtig ist. Wenn der Mensch nicht frei ist, stirbt alles ab.«

Elsers Mut und Konsequenz beeindrucken bis heute. Sie sind der Beweis, dass ein Einzelner, ganz auf sich gestellt, sehr wohl Verantwortung für das große Ganze übernehmen kann, und dass dafür manchmal weniger ein intellektueller Überbau vonnöten ist als vielmehr die unbedingte Bereitschaft, etwas zu wagen.

»Er war wie ein Vater für mich«, sagt Franz Hirth in seinem leisen Schwäbisch, als ich ihn im November 2015 in Stuttgart besuche. Wenn der 87-Jährige von seinem Onkel Georg Elser erzählt, liegt das Strahlen des kleinen Jungen in seinem Gesicht. So hat er auch seinen Onkel, den er von klein auf bewunderte und der ihn zärtlich »Franzerle« nannte, angestrahlt. Auf alten Fotos, die er mir zeigt, ist das zu sehen. Diese Bilder versetzen den weißhaarigen Mann mit der warmen Stimme und dem verschmitzten Lächeln zurück in seine Kindheit. Er verbrachte viele Jahre in Elsers Elternhaus in Königsbronn. »Damals gab es noch schneereiche Winter bei uns. Da hat er mir ein riesiges Schneehaus gebaut. Es war von ihm in seiner geschickten Art so konstruiert, dass es noch wochenlang hielt, selbst als es schon taute. Er war sehr aufmerksam zu mir als Kind und liebevoll. Er hat sich gekümmert um mich.« Der elfjährige Franz wunderte sich eines Tages sehr, dass sein Onkel ihm seinen teuren Fotoapparat überließ. Anderen in der Familie schenkte Elser seine Möbel, weil er angeblich wieder auf Wanderschaft gehen wollte.

Hirth wird den Tag im November 1939 nie vergessen, als zwei Gestapo-Männer die elterliche Wohnung durchsuchten und ihn und seinen Vater mitnahmen ins Hotel Silber, den Stuttgarter Gestapo-Hauptsitz. Hirths Mutter wurde zur gleichen Zeit an ihrer Arbeitsstelle verhaftet. »Seit diesem Tag habe ich meine Eltern nicht mehr gesehen, bis in den März hinein.« Für diese Monate steckten die Behörden ihn in ein Waisenhaus. Die damals entstandenen Zweifel beherrschten den Jungen noch Jahre nach dem Attentat seines Onkels. »Ich konnte mit niemandem darüber reden«, erinnert sich Hirth, denn die gesamte Familie verlor kein Wort über ihn. Mit diesem Tabu wuchs der Junge auf. Es rührte aus der Angst, etwas Falsches über Georg Elser zu sagen, was die Familie abermals in Gefahr hätte bringen können.

Das Schweigen über Elsers Tat sollte nicht nur in seiner Familie, sondern im ganzen Land fast 50 Jahre anhalten.

Die junge Bundesrepublik tat sich entweder schwer mit der Erinnerung an die Diktatur, sie litt unter ihr, oder sie verschwieg vieles lieber ganz. »Das war eine Belastung für mich und meine Familie. Wir wussten nicht, wo stand unser Georg?«, sagt Franz Hirth heute.

Mit 16 Jahren wurde er wenige Monate vor Kriegsende noch eingezogen und kämpfte bis zum Untergang. »Danach war ich einfach nur froh, das hinter mir zu lassen, und fragte nicht nach meinem Onkel.« Erst als im Jahr 1989 Klaus Maria Brandauer in dem Spielfilm *Georg Elser – Einer aus Deutschland* seinen Onkel verkörperte, sollte sich das ändern. »Wenn so ein toller Schauspieler die Rolle übernimmt«, dachte Franz Hirth, »dann musste doch etwas dran sein an ihm.« Nach einer Filmpremiere lernte er Brandauer persönlich kennen und war beeindruckt vom dem Burgtheater-Star – und endlich auch von der Tat und den Motiven seines Onkels, die er erst jetzt ganz verstehen und würdigen konnte. Hirth sagt: »Ab da konnte ich mich erst richtig für sein Leben öffnen.«

Es war die Zeit, als die Gedenkstätte Deutscher Widerstand in Berlin bei Franz Hirth anfragte, ob er denn noch Erinnerungen an seinen Onkel besäße. Und der fand sie ebendort, wo seine Mutter sie vor langer Zeit versteckt hatte: In der Schublade einer Nähmaschine, die Elser einst für sie gefertigt hatte, lagen alte Fotos von ihm.

Wenn Franz Hirth heute in seinem Wohnzimmer eines der alten Bilder heraussucht, streicht er mit dem Rücken des Zeigefingers über das Foto und lächelt seinen Onkel an. Wäre Elser alt geworden, hätte er vielleicht so ausgesehen wie sein Neffe. Ich jedenfalls habe den Eindruck, dass sie sich ähneln. Hirth sagt: »Jetzt ist die Erinnerung an meinen Onkel befreiend. Früher, als Junge, hatte ich mich für ihn geschämt.« Dann scheint es für Momente so, als ob sich Hirth für ebendieses Schämen heute, als alter Herr, erneut geniert. Denn er weiß ja, dass er seinem Onkel damals Unrecht getan hat, so wie fast alle. Hirth schweigt dann lange und ist sehr gerührt: »Heute ist er für mich ein ganz Großer. Ein großer Mann aus dem Volk. Ich bin stolz, ein Elser zu sein!«

Immer wieder betont Hirth, wie er Elser bewundert, dafür, dass er, der schlichte Mann, so wachsam war, früh den Wahnsinn erkannte und dagegen kämpfte. Was ihn heute besonders beeindruckt, ist das Selbstvertrauen seines Onkels, der sich als Jugendlicher bei den Kommunisten engagierte, sich später aber von ihnen abwandte und parteilos war. »Er sagte einfach: ›Ich werde das tun, ich werde das können, ganz allein, ohne mit jemandem darüber zu sprechen.‹« Nur Gott im Gebet vertraute sich der gläubige Katholik an, das steht in seinen Verhörprotokollen.

Lange suchte Franz Hirth nach Spuren seines Onkels. Und fand irgendwann heraus, dass Elsers unehelicher Sohn Manfred Bühl, der 1930 geboren wurde, noch leben müsste. Dieser hatte seinen Vater nie kennengelernt und war lange Zeit seines Lebens ebenso vom großen Schweigen in seiner Familie umgeben. Seine Mutter hatte, nachdem sich Georg Elser von ihr getrennt hatte, einen Nazi geheiratet. Und so war der Name Elser ein Unwort im Hause der Bühls, und dem Sohn verschwieg man die Identität seines leiblichen Vaters. Nur weil Manfred Bühl kindliche Neugierde umtrieb, erfuhr er eines Tages, wer sein Vater gewesen war. Es war der Tag, an dem Manfred Bühl ein Foto im Schmuckkästchen seiner Mutter fand. Der Junge ahnte, dass der Mann darauf eine besondere Rolle im Leben seiner Mutter gespielt haben musste, und fragte sie nach ihm.

Worauf Mathilde Bühl das Foto zerriss; schließlich hatte Elser sie allein gelassen mit dem Kind. Als die Gestapo später auch sie als Elsers ehemalige Freundin verhörte und quälte, konnte sie über Elsers Plan und Tat nichts preisgeben. Denn Elser hatte auch sie nie eingeweiht in sein Tun.

Manfred Bühls Neugier hielt ein Leben lang an. Er suchte nach Spuren des Lebens jenes Fremden, der sein Vater gewesen war. Alles, was er fand, heftete er in zwei Ordner und verwahrte sie als seinen ganz persönlichen Schatz in ebenjener Schmucktruhe, die Elser einst für seine Freundin Mathilde geschreinert hatte. In den Deckel des Kästchens schnitzte Manfred ein »M«.

Erst als Elser in den Achtzigerjahren endlich Anerkennung fand in Deutschland, wagte sein Sohn, sich zu seinem Vater zu bekennen. Im Jahr 1984, zur Premiere des Theaterstücks *Johann Georg Elser. Ein deutsches Drama* in Heidenheim, bat er den Autor des Stücks, Peter-Paul Zahl, um eine Eintrittskarte: »Ich muss hier rein, ich bin sein Sohn.«

Seine Mutter Mathilde war schon 1980, wenige Jahre, bevor Elser endlich die verdiente Würdigung zuteil wurde, gestorben: »Hätte meine Mutter das noch erlebt, hätte sie vielleicht doch ihren Frieden mit jenem Mann gemacht, der sie, 22-jährig, mit einem Kleinkind sitzen gelassen hatte«, sagte Bühl. Er glaubte zeitlebens, dass sein Vater sich nur deswegen von ihm und seiner Mutter getrennt hatte, um ungebunden zu sein für sein Vorhaben. Und auch, um seine Familie zu schützen. Andernfalls wäre sie Opfer der Gestapo geworden. Bühl war überzeugt: »Mit Frau und Kind in Konstanz hätte er niemals gewagt, was er gewagt hatte.«

Sechs Wochen vor seinem Tod im Jahr 1997 meldete sich Bühl bei Franz Hirth, weil er ihn endlich kennenlernen wollte. Doch er starb, bevor das Treffen stattfinden konnte.

In den Neunzigerjahren luden die Ordensschwestern des Klosters Karmel Heilig Blut, das an das alte Lager in Dachau grenzt, Franz Hirth zu einem Kolloquium ein. Hirth blieb über Nacht, und als er nicht einschlafen konnte in seiner kargen Klosterzelle, spürte er, wie sich sein Onkel wohl gefühlt haben musste an diesem Ort. »Mir wurde bewusst, was ein Mensch alles durchmachen musste.«

Wie sein Onkel ist auch Franz Hirth technisch begabt. Er war Vermessungsingenieur bei der Stadt Stuttgart. »Auch ich musste exakt und genau sein in meiner Arbeit«, sagt er mit Stolz in der Stimme und ist glücklich, dass auch sein Sohn einen technischen Beruf ergriff und sich somit das Talent Georg Elsers ein weiteres Mal vererbt hat. »Der ist beim Daimler«, sagt der Vater über ihn, »und er hat wie sein Uronkel früh in seinem Leben Sachen erfunden und gebaut. Er hat sogar seinen ersten Computer selbst konstruiert.«

Hirth ist sehr zufrieden, dass »mein Onkel endlich den richtigen Platz in der Öffentlichkeit bekommen hat«. Mit dem Bild, das er von Elser im Herzen trägt, macht sich Franz Hirth auch heute noch auf den Weg und spricht vor Schulklassen über ihn. Verblüfft und erfreut war er, als er den Schauspieler Christian Friedel kennenlernte, der seinen Onkel im jüngsten Elser-Film von Fred und Léonie-Claire Breinersdorfer und Oliver Hirschbiegel spielte. »Genau so war mein Onkel, genau so hat er geredet und sich bewegt.«

»Auch heute werde ich von ihm träumen«, sagt Franz Hirth bei unserem Treffen. Die Erinnerung verfolgt ihn zuverlässig, wenn er über Georg Elser gesprochen hat. Zum Abschied zeigt mir Hirth noch sein liebstes Erinnerungsstück, ein Tablett, in das Georg Elser feine Intarsien eingearbeitet hat. Franz Hirth hält es stolz vor seine Brust und fragt: »Hat er das nicht schön gemacht?«

»Ich atmete Hoffnung«

Der Letzte von Schindlers Liste

Der Held lebte in Appartement 63 im sechsten Stock. Von 1965 bis zu seinem Tod im Jahr 1974 war er hier gemeldet. »Am Hauptbahnhof 4« lautet die Adresse. Vor Dönerläden setzen sich Süchtige ihren Schuss, Frauen verkaufen ihre Körper, Trambahnen kreischen, Reisende strömen in den und aus dem Bahnhof. Kaum einer von ihnen ahnt, wer hier einst gegenüber den Gleisen gewohnt hat. Denn auf die Idee, den austauschbaren Namen »Am Hauptbahnhof« durch seinen zu ersetzen, ist die Stadt Frankfurt nicht gekommen. An den Mann, den die ganze Welt heute bewundert, der sein Leben riskierte für das Leben von 1200 Juden, erinnert nur ein von Abgasen geschwärztes Messingrelief an der Hauswand.

Das Porträt zeigt Oskar Schindler kurz vor seinem Tod. Die Nase, die aus dem Relief hervorragt, ist ganz blank, weil einige Betrachter sie häufig berühren. Manchmal öffnet sich die Haustür von Haus Nummer 4, und Menschen mit unglücklichen Gesichtern oder Plastiktüten voll leerer Flaschen treten heraus. Aus dem Treppenhaus weht ein stickiger Geruch. Und Verlorenheit.

Immer wenn mir in Frankfurt beim Umsteigen etwas Zeit bleibt, gehe ich von den Gleisen kurz zu seinem Haus hinüber, stehe vor dieser Fassade und schaue empor. Auf einem der zig Klingelschilder steht tatsächlich der Name Schindler. Einmal klingele ich dort und steige hinauf. Doch der Bewohner weiß mit seinem Namensvetter nichts anzufangen. Er zuckt bloß seine Schultern und schlägt die Tür wieder zu.

Es gibt nur eine winzige Filmsequenz, die den echten Schindler zeigt. Aufgenommen wurde sie für eine Dokumentation in der Nachkriegszeit. Da schlendert der schon vom Leben gezeichnete Lebensretter über den Platz vor dem Hauptbahnhof. Ein Mann von imposanter Statur und mit basstiefer Stimme, mit der er den tosenden Verkehr übertönt. Sein Gesicht spiegelt noch seine alte Entschlossenheit und seine Lust am Leben wieder, aber genauso schon seinen Niedergang: zu viel Einsamkeit, zu viel Misserfolg, zu viel Alkohol.

Als Oskar Schindler lange nach dem Krieg verarmt und vergessen auf 20 Quadratmetern in Frankfurt wohnte, stand ein Frankfurter Ehepaar namens Friedman ihm bei. Deren Sohn ist heute sehr bekannt, es ist der Fernsehmoderator und Publizist Michel Friedman. Er hat schon in seiner Jugend in Deutschland immer den Satz hören müssen: »Was hätte ich, was hätte denn der Einzelne gegen Hitler tun können?« Friedman musste dann immer an Oskar Schindler denken, den Mann, der seine Mutter, seinen Vater und seine Großmutter gerettet hatte. In seiner Familie waren sie die Einzigen, die die Schoah überlebten.

Michel Friedmans Mutter und Großmutter gehörten zu den 300 »Schindler-Jüdinnen«, die der Industrielle in seine Obhut nahm. Als Michel Friedman 13 Jahre alt war, feierte die Familie seine Bar Mitzwa, seine religiöse Mündigkeit, mit einem großen Fest. Und Oskar Schindler kam als Ehrengast. Nach ihm nannten Friedman und seine Frau Bärbel Schäfer ihren zweiten Sohn, der 2008 geboren wurde, Oskar.

Im Wirtschaftswunder-Deutschland, in dem Familien wie die Friedmans zu ihm hielten, galt Schindler vielen anderen als »Judenfreund« und »Verräter«. Er litt darunter, zog sich zurück. Dass er davon träumte, dass jemand seine

Geschichte erzählt, vielleicht sogar verfilmt, belegen Briefe aus seinem Nachlass. Darunter ist auch ein Schreiben an den großen deutschen Regisseur Fritz Lang, der zwar Interesse zeigte, doch ein Film wurde nie daraus. Erst zwei Jahrzehnte nach Schindlers Tod entriss der Hollywood-Regisseur Steven Spielberg ihn dem Vergessen mit seinem oscarprämierten Werk.

Der Retter kam nach dem Krieg nie mehr richtig zurecht und wurde selbst zum Hilfsbedürftigen. Er scheiterte als Unternehmer, unter anderem als Pelztierzüchter in Argentinien, und kehrte verschuldet zurück nach Deutschland. Dutzende Bitt- und Dankesbriefe an »seine« Juden in Israel birgt sein Nachlass, außerdem viele, die seinen Kampf um eine Rente bezeugen, die er schließlich auch bekam: 300 DM »Ehrensold« vom Bundespräsidenten. Doch das reichte nicht. Und so trennte er sich schließlich sogar von seinem kostbarsten Besitz, der von seinen Heldentaten erzählt: ein goldener Ring, den ihm »seine« Juden kurz vor ihrer Befreiung geschmiedet hatten – aus ihrem Zahngold, denn etwas anderes besaßen sie ja nicht mehr. Eingraviert hatten sie den jüdischen Vers: »Wer auch nur ein Leben rettet, rettet die ganze Welt.«

Ein Mann, der Schindler sein Leben verdankt, kann mir im Jahr 2013 bei einem Treffen in Köln noch davon erzählen. Er hat ein Pseudnonym und eine Geheimadresse. Man kann ihn nicht direkt erreichen, sondern muss bei Freunden von ihm um ein Interview bitten.

Wir haben uns in Michael Emges Lieblingscafé verabredet. Im Kaufhaus gegenüber arbeitete er noch als Rentner lange Jahre. Denn dafür, dass er sein Leben lang unter den körperlichen und seelischen Schmerzen litt, die ihm im KZ zugefügt wurden, bekam er nur eine lächerlich kleine Entschädigung vom deutschen Staat.

Er kommt mit der U-Bahn. Der kleine, zarte 84-Jährige geht langsam, aber aufrecht. Nichts hat ihn brechen können. Und doch achtet er immer darauf, dass niemand zu nah hinter ihm herläuft. Er wartet vor der Rolltreppe der U-Bahn-Station, bis die Menschen um ihn herum verschwinden, bis er niemanden mehr in seinem Rücken spürt. »Sie kamen meist von hinten, sie schlugen von hinten zu«, sagt Michael Emge über seine Peiniger. »Dieses Gefühl ist mir geblieben.« Deswegen dreht er sich heute noch um, bevor er die Rolltreppe nimmt. Sie trägt ihn ganz allein aus dem Dunkel des U-Bahn-Schachts in den Maitag. Emge blinzelt in die Sonne.

Er ist der letzte Überlebende in Deutschland, dessen Name auf Schindlers Liste stand. Vor 20 Jahren drehte Steven Spielberg seinen bedeutendsten Film, ein Denkmal für den Holocaust – und für einen bis dato unbekannten Helden, der 1974 verarmt und vergessen von seinen Landsleuten starb. Oskar Schindler, der Mann, der die SS bestach, ihr die Juden mit all seinen Millionen abkaufte und sie in seiner Emailwarenfabrik in Krakau als kriegswichtige Arbeiter beschäftigte.

Michael Emge verdankt Schindler sein Leben. »Er war ein guter Mensch«, sagt er. Dann schweigt er für Sekunden. »Privat aber war er auch ein Schuft. Alkohol, Frauen, Geld. Diese drei Dinge waren ihm wichtig.« Schindler war ein Geschäftsmann, der Hennessy-Cognac, englische Zigaretten und alle hübschen Frauen liebte, die ihm begegneten. Er sei auch deswegen gut zu »seinen« Juden gewesen, weil er reich mit ihnen geworden sei, sagt Emge: »Er war durchaus zunächst auf seinen Vorteil bedacht.«

Zweimal hat der Rentner den berühmten Film gesehen, mit kritischem Blick: »Als kommerzieller Film ist er brillant. Ein Hollywood-Meisterwerk. Als Dokumentation ist er aber eher nicht zu gebrauchen.« Der Film unterschlage unter anderem, welch wichtige Rolle Schindlers Frau Emilie gespielt habe. »Sie versorgte uns mit Essen. Ihr Mann war der Prinz, der sich nicht um solche Kleinigkeiten kümmerte. Sie aber schmuggelte auch die Brillanten nach Berlin, um die ›Schindler-Jüdinnen‹, die nach Auschwitz deportiert wurden, zurückzuholen.« Im Film und in der Erinnerung anderer Überlebender ist es Schindler selbst, der die Edelsteine dem Kommandanten von Auschwitz bringt.

Auch deswegen will Emge seine Wirklichkeit erzählen. »Der liebe Schindler trug das blutrote Parteiabzeichen der NSDAP, das dürfen Sie nicht vergessen«, sagt Emge gleich zu Beginn unseres Gesprächs. Mit dem Blutorden, den nur die treuesten Nazis bekamen, konnte Schindler die Mächtigen beeindrucken und so Menschen retten. Schindler machte nie einen Hehl daraus.

Doch der Lebemann im Maßanzug samt Seidenhemd, dem eine Wolke Rasierwasser hinterherwehte, wenn er durch seine Fabrik spazierte, hatte sich verändert. Nachdem er Zeuge der Naziverbrechen geworden war, kaufte er die Juden nicht länger, um sie als Arbeitssklaven auszubeuten, sondern um sie zu retten. Alte, Kranke, Kinder. Darunter Michael Emge, damals zwölf Jahre alt. Bis heute weiß Emge nicht, wer dafür warb, ihn auf die Liste zu setzen. Er vermutet, dass es der SS-Kommandant des Gettos Bochnia, Franz Müller, war, der dafür seinen guten Draht zu Schindler ausspielte. In Bochnia musste Emge mit seinem jüdischen Vater und seiner katholischen Mutter seit 1939 leben, nachdem man sie aus ihrer Heimat nahe Krakau vertrieben hatte. Von dort später als »Halbjude« ins KZ Plaszow deportiert, entging der Junge dem Tod auf spektakuläre Art. Er hört sie heute noch, die Kinderlieder auf den Schellack-Platten, die die SS-Männer an diesem Tag über Lautsprecher im ganzen Lager erschallen ließen. »Mamatschi, schenk mir ein Pferdchen« oder »A jiddische Mame«. »Die Mütter liefen hinter den Lastwagen her, schrien: ›Unsere Kinder! Unsere Kinder!‹ Da kurvten die Fahrer der Wagen hin und her und überfuhren ein paar der Mütter.« Emges Stimme bricht.

Einige Kinder schafften es kurz zuvor in Verstecke, sprangen sogar in die Jauche der Latrinen, die ihnen bis zum Hals stand. Doch Michael Emge hatte sich kein Versteck überlegt. Ein Wachmann trat auf ihn zu, zerrte ihn über den Schotter: »Du musst zu den Hunden! Los!« Er schleifte den Jungen zu den Zwingern mit den Wachhunden, die darauf abgerichtet waren, Menschen zu fassen und zu zerfleischen. Unter ihnen die beiden Doggen des sadistischen Lagerkommandanten Amon Göth.

»Wie ein König ritt Göth auf seinem Pferd durch das Lager«, erinnert sich Emge. Seine Doggen, Rolf und Ralf, hinterher. Ein Wort von Göth reichte, und sie stürzten sich auf die Gefangenen. Tage zuvor schon hatte man Emge befohlen, in den Zwinger zu gehen, um die Hunde zu versorgen. Es wäre sein Todesurteil gewesen, wäre ihm nicht die Idee gekommen, den Schäferhund des Getto-Kommandanten Müller, um den er sich kümmern durfte, mit hineinzunehmen. Und so betrat er todesmutig den Zwinger. Die Doggen überragten den Jungen, beschnupperten ihn und den Schäferhund aber nur. Und Emge streichelte sie. Er weiß es noch wie heute, wie weich sich die Schnauzen der Bestien anfühlten. Den Hunden hat Michael Emge sein ganzes

Leben lang die Treue gehalten. Immer hatte er einen Begleiter an seiner Seite, zuletzt einen Jack Russell Terrier.

Die Wunden von damals sind Emge geblieben, die sichtbaren und die unsichtbaren. Seine dunklen Augen liegen in einem schmalen Gesicht, seine Stimme ist heiser und brüchig. Er krempelt jetzt sein Hosenbein hoch bis über das Knie, um mir eine auffällige Narbe zu zeigen. An jener Stelle hatte ihm ein KZ-Arzt im Lager monatelang eine halb offene Dose mit Läusen ans Bein gefesselt. Die Tiere fraßen sich ins Fleisch. Doch das ist alles, was er von seinem eigenen Leid erzählt, stattdessen lenkt er die Aufmerksamkeit lieber auf das der anderen. »Es gab Strafsanktionen für Kartoffeldiebe. Sie wurden am Galgen aufgehängt, nur ihre Zehenspitzen berührten den Boden. Man band ihnen die Hände auf dem Rücken zusammen und steckte ihnen eine Kartoffel in den Mund«, erinnert er sich. »Sechs, sieben Stunden dauerte die Folter, und wir alle mussten Spalier stehen.« Dann erzählt Emge von dem Arbeiter in der Schindler-Fabrik, den Kommandant Göth erschießen lassen wollte. Wie im Spielberg-Film ging auch der echte Mann auf die Knie, ein SS-Mann zielte auf seinen Kopf, drückte ab, aber es löste sich kein Schuss. Andere SS-Männer kamen hinzu und versuchten ebenfalls, den Mann zu erschießen, der um sein Leben flehte. Doch auch ihre Pistolen gaben keinen Schuss ab. Er überlebte.

Als einziger von 65 Familienangehörigen überlebte auch Emge. Woher nahm er die Kraft? »Ich stand allein. Wie eine Säule.« Vielleicht war es die Hoffnung, die ihn aufrecht hielt, die Aussicht, seine Mutter wiederzusehen, die auch auf der Liste stehen sollte. Die getrennt von ihm im Schindler-Werk in Krakau arbeitete, während er der Lagerwerkstatt im KZ Plaszow zugeteilt war. 1944 sollten alle

»Schindler-Juden« in die neue Fabrik des Industriellen nach Brünnlitz verlegt werden. Dafür hatte Schindler seine legendäre Liste anfertigen lassen. Doch Emges Mutter stieg in den Zug, der die Frauen nicht ins rettende Brünnlitz, sondern fälschlicherweise nach Auschwitz brachte. Ihr Sohn blieb allein zurück.

»Ich habe mir in meiner Fantasie immer den Moment ausgemalt, den Tag, an dem ich meine Mutter wiedersehe, wie wird er wohl sein?« Die Hoffnung, sie trug ihn bis ans Ende des Jahres 1945, als er erfuhr, dass seine Mutter in Auschwitz verraten worden war. Eine Mitgefangene hatte sich für sie ausgegeben und war gerettet worden, so wie fast alle anderen »Schindler-Frauen«, die Auschwitz wieder verlassen durften, weil Schindler sich persönlich für sie verwendet hatte. Michael Emges Mutter aber blieb und kam um. Von da an lebte Emge mit dem Gefühl, für das es das deutsche Wort »mutterseelenallein« gibt. Es hat ihn nie mehr losgelassen. Gebetet hat er damals oft. Bis heute tut er es, mehrmals am Tag. Es sind die einfachen katholischen Gebete, die ihn die Mutter gelehrt hatte, mit denen er sich an den lieben Gott im Himmel wendet.

Bis *Schindlers Liste* in die Kinos kam, sprach Emge selbst kaum von sich. Selbst seiner Frau konnte er erst nach zehn Jahren Ehe vom Unsagbaren berichten. 2010 feierten sie Diamantene Hochzeit. »Ich sage Ihnen: Ja, es gibt sie, die Liebe fürs Leben.« Seiner Frau vertraut er. Den meisten anderen Menschen nicht. Als er vor 20 Jahren begann, unter seinem richtigen Namen als Augenzeuge aufzutreten, erreichten ihn so viele Drohbriefe und -anrufe, dass er sich auf Anraten der Polizei das Pseudonym Michael Emge zulegte.

Nach dem Krieg hatte Emge zunächst in Polen Musik studiert und dort in einem Orchester gespielt, bis er 1958 nach Israel übersiedelte. 1966, zum Prozess gegen den SS-Getto-Kommandanten Franz Müller, reiste Emge von dort nach Deutschland. Er entlastete den SS-Mann. Und blieb in Deutschland, wo er als Barmixer in einem Düsseldorfer Hotel und zuletzt als Verkäufer in ebenjener Karstadt-Filiale in Köln arbeitete, vor der wir 2013 bei unserem Treffen im Café sitzen. Zu diesem Zeitpunkt lebt er von 345 Euro Rente.

Ich male mir aus, wie dieser schmale Mann hinter den Verkaufsständen gestanden hat. Und wie viele Tausende von Menschen ihm dort begegnet sind, die nichts von ihm und seiner Geschichte geahnt haben. Es ist schwer vorstellbar für mich, dass ein Mann, der die Deutschen einst so fürchten musste, dem niemand half, als er in Not war, als alter Mann zu so vielen Deutschen freundlich war. Ähnlich schwer vorstellbar ist, dass ein Berufsmusiker mit feinem Gehör den ganzen Tag das Kaufhausgedudel anhören musste, das auf ihn niederrieselte.

Die Liebe zur Musik ist ihm trotzdem geblieben. Sie hüllt ihn ein, heilt ihn, wenn ihn das Grauen der Vergangenheit übermannt. Dann legt er in seiner kleinen Wohnung die alten Kassetten in den Recorder und taucht in die Melodien von Tschaikowsky und Brahms ein. An guten Tagen lässt er Sammy Davis Jr. singen. Doch in der Stille kehren die Erinnerungen zurück: Vor allem, wenn er von seinem Gestern erzählen soll, schreckt auch dieser Mann schon Nächte vorher aus dem Schlaf. Als Erstes geistert ihm dann immer seine Häftlingsnummer durch den Kopf. Als müsste er sie noch heute laut vor sich hersagen, steht über allem jene Zahl: 73693.

Seine Stimme klingt erschöpft, wenn er vom Rauch erzählt, den er atmete, als die SS die Baracken im Getto

Bochnia niederbrannte und Menschenleichen in die Flammen warf. Er erinnert sich, wie sich der süßliche Gestank festsetzte in seinem Hals und dass Asche vom Himmel regnete. Kurz vor Kriegsende kam endlich der Tag der Befreiung. Und des Abschieds. Schindler trat ein letztes Mal vor die Arbeiter seiner Fabrik in Brünnlitz. Emge hört bis heute, wie jemand anfing, jüdische Lieder zu singen, und alle einstimmten. »Die Klänge umwoben mich, zogen in mich ein. Einen Moment atmete ich Hoffnung.« Diese Szene, im Film verewigt, erlebte Emge als ein typhuskranker, auf 27 Kilo abgemagerter 15-Jähriger. Er stand neben dem Arbeiter, der seine Goldzähne gab, um aus ihnen ein Abschiedsgeschenk für Schindler zu schmieden. »Er hat geschrien. Mit einer Zange haben sie ihm die Zähne herausgerissen.« Das Gold schmolzen sie ein und gossen daraus einen Ring.

Oskar Schindler ging nach dem Krieg nach Regensburg, München und Argentinien. Sein alter Erfolg kam nie mehr zurück. »Er konnte nicht mit Geld umgehen, er hatte alles verzockt«, sagt Emge. Schindler kehrte heim nach Deutschland, mietete sein schäbiges Zimmer am Frankfurter Hauptbahnhof und hoffte auf Hilfe. »Doch für viele Politiker war er ein Vaterlandsverräter. Das hat ihn tief gekränkt.« Viele »seiner« Juden versorgten ihn mit Geld, Israel ehrte ihn als »Gerechten unter den Völkern«. Den legendären Ring aus dem eingeschmolzenen Zahngold verspielte er beim Pokern im Frankfurter Bahnhofsviertel, berichtet Emge. Das Schmuckstück ist seitdem nie wieder aufgetaucht. »Der heutige Besitzer weiß wahrscheinlich gar nicht, was er an ihm hat«, sagt Emge.

Auch Emge ist nicht viel geblieben aus der Schindler-Zeit, nur ein vergilbtes Stück Papier. Er zieht es behutsam aus der Innentasche seiner Jacke, beinahe bricht es am Falz entzwei. Emge lächelt versonnen, denn was er da in seiner Hand hält, bedeutet nicht weniger als sein Leben. Es ist der Entlassungsschein aus Schindlers Krakauer Fabrik. Mit seinem Zeigefinger fährt Emge über die großen Bögen der Unterschrift, als wolle er sie nachzeichnen. Sie stammt von Itzhak Stern, Schindlers Buchhalter, den in Spielbergs Film Ben Kingsley spielt.

Dieser Film führt sehr spät in Emges Leben noch zu einer besonderen Begegnung. 2007 stößt die erst zehnjährige Violinistin Judith Stapf auf die Titelmelodie von *Schindlers Liste*. Von da an beschäftigt sie sich intensiv mit dem Holocaust und sucht irgendwann Kontakt zu Michael Emge. Das Buch *Spiel mir das Lied vom Leben* der Journalistin Angela Krumpen erzählt von Emges Leben und seiner großväterlichen Freundschaft zu dem Mädchen, das wie Emge schon als Kind virtuos auf der Geige spielt.

Nach unserem Gespräch begleite ich Michael Emge zur U-Bahn. An der Rolltreppe wartet er wieder, bis alle an ihm vorbeigezogen sind. Der Zug fährt ein, seine Bremsen lärmen, und so scheint es, als habe er meine letzte Frage überhört: Ob er je wieder glücklich wurde in seinem Leben? Kurz bevor er einsteigt, antwortet er: »Ich war zufrieden in meinem Leben … Aber glücklich? Nein, glücklich wurde ich nie mehr.«

Michael Emge starb im August 2014 mit 84 Jahren. Mit dem Tod bekam er seinen wirklichen Namen zurück. Die Traueranzeige in der Zeitung lautete auf den Namen, der auf Schindlers Liste stand: Jerzy Gross.

»Warum hat er mich bloß allein gelassen?«

Ein Treffen mit Emilie Schindler

Es ist die Schlussszene in *Schindlers Liste*. Es ist der Moment, in dem die schwarz-weißen Bilder auf einmal Farbe annehmen, in dem sie das Gestern ins Heute holen. Plötzlich sehen die Filmzuschauer die Geretteten in der Gegenwart, als alte Menschen. Ein Zeitsprung von fünf Jahrzehnten.

Der Film ehrt und verewigt einen Mann, den die Deutschen vergessen hatten. Und seine letzten Szenen zeigen das Vermächtnis dieses Helden gegen Hitler: die von ihm Geretteten. Unterlegt sind die Bilder mit der Titelmelodie des Films, die durch dieses Meisterwerk wogt wie ein Wellenschlag. Auf YouTube kann man die Sequenz ansehen. Bis heute versetzt das Geigenspiel von Itzhak Perlman die Zuhörer in eine schmerzhafte Stimmung. Es erinnert an die sechs Millionen Ermordeten – und an diesen besonderen Ort.

Dieser Ort liegt in Jerusalem, wo Oskar Schindler begraben ist und wo Spielberg die Schauspieler des Films mit den tatsächlichen »Schindler-Juden« zusammenkommen lässt. Alle Gräber auf diesem katholischen Franziskanerfriedhof liegen auf dem Rücken des Zionsberges, und von allen geht der Blick in die Ferne und zum Horizont.

Im Jahr 1993 sind viele der Überlebenden schon gebrechlich, und so werden sie von ihren jungen Darstellern gestützt und geführt. Steven Spielberg hatte für diese letzte Szene Hunderte von »Schindler-Juden« aus der ganzen Welt nach Jerusalem eingeladen, um deutlich zu machen, wie viele Leben sein Filmheld hinterlassen hat, der dort seit 1974 unter einer Steinplatte begraben liegt.

19 Jahre nach seinem Tod defilieren sie an Oskar Schindlers Grab vorbei, und jeder legt, wie es jüdischer Brauch ist, einen Stein darauf. Am Ende der Szene sind es so viele, dass die Inschrift kaum mehr zu lesen ist: »Der unvergessliche Lebensretter 1200 verfolgter Juden«, steht da eingemeißelt. Schindler hatte sich gewünscht, dort begraben zu sein, »wo meine Kinder sind«: die Nachkommen seiner »Schindler-Juden«.

Im Jahr 1993 leben noch die meisten seiner Geretteten: etwa Danka Dresner, Ende 50, die sich als Mädchen vor der Selektion im KZ Plaszow rettet, indem sie sich zusammen mit drei weiteren Kindern in der Latrinengrube des Lagers versteckt. Ganz so wie es der Film zeigt.

Oder Henry und Leopold Rosner, die zwei Geiger, die in der Villa des KZ-Kommandanten Amon Göth Abend für Abend um ihr Leben spielen. Nach dem Krieg treffen sie Schindler in München in der Straßenbahn wieder und geben ihm und Emilie für ein paar Monate in ihrer Münchner Wohnung ein Quartier. Danach geht das Ehepaar nach Regensburg.

Niusia Horowitz, das kleine Mädchen, das Schindler im Film einen Geburtstagskuchen backt und dafür von ihm auf die Stirn geküsst wird. Danach küsst Schindler auch Niusia Horowitz' Mutter vor den Augen der versammelten SS-Leute, die es nicht fassen können.

Und dann Leopold Pfefferberg, der mit Schindler zu Beginn des Films noch Schwarzhandel treibt, bevor auch er ins KZ Plaszow kommt und dort von ihm gerettet wird. In der Schlussszene des Films wirft er dem toten Schindler am Grab einen Luftkuss zu. Pfefferberg verdanken wir es, dass Schindlers Geschichte überhaupt erzählt wurde. Er war es nämlich, der den Autor Thomas Keneally für Schindlers

Geschichte begeistert hatte. Keneally war eines Tages im Jahr 1980 Kunde in Pfefferbergs Lederwarengeschäft in Beverly Hills. Und Pfefferberg erzählte dem Schriftsteller derart begeistert von seinem Retter, dass Keneally mehr über ihn erfahren wollte – und schließlich sein Buch schrieb.

Pfefferberg sagte damals: »Schindler rettete mir mein Leben. Und ich versuche nun, ihm Unsterblichkeit zu geben.« Als Keneallys Buch fertig war, wandte sich Pfefferberg damit an Steven Spielberg. Immer wieder rief Pfefferberg in Spielbergs Büro an, bis sich dieser endlich – nach elf Jahren – überzeugen ließ. Pfefferberg wurde Berater von Spielberg und war beim Dreh dabei. Und er gründete die »Oskar Schindler Humanities Foundation«. Er sagte: »Nur wenn diese Organisation Wirklichkeit ist, werde ich meine Verpflichtungen erfüllt haben. Denn wenn ich nicht mehr am Leben bin und die ›Schindler-Juden‹ ebenfalls verstorben sind, wird diese Organisation und ihr Zweck immer noch bestehen.« Und so ist es bis heute.

Denn von den Männern und Frauen, die 1993 in der letzten Filmszene zu sehen sind, lebt kaum einer heute noch. Nicht Jerzy Gross alias Michael Emge, der der letzte in Deutschland lebende »Schindler-Jude« war. Nicht die Witwe von Itzhak Stern. Und nicht Emilie Schindler, die im Rollstuhl von ihrer Darstellerin Caroline Goodall über den holprigen Weg zum Grab ihres Mannes geschoben wird. Auch sie hält einen Stein in ihrer Hand. Doch sie schafft es vom Rollstuhl aus nicht, ihn auf die Grabplatte zu legen, weshalb Caroline Goodall das für sie übernimmt. In Emilie Schindlers Gesicht steht Rührung, aber auch etwas Widerstrebendes. Mit zur Seite geneigtem Kopf wirft sie einen Blick auf das Grab, in dem Zweifel und Enttäuschung liegen.

Fünf Jahre später, im Jahr 1998, sehe ich wieder diesen Blick. Emilie Schindler schaut mich aus kleinen, blitzenden Augen an, ihr Blick durchdringt mich. Dann widmet sie ihre Aufmerksamkeit wieder der Schwingtür des Münchner Hotels Vier Jahreszeiten, durch die Männer ins Foyer schlendern, die vielleicht so aussehen wie er einst. Sie tragen Maßanzüge und Manschettenknöpfe an den Hemdsärmeln und erinnern sie an ihn. »Ganz schick kam er ins Kasino von Krakau und sprach mich an. Wie ein Truthahn sah er aus, so fesch. Den Lump konnte ich ihm da noch nicht ansehen«, sagt Emilie Schindler. Sie lächelte ihn an, beim ersten Rendezvous. Das war 1938.

Das Lächeln ist der 91-Jährigen geblieben, die Bitterkeit über ihren Mann Oskar Schindler aber auch. Das Lächeln weicht jedenfalls schnell, wenn sie an das denkt, was der Film *Schindlers Liste* auslässt. »Ach, der Schindler. Dieser Lump. Der soll bleiben, wo er ist«, schimpft sie jetzt. Und als ob Schindler wie ein ungebetener Gast gerade zur Schwingtür des Hotels hereinkäme, reißt sie die Hand vom Krückstock und wischt abwehrend mit dem Arm durch die Luft. »Mit dem bin ich fertig!«

Nach dem Krieg flohen beide erst von Krakau nach München, dann nach Regensburg. Sie lebten in einer der wunderbaren Gassen der Altstadt nahe des Doms, die so eng stehen, dass kaum Sonnenlicht in sie hineinfällt. Heute erinnert eine Plakette an der Fassade dieses Hauses an die alten Bewohner. 1949 dann wanderte das Ehepaar Schindler nach Argentinien aus, nach San Vicente, ein Städtchen bei Buenos Aires. Schindler wollte dort eine neue Karriere starten, gründete eine Pelztierfarm – und scheiterte. Im Gegensatz zu ihrem Mann, der sie verließ und nach Deutschland zurückkehrte, lebt Emilie Schindler im Jahr 1998, als ich sie in München treffe, immer noch in San Vicente. Mit 22 Katzen und einem Hund.

Schindler, der Held, ist da schon lange tot, doch die Frau, ohne die er kein Held geworden wäre, ist sehr lebendig. »Ich will noch was erledigen«, sagt sie und legt die Hand, mit der sie gerade noch durch die Luft fuhr, wieder auf den Stock. »Solange ich am Leben bleibe, erzähle ich die Wahrheit über Schindler.« Ihre Stimme klingt, nicht nur wegen ihres kantigen böhmischen Akzents, drohend. Immer sagt sie nur »Schindler«, nie »Oskar«. Sie zupft an ihrer Weste, murmelt ein paar Schimpfwörter und setzt dann eine Pointe, über die sie selbst nicht schmunzelt: »Den Vornamen habe ich vergessen.«

17 Stunden Flug liegen hinter ihr, im Rollstuhl kam sie in München an. Ihr Zimmer im Vier Jahreszeiten teilt sie mit ihrer Freundin Erika Rosenberg, die als Tochter eines »Schindler-Juden« mit der Familie Schindler eng verbunden ist. Auch sie lebt bei Buenos Aires, schrieb 1996 Emilies Biografie und kümmert sich um sie. »Eigentlich bin ich nicht gewohnt, dass sich jemand um mich bemüht«, sagt Frau Schindler. Sie genießt die Aufmerksamkeit.

Die Witwe sitzt am Tisch des Hotel-Bistros und mustert den Kellner, der noch eine Weinschorle bringt, dann die Gäste, die sie mit Blicken streifen. »Hätte der Schindler das bloß nicht gemacht, mich mit den vielen anderen Frauen betrogen und auch noch das Trinken angefangen – er wär ein Mann gewesen. Doch er warf mit Geld um sich, und die Weiber fielen ihm um den Hals. Er ließ sich als Held feiern, und ich musste zusehen, wie ich die Menschen satt kriege.« Emilie Schindler hatte eine ähnliche Rolle inne wie Else Beitz, die Frau von Berthold Beitz. Ihre Männer retteten den Juden das Leben. Und die Gattinnen sorgten dafür, dass die Geretteten am Leben blieben. Emilie Schindler beschreibt das so: »Ich hab damals getan, was ich konnte. Ich musste ja, sonst wären die ›Schindler-Juden‹ verhungert.« Sogar ein Lazarett baute sie in Fabriknähe auf, wo sie die Kranken unter den Arbeitern wieder gesund pflegte. Furcht hat sie dabei nie gehabt, nicht vor den »Mistkerlen«, wie sie die Nazis nennt, und nicht vorm »Präsidenten«. Damit meint sie Hitler.

Jetzt legt Emilie Schindler die Hand vor den Mund, als ob sie ein Geheimnis erzählen will: »Das mit den Juden, das hat er gemacht, weil ein hoher Wehrmachtsoffizier, ein Halbjude, ihn bat, noch mehr Juden einzustellen. Wenn der Krieg zu Ende gehen würde, wollte man ihm viel Geld dafür geben. Doch sie am Leben halten, das musste ich alleine machen.« Da habe er sich schon »aus dem Staub gemacht«. Dann schweigt sie lange und schaut auf das Tischtuch. Sie blickt wieder auf, sieht Hilfe suchend zu ihrer Freundin: »Fragen Sie meine Freunde in Israel!« Erika Rosenberg nickt und sagt: »Emilie ist eine gerechte, tapfere Frau, uns mangelt es an Vorbildern, an Menschen, die sich für das Leben entschieden haben, wie sie.«

So weit die Version der Witwe. Doch nicht nur für sie war Oskar Schindler ein Mensch mit Widersprüchen: ein Lebemann und Opportunist mit dem blutroten Parteiabzeichen am Revers, der mit den SS-Offizieren in den Konzentrationslagern Gelage feierte – aber immer auch ein Menschenretter, der Juden aus diesen Lagern befreien konnte, weil er sich gut gestellt hatte mit den Nazis. Auch Emilie muss zugeben, dass Oskar die Idee zu der berühmten Liste hatte. Dass er es war, der die SS bestach, der Menschenleben für Millionen von Reichsmark freikaufte und sich so heillos verschuldete. »Ja, ja, stimmt schon. Aber er hatte keine Ahnung, wie man die Menschen auch beschützt und versorgt, das blieb an mir hängen.« Und dann stellt sie die Frage ihres Lebens, in der ihr ganzer Groll steckt, den sie gegen ihren Mann hegt, von dem sie sich nie scheiden ließ: »Warum hat er mich bloß allein gelassen?«

Die Begegnung mit Emilie Schindler ist für mich ein zwiespältiges Erlebnis. Sie kratzt an meinem Schindler-Bild, das ich in Kopf und Herz trage – was kein Schaden ist, weil es den Helden einmal mehr vermenschlicht. Emilie Schindler macht mich zum Mitwisser ihrer ganz persönlichen Enttäuschung. Sie fühlt sich bis heute derart verletzt von ihrem verstorbenen Mann, dass sie etwas von seinem posthumen Ruhm abzwacken und für sich haben will.

Das hätte sie eigentlich gar nicht nötig. Wie sie sich unter Einsatz ihres Lebens für die Geretteten aufopferte, ist dokumentiert, und dafür wird sie auch bewundert. Dass sie zugleich die Taten ihres Mannes schmälern will, zeigt auch sie als allzu menschliche Heldin. Ihr Mann war eben nicht nur ein Menschenfreund, sondern auch ein Frauenheld, und sie war eben nicht nur eine helfende und fürsorgliche, sondern auch eine enttäuschte Frau.

Ich sehe Emilie Schindler lange an und entdecke den Zorn, aber auch das Unerschrockene, Emanzipierte und Unangepasste in ihren Zügen. Eigentlich mag ich, wie offen sie sich bis heute die Wut auf ihren Schindler anmerken lässt. Er muss ein Mann gewesen sein, der niemanden in seiner Nähe kaltließ, wenn seine Frau nach über vier Jahrzehnten Trennung noch immer auf ihn schimpft und selbst ein von ihm Geretteter, wie der im vorigen Kapitel vorgestellte Jerzy Gross, bis heute mit ihm hadert.

Schindler, so sehe ich ihn, muss eine Urgewalt und auch eine Unwucht von einem Menschen gewesen sein. Ein

Schuft, ein Trinker, ein Spieler, ein Harsardeur, ein ausgebuffter Geschäftsmann und Kriegsgewinnler, der aber, als es darauf ankam, all sein Geld gab, um Menschen zu retten. Der sich dafür so hoffnungslos verausgabte, dass er danach nie mehr in seinem Leben richtig zu Erfolg kam. Vielleicht kann nur ein Mensch, der kein Maß, kein Mittelmaß kannte, der das Übermaß liebte, so übermäßig menschlich handeln. Nicht auszudenken, Schindler wäre geizig gewesen. Hätte er sich selbst nicht ein Leben mit zu vielen Frauen, Alkohol und Luxus gegönnt, hätte er je so viel für andere gegeben? Er lebte doch jeden Tag wie seinen letzten. Mag sein, er rettete auch deswegen so viele Menschen, die tatsächlich auf ihren letzten Tag warteten. Er war eben so ganz anders als die meisten: nicht nobel in seinem Benehmen, nicht moralisch in seinem Lebenstil, sondern anständig in seinen Taten.

Seine Frau kämpft noch nach Jahrzehnten um Dank und Anerkennung für sich selbst. Die bekommt sie im Jahr 1998, zumindest finanziell, endlich: Die Miete für ihr Haus zahlt die jüdische Stiftung »B'nai B'rith«. Die argentinische Regierung überweist ihr zudem 1800 Mark Rente und der deutsche Bundespräsident 500 Mark »Ehrensold« im Monat. Und doch empört sie sich: »Ich bin nicht so blöd, wie die Leute denken. Mir stehen sechs Prozent von den Filmrechten zu, die habe ich nie bekommen.« Ihre Forderungen hat sie sich gut überlegt vor ihrer Rückkehr in die »alte Heimat«.

Emilie Schindler ist verbittert. Auch ihr Lächeln, das sie immer wieder bemüht an diesem Tag, nimmt nichts von der Enttäuschung, die in ihren Worten liegt. Über den Tod hinaus hat sie Oskar seine Eskapaden nicht verziehen, und deshalb gönnt sie ihm auch nicht seinen späten Ruhm. »Auf

Schindler fiel nur das Licht, und das finde ich nicht gerecht.« Dabei gibt es viele, die auch Emilie Schindler die Ehre erwiesen. Beim Papst war sie und beim Bundespräsidenten Roman Herzog.

Inzwischen spürt sie den 17-Stunden-Flug. Sie ist müde geworden, sinkt noch mehr in sich zusammen. Erika Rosenberg bringt sie zum Lift. Ich frage sie, ob sie das gleiche Leben noch einmal leben würde, wenn sie könnte. Sie antwortet: »Jesus, Maria und Josef, noch mal den gleichen Ärger? Nein, dann lieber auf und davon!«

Eigentlich sollte es Emilie Schindlers letzte Reise in die alte Heimat sein. Doch noch bevor sie im Aufzug verschwindet, sagt die alte Dame: »Mal sehen! Ich weiß noch nicht, was ich hier alles erledigen muss. Aber wenn ich nicht sterbe, und da wär' ich schon froh drüber, dann komme ich wieder!« Und tatsächlich, Emilie Schindler wird schon bald wiederkommen nach Deutschland.

Der Grund dafür ist ein altes Gepäckstück. Kaum ein Jahr nach unserem Treffen in München taucht es auf. Der Schalenkoffer Marke Samsonite trägt die Initialen des Lebensretters: »0. S.«. Armin Strasser (ein Pseudonym) findet ihn im Herbst 1999 auf dem Dachboden seines Elternhauses in Hildesheim, tief unten auf dem Boden einer schweren Truhe, versteckt unter Bettlaken, Teppichen und alten Kleidern. Als der 52-Jährige den Koffer öffnet, liegt der komplette Nachlass Schindlers vor ihm, darunter auch ein vergilbter Zettel, der einst 1200 Juden das Leben rettete: Es ist Schindlers Liste.

Doch in den Tausenden von Briefen, Dokumenten und Fotos steckt auch ein noch unbekanntes Kapitel deutscher Nachkriegsgeschichte, das einen anderen, unbekannten

Schindler zeigt, den die Menschen im Nachkriegsdeutschland nicht kannten und nicht anerkennen wollten, worunter dieser litt. Einer, der seine Heldentaten und Glückszeiten schon für immer hinter sich hatte. Aber auch einer, dessen herzliche Verbindung zu einigen »seiner« Juden nie abgerissen war. Mosaiksteine einer unglücklichen zweiten Lebenshälfte. Ohne Spielbergs Film wären Schindlers Heldentaten vergessen worden, ohne den Koffer aber auch sein Leben nach der Liste.

Am Ende von Schindlers Lebens war Armin Strassers Mutter Annemarie seine letzte Vertraute und Geliebte. Er hatte sie im Urlaub am Strand von Tel Aviv kennengelernt und ging von 1971 bis zu seinem Tod im Jahr 1974 in ihrem Haus ein und aus, wo Armin und seine Frau Christa ihn als väterlichen Freund erlebten. Mitunter blieb der schwer Herzkranke, der eigentlich in Frankfurt wohnte, Monate in Hildesheim, und hier starb er auch. Nach seinem Tod verstaute Annemarie den Koffer auf dem Dachboden. Sie starb 1984, 13 Jahre später auch ihr Mann, der die Liebe seiner Frau zu Oskar Schindler toleriert hatte. Ihr Sohn Armin Strasser und seine Frau stießen auf den Koffer, als sie den Haushalt seiner Eltern auflösten. »Der Koffer erzählt davon, wie ungerecht und undankbar das Land Schindler behandelt hat. Uns hat das immer geärgert«, sagte Armin Strasser.

Strasser und seine Frau Christa, die Entdecker des Nachlasses, lebten in Stuttgart und wollten anonym bleiben. Christa Strasser sagte kurz nach dem Fund nur so viel: »Wir sind glücklich darüber, dass der Inhalt des Koffers nun endlich öffentlich wird.« Danach wollte die Familie Strasser mit »dem Kapitel Schindler abschließen«.

Strasser übergab den Koffer zwei Journalisten der *Stuttgarter Zeitung*. Claudia Keller und Stefan Braun werteten den Inhalt aus und veröffentlichen ihre Recherchen in einer Artikelserie. Auch die größten Zeitungen Amerikas, Englands und Italiens berichten über den Sensationsfund aus Hildesheim. Claudia Keller glaubt, dass »Schindler nach dem Krieg auch deswegen scheiterte, weil er während des Krieges auf der falschen Seite stand. Im Adenauer-Deutschland, das viele alte Nazis wieder mächtig machte, hatte einer wie Schindler keinen Platz gefunden. Er wollte nicht von den alten Herren regiert werden.« Schindler selbst erzählte davon in einem Brief aus dem Koffer, gerichtet an den Juden A. J. Levy: »Im heutigen Deutschland entwickelt sich ein Neo-Nazismus ... und der Antisemitismus ist stärker fühlbar als in der Kriegszeit.«

Im Koffer fand sich auch ein bewegender Appell seiner Schützlinge, den sie ihrem Direktor am 8. Mai 1945, dem Tag der deutschen Kapitulation, mit auf den Weg gaben, als dieser aus Brünnlitz floh. Die Zeilen sollten Schindlers Taten dokumentieren und ihn so auf der Flucht vor den herannahenden Russen schützen:

Brüder! Die unterzeichnenden Juden aus Krakau, Häftlinge des Konzentrationslagers in Plaszow, arbeiteten seit 1942 in dem von Direktor Schindler geleiteten Betrieb. Vom Beginn der Leitung dieses Unternehmens war es ausschließlich sein Ziel, uns vor Aussiedlungen zu schützen, welche unsere Liquidierung bedeuteten. Während der ganzen Zeit unserer Arbeit in diesem Betrieb hat er alles darangesetzt, um das Leben der größtmöglichen Anzahl der Juden zu retten trotz ungeheurer Schwierigkeiten, und zwar in einer Zeit, als die Erlangung von jüdischen Arbeitskräften auf große Schwierigkeiten bei den Behörden stieß. Dir. Schind-

ler sorgte für unseren Lebensunterhalt und während der ganzen Zeit unserer Arbeit in seinem Betrieb ist nicht ein einziger Fall eines unnatürlichen Todes eingetreten. (...)
Wir bitten innigst, dem Dir. Schindler in jeder Beziehung Hilfe zu gewährleisten und ihm insbesondere zu ermöglichen, eine Existenz zu gründen, da er infolge seiner Tätigkeit für uns sowohl in Krakau als auch in Brünnlitz sein gesamtes Vermögen opferte.

Schindler schrieb auch Briefe an seine Frau Emilie, die ihn nie wiedersah, seit er 1957 von ihr fortgegangen war. Kaum erfuhr die Witwe im Jahr 1999 von dem Kofferfund, brach ein Streit um die Rechte an diesem Schatz los. Emilie Schindler war der Ansicht: »Dieser Schindler hat mich betrogen. Der Koffer gehört mir, ich werde nach Deutschland kommen und ihn holen. Auch die Liste. Ich bin Schindlers Erbin.«
Im Alter von 94 kam Emilie Schindler 2001 nochmals nach Deutschland und starb im selben Jahr in Strausberg bei Berlin. Ihr Ehrengrab liegt heute auf dem Friedhof von Waldkraiburg. Sie hatte vorgehabt, dort in ein Pflegeheim für Sudetendeutsche zu ziehen.
Im Jahr 1999 war es einer der letzten noch lebenden »Schindler-Juden«, der 85-jährige Moshe Beijski aus Tel Aviv, der den Koffer in die Holocaust-Gedenkstätte nach Jerusalem gebracht hatte, die Stadt, in der Schindler begraben liegt. Beijski war es auch, der 1974 die Totenrede auf seinen Retter gehalten hatte:

Dass er 1200 Juden dem Tod aus den Klauen gerissen hat, sichert ihm einen Platz in der ersten Reihe der

›Gerechten unter den Völkern‹. Aber Schindler ist mehr als ein Retter gewesen: Mit seiner Menschlichkeit, seiner persönlichen Fürsorge für seine Schützlinge, seiner Bereitschaft zuzuhören und Lösungen für zahllose persönliche, alltägliche Probleme zu finden, wurde er für die Überlebenden zu einer lebenslangen Legende ... Er war ein Mensch mit einem mitfühlenden Herzen, der von dem Leiden seiner Mitmenschen tief gerührt war und keine Mühen scheute, unsere Leiden zu lindern und uns Schutz zu gewähren, so wie das unter Umständen möglich war. Keine Chronik seiner menschenfreundlichen Handlungen, so umfassend sie auch sein mag, kann das volle Ausmaß seiner Güte vermitteln ...

»Wir waren zwei Wildfänge«

Mit Anne Franks Cousin Buddy Elias in Bergen-Belsen

Auf dem nassen Kopfsteinpflaster spiegeln sich die Lichter der Straßenlaternen. Vorbei an Celle führt unser Weg. Schneeregen treibt dicke Flocken um die Fachwerkhäuser. Die Alleen geraten immer dichter. Bis die Bäume ganz eng zusammenstehen. Als wollten sie den Ort, auf den wir zufahren, verbergen.

Im Wagen neben mir sitzt Buddy Elias. Er ist Anne Franks Cousin und ihr letzter noch lebender Verwandter. Es ist März 2009. Wir sind auf dem Weg zum ehemaligen Konzentrationslager Bergen-Belsen, wo Anne Frank vermutlich im Februar 1945 starb – nur wenige Wochen vor der Befreiung durch die Briten. Hier an der Landstraße liegen noch die Kriegsgräber britischer Soldaten.

Buddy Elias ist von Beruf Schauspieler, er kann gütig schauen und böse. Heute spiegeln seine Züge vor allem seinen Zwiespalt. Er will nach Bergen-Belsen. Und will es nicht. Je näher wir dem Ziel kommen, desto schweigsamer wird er. Wir passieren noch ein paar einzeln stehende Gebäude, meist Backsteinfassaden hinter Buchsbaumhecken. Die Dörfer schrumpfen, bis sie irgendwann ganz verschwinden. Dann das übliche Ortsschild mit schwarzer Schrift auf gelbem Grund. Es kündigt deutsche Geschichte an, deutsches Grauen: Bergen-Belsen.

Schwarze Kiesel knirschen unter den Sohlen, als wir die Gedenkstätte betreten. Buddy Elias ist 83 Jahre alt und war einmal professioneller Eiskunstläufer. Eigentlich hat sein Gang bis heute etwas Schwebendes, Lässiges, Leichtes. Doch jetzt sind seine Schritte, die gerade noch federten, schwer, sein Rücken ist gebeugt, sein Blick geht zu Boden.

Nun, da ich sehe, wie schlecht er sich fühlt, ist mir sehr unwohl bei dem Gedanken, dass ich es war, der ihn um die lange Reise von seinem Wohnort Basel nach Bergen-Belsen gebeten hatte. Hätte ich ihm das nicht ersparen müssen?

Zwei Treffen waren dieser Reise vorausgegangen. Bei unserer ersten Begegnung drehte Buddy Elias gerade für das Schweizer Fernsehen in der KZ-Gedenkstätte Stutthof in den Vogesen einen Krimi, in dem er einen Holocaust-Überlebenden spielte. Als es zu schneien anfing, stand er, nicht nur vor Kälte zitternd und bebend, zwischen den Baracken und dachte an seine Familie und seine Cousine, die an einem solchen Ort ums Leben kamen. Ein schlechter Moment für ein Interview, und so waren die wenigen Worte, die ich mit ihm vor und nach dem Dreh wechseln konnte, von seinem Schmerz geprägt.

Das zweite Mal besuchte ich ihn und seine Frau Gertie in ihrem Zuhause in Basel und erlebte einen gelösten Buddy Elias, der von seinen Lieben mit stetem Lächeln und zärtlicher Leichtigkeit sprach. Aus dieser Stimmung, aus großer Herzlichkeit und gegenseitiger Sympathie heraus verabredeten wir uns am Ende des Gesprächs für die schwierige Reise nach Bergen-Belsen.

Während im Wohnzimmer des Ehepaars Elias goldgerahmte Bilder seiner verlorenen Familie hängen, gehören die Wände im Flur Buddy Elias' Enkelkindern. Er deutet auf das Foto der kleinen Annuk: »Sie ähnelt Anne.« Dem Mädchen, das man sich so schwer als alte Dame vorstellen kann. Elias tut es trotzdem manchmal. Und denkt an den Eislauftraum, den Anne in ihrem berühmten Tagebuch schildert. Daran, wie sich die damals 13-Jährige das Wiedersehen mit ihm ausmalt. Die Freiheit. Das Überleben. Im Oktober 1942 entwirft sie in ihrem Tagebuch ein Eislaufkostüm, das sie tragen möchte, wenn Hitler besiegt ist, sie ihren Cousin Buddy wiedersieht und mit ihm Schlittschuhlaufen geht. Sie träumt sich in die Weite eines zugefrorenen Sees, auf dem sie mit ihm über das Eis gleitet. Unter die Zeichnung schreibt sie, wie sie mit Buddy einen »Schwan« aufführen will und »einen ungeheuren Luftsprung«. Es wird ihr ganz leicht zumute in der Enge des Verstecks. »Wir bilden zusammen ein reizendes Paar«, schreibt sie, »und jeder ist hingerissen.« Buddy Elias liest mir die Zeilen vor, solange seine Stimme der Rührung standhält. Als seine Cousine vom Eislaufen mit ihm träumt, ist Bernhard Elias 17 Jahre. Anne nennt ihn »Bernd«, alle anderen sagen »Buddy«. »Wir waren zwei Wildfänge«, sagt er.

Er hat ihren Traum nach dem Krieg allein weitergeträumt und erfüllt. Es kam ihm vor wie eine Hommage an seine Cousine, als er in den Fünfzigerjahren als Zirkusclown auf Kufen mit dem »Holiday on Ice«-Ensemble um die Welt reiste. Einmal gastierte er auch in seiner Geburtsstadt Frankfurt, und während er die Leute dort zum Lachen brachte, dachte er: »Was haben einige von denen im Publikum wohl vor einigen Jahren noch gemacht?«

Nach seiner jüdischen Herkunft, seiner Geschichte haben Elias' Schauspielkollegen ihn kaum gefragt. Bis auf einen – Günter Strack interessierte sich dafür. Sie wurden Freunde, spielten zusammen in den *Hessischen Geschichten*, später in der Serie *Mit Leib und Seele*, in der er den missmutigen Friseur Stutz spielte. Elias nennt Strack noch heute einen »Herzensmenschen«.

In seinem Wohnzimmer, neben Elias' Sessel, steht Annes winziger Kinderstuhl. Das Möbelstück aus dunklem Holz ist ihm so kostbar, dass sich niemand darauf setzen darf. Er hält seiner Cousine den Platz frei.

Das letzte Lebenszeichen von Anne bekam Buddy 1942 in Form eines Briefs zu seinem Geburtstag. Er verwahrt ihn in einem Banksafe, zusammen mit anderen Erinnerungsstücken. Darunter eine Tasche, in die sie ihren Pyjama legte, und eine letzte Postkarte von Annes Vater Otto, auf die auch seine Tochter Abschiedsworte geschrieben hat, einen Tag, bevor sie untertauchen muss. »Wir vergessen euch nicht und wissen, daß ihr stets an uns denkt. Innigst in Liebe«, steht dort in einer Schrift, die Angst verrät.

Buddy Elias zeigt mir das Erinnerungsstück, das ihn besonders bewegt: Annes Geburtskette. Vorsichtig legt er die lange Silberkette mit dem Amulett in seine Hand und deutet auf den Anhänger. Auf der Rückseite steht: »Anne Frank, 12. Juni 1929, Frankfurt am Main«. Darüber sind die hebräischen Worte »Masel tov« eingraviert. »Viel Glück«. Dann dreht Buddy Elias das Amulett um, dort steht das Schriftzeichen »Chaim«. Es ist das Wort für Leben.

Das einstige Lager Bergen-Belsen macht es seinen Besuchern etwas leichter als Dachau oder Buchenwald. Hier hat sich die Natur den Boden, der so viel Leid in sich birgt, in sieben Jahrzehnten wieder zurückgeholt. Wir befinden uns am Rand der Lüneburger Heide, einer sehr deutschen Kulturlandschaft: Weinrote Erika breitet sich auf der sandigen Erde aus, wo einst die Baracken standen. Eine Reisegruppe junger Israelis steigt aus einem Bus. Die Jugendlichen frieren im Schneeregen und halten ihre Nationalflaggen mit dem Davidstern, die sie gerade noch schwenkten, über ihre Köpfe.

Hunderttausende besuchen die KZ-Gedenkstätte jedes Jahr. Ein Trampelpfad führt zu der Stelle, die so viele Menschen anzieht. Aus ganz Deutschland kommen sie hierher,

auch aus den USA, auf der Suche nach dem Grab dieses
einen Mädchens. Vielleicht, weil sie millionenfachem Leid
einen Namen gab? Fast alle, die hierherkommen, haben irgendwann einmal ihr Tagebuch gelesen. Die Menschen an
diesem Ort des zehntausendfachen Todes sehnen sich nach
etwas, das überdauert hat. Nach etwas aus der Vergangenheit, das geblieben ist in der Gegenwart.

Für diese Sehnsucht nach einem Ort zum Trauern
steht ein Grabstein mitten im Nichts des Lagers. Der
schwarze Granitblock könnte auf jedem deutschen Friedhof stehen. Eingemeißelt sind die Namen von Anne Frank
und ihrer Schwester Margot. Als Buddy Elias vor ihm steht,
erstarrt er. Nichts regt sich mehr in seinem Gesicht. Minu-
tenlang steht er still auf der Stelle und sieht auf diese Inschrift.

Die wenigsten, die wie er vor diesem Stein stehen bleiben,
ahnen, dass sie nur vor einem Gedenkstein stehen und nicht
vor Anne Franks Grab. Ihr Leichnam liegt irgendwo in den
Massengräbern verborgen, über denen die Heide wächst.
Kein Schild weist darauf hin. Als wolle man den Trauern-
den wenigstens eine Illusion lassen an diesem wahrhaft
trostlosen Ort.

Ein dichter Wald versteckte damals das Lagergelände.
Heute erscheint es wie eine weite Lichtung zwischen Bir-
ken, Fichten und Kiefern, die kaum ein Geräusch auf das
Areal dringen lassen. Friedhofsstille. Die Filme, die die Soldaten in Bergen-Belsen drehten, nachdem sie das Lager befreit hatten, gingen um die Welt. Sie zeigten schwere Bull-
dozer, die Leichenberge in die Massengräber schoben. Eine
der zugeschütteten Gruben dürfte Annes tatsächliches
Grab sein. Immer neue Schneeflocken treiben an diesem
Vorfrühlingstag um Buddy Elias' Gesicht. Er blinzelt, dann

schließt er seine Augen für einige Momente ganz. »Wir haben uns sehr geliebt«, sagt er über seine Cousine.

Anne und Buddy kommen in Frankfurt am Main zur Welt. Schon 1931 emigriert Buddy mit seiner Familie in die Schweiz. »Ich hatte unsagbares Glück, ich bin verschont geblieben«, sagt Elias. Anne geht mit ihrer Schwester Margot und ihren Eltern 1934 nach Amsterdam. Noch schreiben und besuchen Anne und Buddy einander. Sie schaut zu dem vier Jahre Älteren auf. Beide sind hochtalentiert, er ist ein angehender Schauspieler, sie träumt davon, eines Tages vom Schreiben leben zu können. Ein sinnlicher und neugieriger Blick auf das Leben eint sie. »Sie war ein so lustiges und schönes Mädchen«, sagt Elias. Er erzählt, wie sie sich mit seinem Puppentheater gegenseitig Stücke vorspielten. Anne will, dass er Kleider aus dem Schrank der Großmutter anzieht. Buddy soll die Oma imitieren. »Darüber hat sie sich furchtbar amüsiert.«

Im Mai 1940 werden auch die Niederlande von der deutschen Wehrmacht besetzt. Bald leiden die Juden dort unter den gleichen Schikanen wie in den anderen von den Deutschen besetzten Gebieten. Bevor die Gestapo sie im Juli 1942 deportieren kann, taucht Anne Frank mit ihrer Familie in einem Hinterhaus an der Prinsengracht unter. Das Versteck hat ihr Vater bereits vorbereitet.

Während der zwei Jahre, die sie dort verbringt, führt sie Tagebuch. Sie schreibt darin gegen die Angst an, entdeckt zu werden. Sie sehnt sich Freiheit herbei und Hoffnung. Sie offenbart ihre Sehnsüchte. Erinnert sich an das kleine Glück des Jahres 1940, als sie sich in den Jungen Peter Schiff verliebte, mit ihm Händchen haltend spazieren ging. Schwärmt, wie sie »noch seine Wange an meiner« fühlt, wie »seine brauen Augen tief in mein Herz schauten«. Später verliebt sie sich in einen ihrer Mitbewohner im Versteck, Peter van Pels. Von ihm bekommt sie ihren ersten Kuss. Sie schreibt: »Peter hat mich berührt, tiefer als ich je in meinem Leben berührt wurde, außer in meinem Traum! Peter hat mich angefasst, hat mein Inneres nach außen gekehrt.« Und später notiert sie:

Wenn ich des Abends im Bett liege und mein Gebet mit den Worten endige: ›Ich danke Dir für all das Gute und Liebe und Schöne‹, dann jubelt es in mir. Dann denke ich an das ›Gute‹: unser Verschwinden, meine Gesundheit, an das ›Liebe‹: Peter und das, was noch zart und empfindsam ist, so daß wir beide es noch nicht zu berühren wagen, an das, was einmal kommen soll: die Liebe, die Zukunft, das Glück. Das ›Schöne‹, das die Welt umfaßt: Natur, Kunst, Schönheit und alles Große, was damit verbunden ist. Dann denke ich nicht an all das Elend, sondern an das Herrliche, was übrigbleibt. Hier liegt auch größtenteils der Unterschied zwischen Mutter und mir. Wenn man schwermütig ist, gibt sie den Rat: ›Denke an alles Elend in der Welt und sei dankbar, daß Du es nicht erlebst.‹ Ich sage: ›Gehe hinaus in die Felder, die Natur und die Sonne, gehe hinaus, suche das Glück in Dir selbst und in Gott. Denke an das Schöne, das sich in Dir und um Dich immer wieder vollzieht, und sei glücklich!‹ (...) Und wer selbst glücklich ist, wird auch andere glücklich machen.

Anne Frank hört zu dieser Zeit heimlich die BBC-Nachrichten im Radio, fiebert den heranrückenden Alliierten entgegen. Von den Gaskammern weiß sie längst. Sie schreibt: »Ich sehe oft die Reihen guter, unschuldiger Menschen vor mir, mit weinenden Kindern! ... Alte, Kinder, Babys, schwangere Frauen, Kranke, alles geht mit in den Zug zum Tod.« Einer ihrer letzten Tagebucheinträge lautet:

Ich sehe, wie die Welt allmählich in eine Wildnis verwandelt wird. Ich höre den nahenden Donner, der auch uns vernichten wird, ich kann das Leiden von Millionen spüren und dennoch glaube ich, wenn ich zum Himmel blicke, daß alles in Ordnung gehen und auch diese Grausamkeit ein Ende finden wird und daß Ruhe und Frieden wieder einkehren werden.

Ihr letzter Tagebucheintrag vom 1. August 1944 endet mit den Worten: »... und suche immer wieder nach einem Mittel, so zu werden, wie ich so gern sein möchte, und wie ich sein könnte, wenn ja, wenn keine anderen Menschen auf der Welt lebten.«

Die Familie hält sich versteckt bis zum August 1944. Dann werden sie verraten. Der letzte Zug, der nach Auschwitz fährt, bringt sie in das Vernichtungslager. Kurz darauf deportiert die SS Anne und ihre Schwester weiter ins KZ Bergen-Belsen. Kurz vor ihrem Tod begegnet sie dort ihrer besten Freundin aus Schultagen wieder. Hannah Pick-Goslar ist in einem anderen Lagerteil von Bergen-Belsen gefangen, aber sie erfährt, dass Anne in der Nähe lebt. Nächtens rufen sie sich über einen Zaun zu. Sehen können sie sich nicht, doch ihre Stimmen dringen durch zwei Stacheldrahtzäune, deren Zwischenräume mit Stroh gefüllt sind. Die Stimme, die Hannah hört, ist aber nicht mehr die des lebenslustigen Mädchens. »Anne war nicht mehr derselbe

Mensch«, erinnert sich Hannah Pick-Goslar an die Begegnung, »auch ich nicht. Wir sind gebrochen worden …«

Anne Frank erzählt Hannah in diesem Moment von Auschwitz und den Gaskammern und von ihrer Schwester, die an Typhus erkrankt ist und im Sterben liegt. Und dass sie nichts mehr zu essen haben. Sie weint. Hannah beschafft etwas Brot, das sie heimlich über den Zaun wirft. Zweimal noch treffen sie sich dort, beim letzten Mal rufen sie sich zu: »Bis dann!«

Als Hannah das nächste Mal zum Zaun kommt, erfährt sie, dass der Teil des Lagers hinter dem Stacheldraht von der SS geräumt wurde. Nur wenige Tage später stirbt Anne Frank. »Sie fühlte sich einsam und glaubte, ihre ganze Familie verloren zu haben. Hätte sie gewusst, dass ihr Vater Auschwitz überlebt hatte, hätte sie vielleicht noch etwas mehr Lebenswillen gehabt«, sagt Hannah Pick-Goslar, die Bergen-Belsen gemeinsam mit ihrer jüngeren Schwester überlebte.

Auf dem Weg zu dem Granitblock, der den Namen seiner Cousine trägt, hat Buddy Elias gerade einen Stein aus der Manteltasche gezogen. Er stammt aus seinem Garten. Mit Filzstift hat er daraufgeschrieben: »Geliebt und unvergessen. Bernd«. Er schlägt seine Hände vors Gesicht, dann blickt er auf die Massengräber. Er legt ihn auf dem Gedenkstein ab, wie es jüdischer Brauch ist.

Japanische Touristen hinterlassen hier oft Girlanden aus Papierschwänen, amerikanische Jugendliche bringen Spielzeugfiguren mit, deutsche Schüler Teddybären, Briefe und Fotos. Regelmäßig müssen die Geschenke und Blumen wieder entfernt werden, sonst wäre der Stein längst nicht mehr zu sehen.

Buddy Elias friert. Er will jetzt in die Ausstellungsräume der neuen Dokumentationsstätte gehen. Doch von den Bildern der toten, ausgezehrten Häftlinge von Bergen-Belsen muss er sich immer wieder abwenden. Er will sich seine Cousine nicht in ihren letzten Tagen vorstellen, so wie Augenzeuginnen sie beschrieben haben: abgemagert auf 35 Kilogramm, den Kopf kahl geschoren, den nackten Körper in eine Decke gehüllt. Anne und ihre Schwester Margot kommen wie Zehntausende Mitgefangene wahrscheinlich durch eine Typhusepidemie um, die der SS nur willkommen ist.

Mit den Jahren hat sich Elias' Trauer um Anne Frank in eine rührende Begeisterung verwandelt, mit der er die Erinnerung an seine Cousine wachhält. Die steht auch in seinen großen Augen, wenn er erzählt, dass die Stadt Buenos Aires zu Franks 80. Geburtstag allen Schülern ihr Tagebuch schenken wird. »Wenn Anne nur erfahren hätte, wie erfolgreich sie geworden ist. Sie hoffte immer, eines Tages als Journalistin oder Schriftstellerin einige ihrer Texte zu veröffentlichen.«

In ihr Tagebuch hatte sie geschrieben: »Niemand, der nicht schreibt, weiß, wie fein es ist, zu schreiben. Früher habe ich immer bedauert, nicht gut zeichnen zu können, aber nun bin ich überglücklich, daß ich wenigstens schreiben kann. Und wenn ich nicht genug Talent habe, um Zeitungsartikel oder Bücher zu schreiben, gut, dann kann ich es immer noch für mich selbst tun.« Sie wünschte sich Unvergänglichkeit: »O ja, ich will nicht umsonst gelebt haben wie die meisten Menschen. Ich will den Menschen, die um mich herum leben und mich doch nicht kennen, Freude und Nutzen bringen. Ich will fortleben, auch nach meinem Tod.«

Wenigstens dieser eine Wunsch hat sich erfüllt. Ihr Tagebuch ist in 70 Sprachen, auch ins Arabische, übersetzt worden. Damit ist es eines der erfolgreichsten Bücher der Welt. Es ist ihre Botschaft. Vielleicht die eindringlichste und persönlichste, die ein Schoah-Opfer hinterlassen hat. Weltweit ist Anne Frank eine Symbolfigur der unschuldig Verfolgten. Eine 15-Jährige, die mit ihren Zeilen tief berührt und zu Stärke ermutigt – diesen moralischen Triumph können Holocaust-Leugner, Antisemiten und Geschichtsverdreher bis heute nicht verwinden. Immer wieder scheitern sie mit ihren Versuchen, die Echtheit der Tagebücher anzuzweifeln.

»Wir ahnten ja damals alle nicht, welches Schreibtalent in ihr verborgen liegt«, sagt Buddy Elias. Die Erinnerung an Anne Frank lässt ihn meist lächeln. Schwer fällt es nicht, sich den Jungen von damals vorzustellen, der Anne ähnelte. Vielen ist sein Gesicht bekannt aus Filmen wie *Mutters Courage*, *Bronsteins Kinder* oder Episoden des *Tatort*. Er stand auf bedeutenden Bühnen Deutschlands und der Schweiz.

Die größte Rolle seines Lebens aber ist die des Cousins. Mit dem Anne Frank Fonds hält er das ideelle Erbe seiner Cousine in Ehren, unentgeltlich, verwaltet auch die Autorenrechte an ihrem Tagebuch. Mit den Einnahmen fördert er Friedensprojekte, versorgt Menschen, die Juden vor dem Holocaust retteten und oft verarmt sind, mit Medikamenten und unterstützt Hilfsaktionen, die Juden und Palästinensern gleichermaßen helfen.

Buddy Elias reist durch Deutschland, spricht in Schulen und bemerkt immer wieder »eine Erschütterung bei den jungen Menschen«, wenn er vor ihnen steht, wenn er dann Annes letzten Brief an ihn aus seiner Tasche zieht, den sie schrieb, bevor sie verschwand.

Bis heute bekommt Buddy Elias viele Briefe, woraus er schließt, dass das Interesse an Anne Frank noch zugenommen hat, auch das von Historikern. Dann erzählt er vom Nazijäger Simon Wiesenthal, der 1963 in Wien den Mann aufspürte, der sie und ihre Familie im Versteck in Amsterdam verhaftete. Wer die Franks zuvor verraten hatte, ist bis heute nicht geklärt. Elias ist sich sicher, dass ein niederländischer Nazi namens Tonny Ahlers sie für ein Kopfgeld an die Gestapo verkauft hat. »Es gibt noch andere Theorien. Aber Ahlers' Sohn hat die Tat seines Vaters sogar offen zugegeben«, sagt er.

US-Präsident George W. Bush bat Elias und seine Frau Gertie Wiedner vor Jahren zu einem Abendessen ins Weiße Haus, um sich von Anne Frank erzählen zu lassen. Noch tiefer verehrt als in Amerika und Deutschland wird das Mädchen aus Hessen in Japan. Dort nennen die Mädchen den Tag, an dem sie ihre erste Regel bekommen, »Anne Frank Day«, in Erinnerung daran, wie sich die vom Tod Bedrohte danach sehnte, eine Frau zu werden.

Wir verlassen Bergen-Belsen, als die Dämmerung einbricht. Beim nächsten Besuch, sagt Buddy Elias, möchte er einen Ableger von Annes geliebter Kastanie neben den Stein pflanzen. Der Baum steht im Jahr 2009 noch im Hinterhof der Amsterdamer Prinsengracht, wo sich ihr Versteck befand. In ihr Tagebuch schrieb sie damals:

> Fast jeden Morgen gehe ich auf den Dachboden hinauf, um die stickige Luft aus meinen Lungen zu pusten. Von meinem Lieblingsplatz aus auf dem Boden sehe ich hinauf in den blauen Himmel und in den kahlen Kastanienbaum, an dessen Zweigen kleine Tropfen wie

Silber glitzern. Und ich sehe die Möwen und die anderen Vögel, wie sie im Wind gleiten. So lange wie dies existiert, so dachte ich, werde ich leben mögen, um dies zu sehen, diesen Sonnenschein, diesen wolkenlosen Himmel. Solange dies andauert, kann ich nicht unglücklich sein.

Sein Vorhaben konnte Buddy Elias nicht in die Tat umsetzen, nachdem ein schwerer Sturm im Jahr 2010 die Kastanie fällte. Was bleiben wird, ist eine nach Anne Frank benannte Rosensorte, die auf der ganzen Welt blüht – zu ihrem Geburtstag im Juni auch wieder im Vorgarten von Buddy Elias' Haus in Basel.

Fünf Jahre nach unserem gemeinsamen Besuch in Bergen-Belsen, am 9. November 2014, sehe ich Buddy Elias und seine Frau wieder. Der Präsident des Anne Frank Fonds, der wie seine Cousine immer ein lebensdurstiger und starker Mensch war, ist 89 Jahre alt und noch immer in ihrem Namen unentwegt auf Reisen.

Der Auftritt an diesem Abend wird sein vielleicht wichtigster. Er wird gleich in der Paulskirche sprechen, dem Symbolort der deutschen Demokratie, zum Jahrestag der »Kristallnacht«. Dem Tag, an dem 1938 der Judenhass in Deutschland in einem Pogrom gipfelte. Im Jahr 2014 ist leider auch der gegenwärtige Hass wieder ein Thema. Bei allen Gedenkfeiern sprechen die Redner von neuem Antisemitismus, der sich auf deutschen Straßen ausbreitet, auf denen Araber, aber auch Deutsche gegen Israel demonstrieren und »Hamas, Hamas, Juden ins Gas!« rufen.

Buddy Elias steigt jetzt in der Paulskirche die Stufen hoch auf die Empore und weiter auf das berühmte steinerne

Rednerpult. Er klammert sich daran fest, er klingt aufgeregt, er ringt mit sich, als er erzählt, wie oft er sich »in diesen Tagen fragt, ob es wieder geschehen kann?« Und zitiert seine Cousine, wenn er sagt, dass »die Welt Kopf steht«, dass der Hass wieder geschürt wird und die »Barbarei wieder da ist«. Er erinnert daran, wie Anne in ihrer Verlorenheit durch das winzige Dachfenster in ihrem Versteck hinaussah und in ihr Tagebuch schrieb: »Wenn ich zum Himmel schaue, denke ich, dass sich alles wieder zum Guten wenden wird.«

Buddy Elias ist eigentlich ein ähnlich hoffnungsvoller Mensch, wie seine Cousine einer gewesen sein muss, doch nun zweifelt er an der Wende zum Guten. Ihn schmerzt, dass der Judenhass zurückgekehrt ist: In Belgien hat im Mai 2014 ein islamistischer Attentäter vier Menschen im Jüdischen Museum getötet, in Ungarns Parlament gehört Antisemitismus zum Alltag, in Frankreich verlassen Juden aus Sorge um ihr Leben das Land. Elias ahnt am Tag seiner Rede nicht, dass zwei Monate später bei den Pariser Terroranschlägen unter den Toten auch vier Juden sein werden, die als Geiseln erschossen werden, weil sie Juden sind.

Als Elias mit seinem Vortrag endet, erheben sich die Zuhörer im Saal. Er steigt von der Empore, und alle scharen sich um ihn. Er flüstert: »Wenn Anne das hätte erleben können …!«

Als wir die Paulskirche verlassen und über ein paar Seitenstraßen zurück ins Hotel schlendern, passieren wir mehrere ins Pflaster eingelassene »Stolpersteine«. Sie tragen Namen von Frankfurter Familien, die von den Nazis deportiert und ermordet wurden. Dass auf einigen von ihnen Kerzen zum Gedenken an die »Kristallnacht« stehen, freut Buddy Elias. Ihr Licht spiegelt sich in den von unzähligen Schritten blank gewetzten Messingkuppen der Steine.

Am 16. März 2015 ist Buddy Elias in Basel gestorben. »Der Humanismus ist meine Religion«, sagte er zuletzt immer wieder, »Denn die Religionen brachten so viele Kriege.« Gerade in seinen letzten Lebensjahren wieder. An ein Wiedersehen mit Anne im Himmel hat er nicht glauben können, sosehr er sich auch danach sehnte.

»Du kannst hierbleiben, Hansi«

Wie sich Hans Rosenthal vor dem Holocaust in einem Schrebergarten versteckte

Der Mann im Fernsehen war wie wir Kinder. Er wollte seine Zuschauer erheitern und wirkte dabei meistens genauso aufgedreht wie meine Schwester und ich, wenn wir auf dem Siebzigerjahre-Sofa saßen und mit ihm fieberten. Denn wenn ihn etwas begeisterte, überschlug sich seine Stimme manchmal wie unsere, und er wurde ganz zappelig. Auch wenn er diese Anzüge der Erwachsenen trug, die steif und beige waren wie die Couchgarnitur, spürten wir, dass er einer war, mit dem wir Spaß gehabt hätten, wäre er unser eigener Onkel gewesen. Dass sich in seiner Show sogar die Großen kindisch benahmen und unsere Spiele spielten, gefiel uns ausgesprochen gut. Damals, als wir noch keine Angst und keine Zweifel hatten und nur nach Hause kommen mussten, bevor es dunkel wurde.

Manchmal sprang der kleine Mann im Fernsehen vor lauter Freude in die Luft. Und wir sprangen auf dem Sofa mit, weil die Federn in der Polsterung herrlich Schwung gaben: »Sie sind der Meinung …?«, rief der Mann und hielt kurz inne. Dann hüpfte er los, und das ganze Publikum im Studio stimmte ein: »Das war spitze!« Wie durch ein Wunder blieb der Mann in diesem Moment kurz stehen in der Luft, die Beine angezogen, das Strahlen in seinem Gesicht für Sekunden eingefroren, den Zeigefinger in die Luft gestreckt. So sah Fernsehtricktechnik in den Siebzigern aus. Undenkbar für moderne Fernsehmacher, dass sie die heutige Bilderflut auch nur für eine Sekunde anhalten würden. Damals aber ließ man die Zeit kurz einmal stillstehen.

Der Vorname dieses Mannes war so deutsch, wie es nur geht: Hans. Und sein Nachname ließ uns an Märchenlandschaften denken: Rosenthal. Wenn donnerstags Hans Rosenthals *Dalli Dalli* lief, flimmerte der Röhrenfernseher noch wirklich und tauchte das ganze Wohnzimmer in einen bläulichen Schein. Wir hatten eine feste Verabredung mit ihm. Wenn es also donnerstagabends doch einmal bereits dunkel geworden war und wir diesen Schein auf die Bürgersteige fallen sahen, rannten wir schnell nach Hause.

Erst als wir älter wurden, bemerkten wir die Augenblicke, in denen Hans Rosenthal für ein paar Sekunden seltsam traurig wurde. Sie kamen immer gegen Ende seiner Sendung, wenn er einem seiner Kandidaten einen Zettel reichte und der von diesem Papier ein schlimmes Schicksal ablas. Meist ging es um eine Familie mit vielen Kindern, in der die Mutter gestorben war, oder es war eine Großmutter, die ihre Enkel alleine großziehen musste und nun nicht mehr weiterwusste. Diesen Menschen spendeten Hans Rosenthal und seine Kandidaten das in der Sendung erspielte Geld. Und dieser Hans Rosenthal, der gerade noch so ausgelassen gewesen war, wurde in diesen Minuten jedes Mal sonderbar still. Er senkte den Kopf, und sein Gesicht zeigte ein verstörend starkes Mitgefühl. Dabei war er doch gerade noch so lustig gewesen.

Ich erinnere mich noch heute an ein ganz bestimmtes dieser traurigen Enden von *Dalli Dalli*. Es muss Anfang der Achtzigerjahre gewesen sein, ich war vielleicht zehn oder elf Jahre alt. Da war es anders als sonst, denn Hans Rosenthal, der immer allen nur Freude machte und nie von sich redete wie die meisten anderen Erwachsenen, sagte auf einmal einen einzigen Satz über sich selbst, der alle Zuschauer im Publikum und vor dem Fernseher verstummen ließ. Hans Rosenthal sagte sinngemäß: »Heute möchte ich meinem Publikum danken. Dass ich in diesem Land, das ich einmal in dunkler Zeit erlebt habe, so viel Freude und Glück erfahren konnte.« Ich sah damals meine Mutter an und fragte sie, was der Mann denn damit meine. Sie antwortete mir, dass Hans Rosenthal Jude sei und in einer Zeit, als meine Großeltern jung gewesen waren, um sein Leben fürchten musste. In diesem Augenblick klang meine Mutter so ernst und traurig wie gerade eben noch Hans Rosenthal.

Ich werde nie diesen Moment vergessen, als sich mitten in meine *Dalli-Dalli*-Fröhlichkeit hinein dieser Gedanke bohrte. Zum ersten Mal in meinem Leben hörte ich bewusst, dass es Juden gab und dass diese Juden in meinem Land Angst haben mussten. Dass es Menschen waren wie mein geliebter Hans Rosenthal. Dass diese Menschen, so hörte ich von meiner Mutter ein Jahr später, als sie dachte, ich sei nun alt genug für die ganze Wahrheit, nicht nur Angst haben mussten, sondern getötet wurden von Deutschen. Mich ließ das nicht mehr los. Dass dieser Mann, der uns alle zum Lachen brachte, in diesem Land um sein Leben fürchten musste. Das konnte ich als Kind nicht verstehen, und bis heute muss ich manchmal an Hans Rosenthal zurückdenken, an seine Menschenfreundlichkeit und seine Herzlichkeit, wenn ich an den Holocaust denke.

Als ich 16 Jahre alt war und wir in der Schule bereits viel über Hitler gelernt hatten, starb Hans Rosenthal mit 61 Jahren an Magenkrebs. Sein mit gelben Rosen geschmückter Sarg wurde auf dem Jüdischen Friedhof an der Berliner Heerstraße begraben. Ein Rabbi sang das Totengebet für ihn.

Erst seit Kurzem weiß ich, dass Rosenthal in einem dicken Ordner mit der Aufschrift »Antisemitische Schreiben« den ganzen Hass, der ihn in seinem Leben erreichte, abgeheftet hatte. Kurz vor seinem Tod hatte er aber auch damit seinen Frieden gemacht und fast alles daraus vernichtet. Öffentlich redete er lange überhaupt nicht von seinem Überleben in der Nazizeit. Vielleicht dachte er, man könne sein Publikum als Unterhalter nicht mit solchen Geschichten belasten. Und machte es damit – so denke ich – vielen seiner Fans viel zu einfach, ihn zu mögen. Wie viele Hunderttausende alter SS-Männer oder ganz normaler Nazis müssen sich wunderbar schmerzfrei amüsiert haben über diesen »netten Juden«, der da so harmlose Späße machte im Nachkriegsdeutschland? Und der sie so verständnisvoll verschonte mit ihrer eigenen Vergangenheit? Der schwieg und nicht nachfragte. Der niemals bitter war, sondern immer fröhlich. Der seine Show *Dalli Dalli* nannte. Genau diese Worte riefen doch einige SS-Wärter ihren Opfern zu, wenn sie sie aus den Waggons in die Lager trieben. Sie stammen aus dem Kaschubischen und Polnischen und bedeuten so viel wie »Weiter!«, »Los!« oder »Beeil dich!«.

Rosenthals Sohn Gert ist auch ein fröhlicher Mensch. Sein Vater gab ihm den Namen seines Onkels, Hans Rosenthals Bruders, den Hans sehr geliebt hatte und der im Holocaust umgekommen war. Gert Rosenthal arbeitet als Rechtsanwalt in Berlin und leitet die Hans-Rosenthal-Stiftung, die bis heute bedürftigen Familien hilft. Mit diesem gütigen Zug um Augen und Mund sieht er seinem Vater so ähnlich, dass man schmunzeln muss. Er spricht auch mit dieser sanften Beharrlichkeit in der Stimme. »Ich erinnere mich an einen Spaziergang mit meinem Vater durch Berlin«, erzählt er. »Plötzlich stoppte ein Reisebus neben uns. Die Touristen im Bus hatten meinen Vater erkannt und winkten ihm zu. Er liebte es, erkannt zu werden. Vielleicht auch, weil er lange versteckt leben musste. Und so winkte er den

Leuten zurück. Und sagte leise zu mir: ›Gert, von den Menschen, die mir heute zujubeln, hätten mich vor 30 Jahren einige vielleicht angezeigt.‹ Es war eines der seltenen Male, dass mein Vater über die Zeit sprach, in der er sich als Jude verstecken musste.«

Dass der Vater seinen Sohn selbst da noch schonen wollte, klingt in seiner Wortwahl an. »Vielleicht angezeigt«, sagte er. Er hätte auch »verraten« sagen können. Hans Rosenthal aber wusste als Mann der Worte, dass Gedanken Worte und Worte Taten bestimmen können. Und so ging er vorsichtig um mit ihnen.

Der spätere Zentralratsvorsitzende der Juden in Deutschland, Paul Spiegel, der auch Künstleragent und ein guter Freund von Rosenthal war, sagte über ihn: »Er war süchtig nach Zustimmung, nach Beifall, ja nach der Liebe seiner Mitmenschen.« In seinen Memoiren erzählt Paul Spiegel, der die Nazibarbarei selbst in einem Versteck überlebte, natürlich von dem klugen, schlagfertigen und humorvollen Quizmaster, den alle kannten, doch auch vom anderen Hans Rosenthal:

Aus seinen Augen sprach menschlicher Schmerz. Wenn Hans mit seiner stets heiseren Stimme auf mich einredete, das Gesagte mit zappeligen Gesten seiner Hände unterstrich und mich dabei mit gotterbärmlicher Traurigkeit ansah, hatte ich stets das Bedürfnis, meinen Arm um seine Schultern zu legen. Als wir uns besser kannten, tat ich es oft. Gelegentlich ließ seine Hektik dann kurz nach.

Rosenthal selbst, der fast seine ganze Familie in den Gaskammern der Nazis verloren hatte, sagte mit unerschütterlicher Demut: »Ich glaube, dass ich mit meinem Auftreten in der Unterhaltung – und die Leute wissen ja, dass ich jüdisch bin – einiges dazu beitrage, den Antisemitismus abzubauen. Weil die Menschen sehen: Der ist ja genauso wie wir alle.« Bis 1980 zeigte er nur diese Seite von sich, erst danach berichtete er in seinem Buch *Zwei Leben in Deutschland* endlich ausführlich über seine unglaubliche Überlebensgeschichte. Darin steht folgender Satz: »Und wenn mir die Kinder der Nachbarschaft ›Dalli-Dalli‹ nachrufen, dann denke ich: Ja, ich habe mich eigentlich immer beeilt in meinem Leben. Nicht um dem Glück nachzulaufen, sondern um dem Unglück zu entgehen. Und dabei bin ich dann dem Glück begegnet.« Als er kurz vor seinem Tod einen Fernsehpreis bekam, bedankte er sich mit den Worten: »Ich habe heute wieder das Gefühl, zu Ihnen zu gehören, und das macht mich glücklich.« Und in einem der wenigen Interviews zu seinem Lebensthema sagte er: »Dadurch, dass ich in der schrecklichsten Zeit drei Frauen gefunden habe, die für mich ihr Leben aufs Spiel gesetzt haben, bin ich ohne Ressentiments. Wissen Sie, ich habe in der schlimmsten Zeit auch das gute Deutschland kennengelernt.«

Die Namen dieser drei Frauen sind auf einer Gedenkplatte zu lesen, die in Berlin dort aufgestellt ist, wo Hans Rosenthal zwei Jahre lang den Naziterror überlebte: in einem notdürftigen Verhau der Laubenkolonie »Dreieinigkeit« in Berlin-Lichtenberg. Die Laube gibt es heute nicht mehr, nur die Tafel mit der Aufschrift:

Die drei mutigen Laubenbewohnerinnen Ida Jauch, 1886 –1944, Emma Harndt, 1898 –1977, Maria Schönebeck, 1901 –1950 nahmen sich des gerade erst 18-Jähri-

gen und seiner jüdischen Herkunft wegen Verfolgten an
und bewahrten ihn in einem kleinen Bretterverschlag vor
dem Holocaust. Durch diese selbstlose Tat konnte Hans
Rosenthal überleben. Dafür nahmen die Frauen Hunger,
Entbehrungen und die Angst vor Entdeckung in Kauf.
Nur wenige Deutsche brachten ihr eigenes Leben in dieser unmenschlichen Zeit mit solch menschlichem Handeln in Gefahr und retteten Verfolgte vor der Ermordung
durch die Nationalsozialisten.

Hans Rosenthal lebt bis 1943 bei seiner jüdischer Groß-
mutter. Jeden Tag ist er in Lebensgefahr. Längst wird er zur
Zwangsarbeit eingesetzt, muss auf Berliner Friedhöfen
Gräber für die vielen Toten des Krieges ausheben. Nur mit
viel Glück ist er bisher den Deportationen entkommen.
Seinen kleinen Bruder Gert, den Hans immer beschützt
hatte, hat die SS schon abtransportiert nach Majdanek.
Hans wird ihn nie mehr im Leben wiedersehen. Weil sein
Vater und seine Mutter ebenfalls längst tot sind, schickt die
Oma ihren Enkel zu ihrer Bekannten Ida Jauch. Die Großmutter weiß, dass Frau Jauch kein Nazi ist.
    Ida Jauch lebt in der Berliner »Dreieinigkeit«-Kolonie
und betreibt in ihrer Laube einen winzigen Lebensmittella-
den. Dort klopft der 17-jährige Hans am 27. März 1943 an
die Tür. Die alte Frau trägt eine Kittelschürze, als sie ihm
öffnet. Hans traut sich kaum, seine Bitte auszusprechen. Er
ringt mit Worten. Und legt neben seinem Mut auch seine
ganze Demut in die nächsten vier Sätze, mit denen er um
sein Leben fleht: »Ich muss mich verstecken, Frau Jauch.
Gert ist schon abtransportiert. Wir haben nie wieder etwas
von ihm gehört. Ich wollte Sie fragen, ob Sie mich vielleicht
aufnehmen und verstecken könnten?« Frau Jauch lächelt:

»Du kannst hierbleiben, Hansi. Der Krieg dauert sowieso nicht mehr lange.« Bücken muss sich der junge Hans, als er durch die niedrige Tür zum ersten Mal in sein Versteck tritt.

Dann nimmt Ida Jauch ein Buch vom Tisch, blättert darin und deutet auf einen Vers, der lautete: »Es wird bald ein Ende haben mit dem bösen Zauber.« Hans Rosenthal schreibt in seinen Memoiren, wie überwältigt er war von diesem Satz und der Geradlinigkeit dieser Frau. Und denkt selbst an einen Bibelvers, wenn er über die fromme Ida Jauch schreibt: »Sie war ein Mensch, für den es nur ein ›Ja, Ja‹ und ein ›Nein, Nein‹ gab. Ein Drittes war nicht nötig.«

Frau Jauch versteckt ihn von da an in einem Hinterzimmer ihrer Laube, wo sie früher Hühner hielt. Die kleine Luke zu diesem Verschlag ist mit der gleichen Tapete beklebt wie die Wand und daher schwer zu erkennen. Dahinter lebt Hans ein Jahr lang auf vier Quadratmetern. Es gibt eine Matratze auf vier Holzklötzen, einen Tisch und einen Stuhl. Eine Tüllgardine verhängt ein taschentuchgroßes Fenster, durch das er hinaussieht auf die Hühner im Garten und auf einen Baum. »Das war alles«, schreibt er in *Zwei Leben in Deutschland*, »und doch – welcher Trost in meiner zermürbenden Gefangenschaft.«

Ida Jauch teilt von nun an die ohnehin knappen Lebensmittelrationen mit dem Jungen, die schon für einen Menschen nicht ausreichen. Sie stellt ihm einen Nachttopf in seine Kammer, den sie nachts ausleert, denn Hans darf ja von niemandem gesehen werden. Ihre Freundin Emma Harndt, die eingeweiht ist, lässt dem Jungen jeden Tag die gelesene *Berliner Morgenpost* zukommen. Hans saugt jede ihrer Zeilen in sich auf, selbst die Anzeigen, um nur nicht zu verdummen in seiner Einsamkeit. Frau Harndt schenkt dem Jungen auch ein Detektorradio, das ohne Strom funktioniert und mit dem dieser abwechselnd den »englischen Feindsender« und dann wieder die Hetzreden von Goebbels hört. Hans ist zugleich angewidert von dieser Sprache und fasziniert von deren böser Macht. »Es war die Stimme des Teufels. Die Personifizierung dessen, was mich in meiner Einsamkeit bedrohte.« Und er beschließt: Wenn er hier heil herauskommt, geht er zum Rundfunk. Weil er der Welt etwas zu sagen hat. »Vor allem, dass Juden keine schlechteren Menschen sind als alle anderen.« Er wird diesen Satz in der ihm eigenen Zurückhaltung noch oft in seinem Leben sagen.

Manchmal besucht ihn seine Großmutter in der Laube, und jedes Mal danach packt den Jungen die Angst, seine Oma könnte dabei beobachtet worden sein. Und so schärft sich sein Gehör: Er macht sich mit den Schritten aller Schrebergärtner der Nachbarschaft vertraut, und sobald er einen fremden Gang hört, hält er den Atem an und kriecht unter seine Matratze.

So tut er das auch an diesem einen Tag. Eine Fliegerbombe war in den Garten von Frau Jauch eingeschlagen und hatte die Fenster ihrer Laube zerbersten lassen. Ida Jauch beantragt neue Fenster für den Winter bei der NSDAP-Kreisleitung, die zwei Männer zur Laube schickt, um den Schaden zu inspizieren. Als die Beamten in Hans Rosenthals Verschlag vordringen, setzen sie sich auf die Matratze, unter der der Junge ausharrt. In seinem Buch beschreibt er diese Szene in allen Details: »Ich erstarrte in Todesangst. Staub vom Fußboden, den ich eingeatmet hatte, reizte mich zum Husten. Ich hielt den Atem an … Das Gespräch der Männer mit Frau Jauch zog sich endlos hin. Der Staub war nun in meiner Nase. Ich fühlte, dass ich niesen musste. Es war eine Höllenqual, es zu unterdrücken. Ich kämpfte mit

Staub und Speichel, die sich in meinem Mund ansammelten. Mein Brustkorb schmerzte vom Anhalten der Luft. Mir wurde schwarz vor Augen.« In diesem Moment wechselt einer der Männer auch noch seine Sitzposition. Die Matratzenfedern quietschen. »Ich fühlte plötzlich einen Druck auf meiner Brust – er saß jetzt genau über mir. Meine Hände verkrampften sich, vor den Augen sah ich kreisende Sterne.« Erst nach ewigen Minuten erheben sich die Männer endlich, im wahrscheinlich letzten Moment, und verlassen den Raum. »Diese Minuten haben mich um Jahre älter gemacht«, schreibt Rosenthal.

Nach einem Jahr stirbt Frau Jauch. »Zum zweiten Mal verlor ich eine Mutter«, erinnert sich Hans Rosenthal. Zur eingeweihten Gartennachbarin Emma Harndt kann Hans nun nicht gehen, denn als Kommunisten leben Herr und Frau Harndt selber im Visier der Gestapo. Maria Schönebeck aber, eine weitere Nachbarin in der Schrebergartenanlage, nimmt ihn schließlich bei sich auf. In deren Laube kommt er ein weiteres Jahr unter.

Hans' Sohn Gert Rosenthal erinnert sich nur schemenhaft, »wie wir in den Sechzigerjahren zusammen jene Schrebergartenkolonie besuchten, in der er Unterschlupf gefunden hatte. Ich war damals ein Kind. Eine der Frauen, die ihn versteckt hielten, lebte dort noch. Und die trafen wir nun. Erst viel später erzählte er mir, was es mit der Laube auf sich hatte …«

Gegen Ende des Krieges, als fast jede Nacht die Bomber ihre tödliche Fracht über Berlin abwerfen, wagt sich Hans Rosenthal aus seinem Versteck. In der Dunkelheit rennt der Junge nun durch die menschenleere Kolonie, legt sich auf den Rasen, blickt in den Himmel, den die Flakscheinwerfer erhellen und über den die Bomber dröhnen, und sehnt sich das Kriegsende herbei. »Wenn die Sirenen erklangen mit ihrem auf- und abschwellenden Heulton der Luftwarnung, schlug mein Herz höher«, erinnert sich Rosenthal, »ich lag im Gras, verschränkte die Arme hinter meinem Kopf und sah hinauf in den Berliner Himmel. Da war das Leben fast schön.« Manchmal denkt er: »Wenn die Piloten da oben wüssten, wie mir hier unten zumute ist, wie sie mich erfreuten mit ihrem Flug, der für die anderen Berliner so viel Angst und Schrecken und für viele auch den Tod bedeutete. Für mich bedeuteten sie das Leben. Ihre Kondensstreifen waren Lichtzeichen aus einer besseren Welt, in der auch ich frei leben durfte.«

So furchtlos Hans den Bombenhagel über seiner Stadt erlebt, so mutig handelt er, als ein zweites Mal eine Bombe ganz in der Nähe seiner Laube einschlägt. Dieses Mal ist es eine Brandbombe. Hans rennt hinaus und hilft zu löschen. Im Inferno bemerkt er gar nicht, wie er sich mit einer Hand an der mit Teerpappe beschichteten Fassade seines Verstecks abstützt. Der Junge bleibt kleben am kochend heißen Teer, schafft es aber, sich loszureißen, und starrt auf seine Hand. In die hat sich der flüssige Teer gefressen. Frau Schönebeck versorgt den Jungen notdürftig, doch Hans hält die Schmerzen nicht aus. Er wagt es, sein Versteck abermals zu verlassen, und rennt ins nahe Krankenhaus. Ein Arzt dort versorgt und rettet ihn, obwohl Rosenthal ihm keine Papiere vorzeigen kann.

Zurück in seiner Zuflucht hört er in seinem kleinen Radio vom missglückten Stauffenberg-Attentat und dass die engsten Verschwörer erschossen worden sind. Einer aus dem Kreis wird aber noch gesucht: Carl Friedrich Goerdeler, der im Fall eines erfolgreichen Attentats für das Amt des Reichskanzlers vorgesehen war. Hans Rosenthal erinnert sich, wie sehr er für Goerdeler damals hoffte. Wie er ihm wünschte, er möge jemanden finden, der ihm Obhut gewährt, so wie ihm Frau Jauch und Frau Schönebeck.

Wenig zuvor hört er im Radio von der großen Invasion, vom D-Day. Und hofft abermals. Nach dem Krieg wird er erfahren, dass sein Vetter Rudi Masche, der mit der Kinderlandverschickung nach Amerika gekommen war, als US-Soldat in vorderster Front am Omaha Beach gekämpft hatte. Seine Aufgabe war es, mit einem der Landungsboote immer neue Soldaten von den Kreuzern abzuholen und an den Strand zu bringen. Er überlebte im Kugelhagel des D-Day.

Eines Tages im April 1945 hört Hans ein neues Geräusch in seinem Versteck: das Rasseln von Panzerketten. »Das müssen die Russen sein!«, denkt er und läuft hinaus zu seinen Befreiern. In den nächsten Tagen wird er sich bei den Frauen, die ihn versteckt hielten, bedanken können. Er stellt sich schützend vor sie, als die Russen die Lauben durchkämmen und die Frauen vergewaltigen wollen. Einmal verprügelt ihn ein Russe dafür. »Aber das war es mir wert.«

Vielleicht ist es ja so gekommen, wie die fromme Frau Jauch es ihm vorausgesagt hatte. Vielleicht hatte ihm in der ganzen Zeit im Versteck eine höhere Macht beigestanden. Ida Jauch hatte ihm doch kurz vor ihrem Tod einen Psalm auf ein Stück Papier geschrieben, das ihm sein Leben lang heilig blieb: »Denn er hat seinen Engeln befohlen über dir, dass sie dich behüten auf all deinen Wegen.«

Sein Sohn Gert Rosenthal denkt heute ohne Wehmut an seinen Vater zurück. »Zu meiner Mutter sagte er oft: ›Ich bin ein glücklicher Mensch!‹ In seinem zweiten Leben wollte er etwas von der Hilfe, die er erfahren hatte, zurückgeben. Und so gingen alle Spielgewinne aus *Dalli Dalli* an arme

Familien.« Bis heute glaubt Gert Rosenthal, dass sein Vater ihm und seiner Schwester aus Fürsorglichkeit nie ausführlich von den schrecklichen Erlebnissen erzählt hat. »Meinem Vater ist wichtig gewesen, dass es uns allen gut ging. Wahrscheinlich, weil er seine Familie so früh verloren hatte.«

Kurz vor seinem Tod prophezeite Hans Rosenthal seinem Sohn: »Ich werde nach meinem Tod sicher schnell vergessen werden.« Er sollte sich täuschen. Der Platz vor Hans Rosenthals RIAS-Funkhaus in Berlin trägt heute seinen Namen. Und fast drei Jahrzehnte nach seinem Tod im Februar 1987 gibt es nun sogar Pläne, sein Leben für das Fernsehen zu verfilmen. Noch etwas: Im Oktober 2015 ehrte der Staat Israel seine drei Retterinnen, Ida Jauch wurde posthum sogar als »Gerechte unter den Völkern« ausgezeichnet.

Die Erinnerung an die Zeit der Verfolgung kehrte in Hans Rosenthals zweitem Leben nach dem Krieg oft zurück. Meist in der Nacht, wie bei so vielen Menschen dieses Buchs. Dann schreckte er hoch, weil er geträumt hatte, er sei noch in der Laube und jemand habe an die Tür geklopft, um ihn zu holen. »Er verkehrte aber selbst solche Augenblicke ins Positive«, erinnert sich sein Sohn Gert. Mit einem Leuchtkugelschreiber, der auf seinem Nachttisch lag, notierte er neue Ideen für *Dalli Dalli*.

Hans Rosenthal sprach nicht in Talkshows oder Interviews über seine schrecklichen Erfahrungen, er war nicht politisch engagiert und kein Mahner. Er war nur einer, der das Böse überstanden hatte und nun seinen Mitmenschen Gutes tun und Freude machen wollte. Er war ein personifiziertes Trotzdem, das er aber nie demonstrativ vor sich hertrug. Er machte »nur« Unterhaltung. Aber in diesem Wort steckt das Wort »Haltung«, und die hatte er.

»Ich habe überlebt, er nicht!«

*Edgar Feuchtwanger im Haus seines
alten Nachbarn Hitler*

Das Haus hat seinen Bewohner heil überstanden, den »Führer« und auch den Krieg, den er entfesselte. Die Löwengesichter ragen noch immer aus der Jugendstilfassade, Stuck und Schnörkel schmücken die Erker des herrschaftlichen Gebäudes. Auch die Haustür ist noch jene, durch die Hitler ein und aus ging. Die schwere, große Eichenholzpforte vermag Edgar Feuchtwanger kaum allein zu öffnen.

Der alte Mann ist zurückgekehrt in die Stadt seiner Kindheit, nach München. Er sieht auf den Klingelknopf. »Winter« stand damals darauf, als er ein Junge war – um den Namen des eigentlichen Mieters Adolf Hitler zu tarnen und auch weil das Bediensteten-Ehepaar im Hause Hitler so hieß, das in einem abgetrennten Trakt seiner Wohnung lebte. Heute steht »Polizeiinspektion 22« auf dem Schild. Feuchtwanger klingelt. Eine Kamera beleuchtet sein Gesicht. Die Stimme eines Polizisten fragt nach seinem Namen. Der Türöffner summt. Feuchtwanger tritt ein in das Haus, in dem der Unheimliche heimisch war. Auf 398 Quadratmetern Wohnfläche.

Im Dunstkreis des Bösen wächst der kleine Edgar auf, im Auge eines Orkans, der sich von hier aus über die halbe Welt ausbreiten wird: Zehn Jahre ist Hitler Edgar Feuchtwangers Nachbar in München. Bis 1939 lebt der Junge mit seinen jüdischen Eltern in der Grillparzerstraße, schräg gegenüber von Hitlers Privatwohnung im zweiten Stock. Von 1929 bis zu seinem Selbstmord am 30. April 1945 blieb Hitler hier gemeldet.

Feuchtwanger ist ein Neffe des legendären und von Hitler verhassten Schriftstellers Lion Feuchtwanger. Edgars Vater war Verlagsleiter in München. Sein Sohn ist zeitlebens ein Übriggebliebener. Seine Familie stand wie so viele jüdische Familien einst für das großbürgerliche jüdische München, das gebildete jüdische Deutschland, das zerbrach.

Im Jahr 1933 läuft der kleine Edgar Feuchtwanger über den Prinzregentenplatz und steht plötzlich vor ihm. Vor Hitler. »Dem wachsen ja Haare aus der Nase!«, bemerkt er. Sie fallen dem Jungen sofort auf, weil er zu ihm hinaufsehen muss. Gebannt blickt der Achtjährige hoch zu Hitler, mitten in sein Gesicht. Und in seine Nase. Er schaut nicht aus Neugierde so genau, sondern weil er versteinert ist vor Schreck. Zum ersten Mal steht er seinem Nachbarn gegenüber. Das ist er also. Der Mann, der ihn und alle anderen Juden ausrotten will. Das ist er also, der »Führer«. Der »Führer« von nebenan.

Der kleine Edgar Feuchtwanger weiß: Eigentlich sollte er jetzt seinen Blick zu Boden senken. »Aber ich konnte nicht. Ich starrte ihn an!«, erinnert sich Feuchtwanger heute. Damals, im Jahr 1933, trägt Hitler einen Trenchcoat, über dem er einen Gürtel festgezurrt hat, und einen Schlapphut. Passanten auf dem Bürgersteig schreien: »Heil Hitler!« Der Diktator hebt nur seinen Hut, sagt Feuchtwanger. Ihn überraschen seine blauen Augen. »Ich wusste nicht, dass sie blau sind, man sah es nicht auf den Fotos.« Sekundenbruchteile blickt auch Hitler in die Augen des Jungen. Bis er in einen Wagen steigt und verschwindet. »Er kam mir viel kleiner vor, als ich ihn mir vorgestellt hatte«, sagt Feuchtwanger.

Im Krieg kam der Diktator nur noch selten nach München. Bis 1939 aber, solange Feuchtwanger sein Nachbar war, reiste er fast jedes Wochenende an.

Nun ist Feuchtwanger wieder in München, seiner Heimat, aus der Hitler den 14-Jährigen vertrieben hatte. Feuchtwanger ist 89 Jahre alt, als wir uns 2013 treffen. Er lebt seit seiner Flucht nach London in England. Zurück nach Deutschland, in Hitlers Lieblingsstadt, kommt er, weil er eingeladen ist, um aus seinem Buch zu lesen, in dem seine Kindheitserlebnisse aufgeschrieben sind: *Als Hitler unser Nachbar war.*

Am Morgen vor der Lesung unternehmen wir eine kleine Zeitreise. Zusammen gehen wir in Hitlers ehemalige Privatwohnung im zweiten Stock. Es ist das erste Mal in seinem Leben, dass Edgar Feuchtwanger diesen Schritt tut. Er ist gespannt, aber er lächelt: »Wenn Hitler wüsste, dass ich heute hier bin, er würde toben.«

Der einstige Universitätsprofessor mit dem klugen, freundlichen Gesicht, elegant gekleidet in Hemd mit Schlips und Barbourjacke, steht nun im Portal. Der Experte für deutsche und britische Geschichte des 19. und 20. Jahrhunderts begibt sich mit Neugier im Blick zurück in diese deutsche Vergangenheit. Er schaut ins Halbdunkel des Flurs. Eine ausladende Steintreppe türmt sich vor ihm auf. Zwei freundliche Polizisten geleiten den Gast in die Räume im zweiten Stock. Das Eichenparkett der Wohnung stammt noch von damals. Es knarzt und knirscht bei jedem Schritt so laut, dass es über die stillen Flure hallt.

Die Chefin der Inspektion, Polizeioberrätin Andrea Ortmayr, erwartet Feuchtwanger im zweiten Stock. Sie wird von ihrem Gast mit Komplimenten bedacht. »Es ist schön, dass Sie nun an diesem Ort sind«, sagt Feuchtwanger zu ihr. Sie strahlt und nennt ihn »einen Gentleman alter Schule«. Ortmayrs Kollege, Polizeihauptkommissar Harald Freundorfer, führt Feuchtwanger durch die Räume und deutet zuallererst auf die Wände. Die Jugendstilornamente ließ Hitler herausmeißeln, erklärt er. Er wollte es kantig-arisch. Stattdessen wünschte er einen mit Marmor verkleideten Kamin in seinem Wohnzimmer, in dem heute zwei Beamte hinter Bildschirmen sitzen.

Tausende Male ist Feuchtwanger unter diesem Zimmer auf dem Platz vorbeigegangen als Junge. Genauso oft hat er sich ausgemalt, wie es wohl in der Wohnung aussehen könnte. Er hatte doch meist nur den Schattenriss des Mannes hinter den Vorhängen gesehen. Dazu die SS-Wachen, wie sie vor dem Eingang auf und ab paradierten. Er hatte das Knallen der Stiefel in seinem Kinderzimmer gehört. Das Quietschen der Reifen, wenn der Tross mit Hitler Richtung Obersalzberg aufbrach.

Damals ängstigte es ihn. Oft lag er nachts wach in seinem Kinderbett, weil irgendein Geräusch an der Haustür ihn aufschrecken ließ. Jederzeit hätte es ein Gestapo-Trupp sein können. In der »Kristallnacht« 1938 holten die Nazis Feuchtwangers Vater ab und brachten ihn nach Dachau. Es ist ein Wunder, dass er Wochen später wieder freikam. »Er war abgemagert und übersät mit Frostbeulen«, erinnert sich sein Sohn. Doch er schaffte es, die Ausreise für die Familie zu organisieren. In einer Zeit, als ein Entkommen eigentlich längst unmöglich war. Er brachte die damals unglaubliche Summe von 1000 Mark »Reichsfluchtsteuer« auf und überließ den Nazis alles, was er besaß. Erzählt Feuchtwanger von diesen Schrecken, liegt kein Groll in seinem Gesicht: »Ich habe keine Ressentiments gegen Deutschland.«

Dass ein Mann mit einer solchen Kindheit ausgerechnet Professor für britische und deutsche Geschichte wird, macht neugierig. Doch nein, sagt Feuchtwanger, er habe den Beruf nicht deswegen gewählt. Das große Interesse am Vergangenen habe kaum etwas mit seiner eigenen Vergangenheit zu tun, sagt er. Als alter Herr und hoch angesehener Historiker will er mit seinem Buch und bei seinem Besuch in München nur noch einmal mit den Augen eines Kindes zurückschauen. Der Wissenschaftler hält sich zurück. Stattdessen lässt der weise Mann den Jungen von damals noch einmal sehen und fühlen.

Bis 1935 traf Feuchtwanger seinen Nachbarn auf dem Prinzregentenplatz, dann sperrte die SS den Bürgersteig vor dem Haus ab. »Es lag eine Spannung in der Luft, wenn die Leibwächter in ihren braunen Uniformen aus der Wohnung heraustraten und er dann erschien.« Feiern ließ sich Hitler selten, wenn er nach Hause kam. Feuchtwanger erinnert sich aber an den 16. März 1938 so genau, dass er heute noch den Wochentag weiß. »Es war ein Mittwoch. Hitler hatte den Anschluss Österreichs bekannt gegeben. Er fuhr im offenen Wagen mit gestrecktem Arm bis zum Haus!« Vom Balkon seiner Wohnung ließ er sich von den Menschen auf dem Platz bejubeln.

Der sieht auch heute noch genauso prachtvoll aus, wie er heißt: Wenn man in der Dämmerung aus einem der Fenster der einstigen Hitler-Wohnung auf den Prinzregentenplatz blickt, scheint für Minuten ein alter Schwarz-Weiß-Film, eine *Wochenschau* zu laufen. Doch eigentlich haben die heutigen Mieter nicht viel im Sinn mit der Geschichte. Wenn die Polizisten ihren Arbeitsplatz im noblen Stadtteil Bogenhausen betreten, müssen sie als Erstes in Hitlers früheres Schlafzimmer. Dort stehen ihre Spinde, dort legen sie ihre Uniformen an.

Hielt sich Hitler in München auf, tauschte er seine Uniform gegen einen Anzug. Und wechselte gern die Rolle.

Der Politiker gab sich als Bohemien. Er schlief lang, studierte Architekturentwürfe, speiste bei seinem Lieblingsitaliener, der Osteria Bavaria in der Schellingstraße. Oder ließ sich von Frau Winter bekochen. Seiner Haushälterin schenkte er eine Nazi-Adler-Brosche aus Rubinen. 4176 Mark Miete zahlte Hitler bis 1936 im Jahr. So steht es im Mietvertrag des »Kunstmalers und Schriftstellers«, wie er dort genannt wird. 1936 kaufte seine Partei das Haus. Heute, in der Polizeiinspektion 22, arbeitet hier ein Polizist, über dessen Nachnamen seine Kollegen schmunzeln: Er heißt Führer. Es gibt auch eine Frau Braun und einen Herrn Bormann im selben Haus.

Nach dem Krieg erbte der Freistaat Bayern den Hitler-Besitz und richtete darin zunächst die »Zentrale Bußgeldstelle« ein. Auch, um zu verhindern, dass rechtsextreme Nachmieter einziehen. Heute liegt im Erdgeschoss die Wache der PI 22, in den oberen Stockwerken arbeiten Kontakt-, Jugend-, Zivilbeamte, unterm Dach die Politessen. Beinahe wären die Staatsdiener an einem 20. April, »Führers« Geburtstag, ins ehemalige Hitler-Haus eingezogen. Im letzten Moment fiel das einem von ihnen auf.

Beim Namen nennen die Polizisten Hitler ungern, sie sprechen von ihm in der dritten Person: »Er« war mal hier daheim, aber dafür können die Beamten nichts. Er ist ihnen fremd geblieben trotz dieser merkwürdigen Gegenwart. »Wer kennt diesen Mann?«, fragt ein Fahndungsplakat auf der Pinnwand und meint einen ganz gewöhnlichen Verbrecher. Die Leere der großen Räume haben die Beamten noch immer nicht füllen können, auch wenn sie es mit den Pokalen der Polizeisportvereine probieren: Bronzefarben, silbern und golden blinken sie aus den Regalen und vom Kaminsims. Platzhalter. Denn darum geht es am Prinzregentenplatz 16 – die Bedeutungsschwere dieser Räume mit Belanglosigkeiten neu zu besetzen.

Hitlers alte gute Stube birgt heute einen Schulungsraum, in dem junge Polizisten zum Beispiel lernen, wie sie einen Unfall protokollieren. Zum Rauchen müssen sie raus auf den Balkon. Die umsichtige Chefin der Inspektion achtet darauf, dass sich nicht zu viele ihrer Männer draußen zeigen. Es gab mal eine Beschwerde von Nachbarn, die gegenüber wohnten und die beim Anblick lauter Uniformierter auf Hitlers Balkon ein ungutes Gefühl beschlich. Es waren Juden wie Feuchtwanger, die den Holocaust überlebt hatten.

Recht und Ordnung herrschen nun an diesem Ort, demonstrativ. Die Frühlingssonne scheint in Kegeln in die Räume und lässt den gebohnerten Boden glänzen. Die Raumpflegerin aus Afrika singt leise bei der Arbeit. Sie benutzt ein blumig duftendes Putzmittel, sein Geruch verteilt sich im ganzen Haus. Ab und an knallen Türen im Durchzug. Ihre Klinken hat Hitlers Hofarchitekt Paul Ludwig Troost gestaltet. Es sind die gleichen wie im Haus der Kunst, das weiter unten an der Prinzregentenstraße liegt. Hitler ließ den Bau errichten und vollstellen mit gigantischen Germanen aus Marmor. Selbst die glanzvolle Prinzregentenstraße, auf der sich heute der Verkehr vierspurig an Hitlers Haus vorbeiwälzt, war dem Ex-Mieter zu eng. Er wollte sie pompös erweitern und München zur »Führerstadt« ausbauen lassen. So viel Größenwahn in seinen Plänen auch steckte, in seinem wahren Leben regierte die Spießigkeit. Darüber muss Edgar Feuchtwanger schmunzeln, wenn er durch Hitlers altes Reich geht.

»Es roch nach gebackenem Öl und säuerlichen Abfällen«, erinnerte sich ein Augenzeuge, der am Prinzregentenplatz mehrmals zu Gast war. Albert Speer notierte ab 1945 in mehreren seiner 25.000 Kassiber, die er aus dem Spandauer Kriegsverbrechergefängnis herausschmuggeln ließ, seine Eindrücke von Hitlers Privatdomizil. Der Lieblingsarchitekt und spätere Kriegsminister betrat die Neunzimmerwohnung zum ersten Mal im Jahr 1933. Er musste zunächst im Vorraum Platz nehmen wie in einem Wartezimmer. Er war »mit Andenken oder Geschenken niedrigen Niveaus voll gestellt. Auch die Möblierung zeugte von schlechtem Geschmack. Ein Adjutant kam, öffnete eine Tür, sagte formlos ›Bitte‹, und ich stand vor Hitler, dem mächtigen Reichskanzler. Vor ihm auf einem Tisch lag eine auseinandergenommene Pistole, mit deren Reinigung er anschließend beschäftigt war.«

Drei Jahre später besuchte Albert Speer erneut die Hitler-Wohnung. Er beschrieb sie süffisant als Behausung eines »Privatmannes von mittlerem Einkommen, etwa eines Filialleiters einer Depositenkasse«. Speer, der vermeintliche Gentleman-Nazi – in Wahrheit Mitwisser und Profiteur des Holocaust –, erinnerte sich an eine Wagner-Büste, »Herrenmöbel« aus Eichenholz, Bilder der »Münchner Schule« in goldenen Rahmen. Er notierte: »Nichts verriet, dass der Inhaber dieser Wohnung seit drei Jahren Reichskanzler war.« Ein Reichskanzler, der in seinem Schlafzimmer Leibesübungen absolvierte und täglich mit einem Expander seinen rechten Arm stählte. Wie sonst wohl könne er die schier endlos langen Paraden überstehen, stundenlang, mit ausgestrecktem Arm, ohne ein Zittern, fragte er seinen Gast Albert Speer und setzte stolz hinzu: »Schauen Sie sich meine Untergebenen an! Wie oft die absetzen müssen!«

In Hitlers Schlafzimmer, der jetzigen Dienstumkleide, hängt heute ein Plakat der Schauspielerin Milla Jovovich.

Lasziv schaut sie auf die Polizisten, ihre Fans. In jedem der Räume, durch die ihn die Polizisten führen, geht Edgar Feuchtwanger ans Fenster und schaut voller Neugier hinaus und hinab auf seine alte Kinderwelt, in der er spielte. Ihm gefällt der Perspektivwechsel nach fast acht Jahrzehnten.

In den Neunzigerjahren inspizieren die Sachverständigen des bayerischen Landesamts für Denkmalpflege die Hitler-Etage. Sie bewerten sein Domizil als ein Wohnumfeld, »das von einer im Grundsatz bürgerlichen Lebensauffassung zeugt. Die konservative, auf Repräsentation bedachte Materialwahl weist ... auf die Ideologie des Dritten Reiches hin.« Das Amt entscheidet, auch das Eichenfurnier im Bunker im Keller zu belassen. Die Täfelung stehe für die »Biederkeit« der Nazis. Für die Biederkeit des Brandstifters interessieren sich viele Menschen bis heute. Häufig klingeln Passanten bei der PI 22 und bitten um Einlass, oft amerikanische Touristen. »Grundsätzlich gibt es keine Führung, wir kennen die Motivation der Leute nicht«, sagt die Chefin der PI. Edgar Feuchtwanger nickt erleichtert und atmet auf.

Im Mai 1945 ging der Kampf gegen Hitler in die letzte Runde, und GIs in Panzerwagen rollten auf dieses Haus zu. »Wir wollten wissen, gegen wen wir Krieg geführt hatten, wie dieser Mann lebte«, sagt einer von denen, die am 2. Mai Hitlers Wohnung stürmten. Der heute 94-jährige Georg Stefan Troller trägt einen weißen Bart, in seinem Blick und seiner Stimme liegt immer noch Entschlossenheit. Er erinnert sich noch immer an das vergilbte Veilchensträußchen, das er damals in einem Brief in Hitlers Schreibtisch fand. Der Absender, ein kleines Mädchen, schrieb: »Mein lieber Führer, vom letzten Taschengeld sende ich Ihnen dieses Sträußchen.«

Der damalige GI Georg Stefan Troller lebt heute als Dokumentarfilmer, Journalist und Autor in Paris. Als Jude floh er vor Hitler aus seiner Heimat Wien bis in die USA. Als Emigrant zum Kriegsdienst eingezogen, kommt er 1945 nach München. Ein Triumph für den Verfolgten. »Als ich durch Bayern fuhr, durch das schöne ländliche Hinterland mit seinen Zwiebeltürmen und Kirchen, hatte ich so etwas wie erfülltes Heimweh. Die Leute rannten vor uns davon, um ganz schnell noch ihre Nazifahnen und Ehrendolche zu vergraben oder zu verbrennen, während unsere Soldaten hinterhersprinteten, um sie daran zu hindern, um sich diese als Souvenirs unter den Nagel zu reißen.« Auch in München, angekommen am Prinzregentenplatz, »standen die Leute und Kinder an den Straßenecken und winkten, schrien nach Schokolade, Kaugummi, die Erwachsenen nach Zigaretten. Feindliche Gefühle gab's überhaupt nicht«, sagt Troller.

Dann stand er in Hitlers Wohnung. Doch schnell war der Soldat enttäuscht. War es das, wofür er und seine Kameraden von der Thunderbird Division ihr Leben riskierten? »Wo war der Führer eines Weltreichs?«, fragte er sich. »Da war nur dieser Veilchenstrauß. Und gedrechselte Möbel. Lauter Spießigkeit. Darüber sollten wir triumphieren?« Seine Kameraden versuchten es, wälzten sich auf Hitlers Bett, bedienten sich am Nazitand, stritten sich um Hakenkreuz-Samtkissen, um das Gemälde mit Friedrich dem Großen im Wohnzimmer, die Statuen von Arno Breker. Die Kriegsfotografin Lee Miller lichtete sich in der Badewanne des Besiegten ab. Nur ein wenig Schaum verbirgt ihren Busen auf dem bekannten Foto. Ihre dreckigen Soldatenstiefel, mit denen sie in Hitlers Bad marschierte, postierte sie auf einem frischen weißen Handtuch vor der Wanne.

Ihr Kamerad Troller aber saß in diesem Moment an Hitlers Schreibtisch und kramte neugierig in der Post des Diktators. Fand darin auch einen Brief, den die Paladine 1934 an ihren Führer schrieben. Es war die Zeit des Röhm-Putsches. Hitler hatte gerade die SA-Führung ermorden lassen. Unterzeichnet ist das Schriftstück von Göring, Goebbels und Himmler. Sein Inhalt klingt heuchlerisch: »In dieser schweren Stunde versichern wir Ihnen unsere ewige Freundschaft und Ergebenheit ...« Troller steckte den Brief in einen Umschlag Hitlers, schrieb noch ein paar Zeilen auf das »Führer«-Briefpapier und schickte alles an seinen Vater, »um ihm Spaß zu machen«, erinnert sich Troller. Doch der schrieb seinem Sohn zurück: »Ich will so was nicht im Hause haben!« Und so verscherbelte er den Brief für 25 Dollar. »Heute wäre das wahrscheinlich sehr viel mehr wert«, schmunzelt Troller.

Er fuhr damals weiter in das nur 30 Kilometer entfernte KZ Dachau. Die Leichenberge, die er dort sah, bringt er noch heute nicht mit den Karl-May-Bänden, den gedrechselten Möbeln und dem Veilchenstrauß in der Wohnung am Prinzregentenplatz zusammen. »Nachdem wir Dachau sahen, wussten wir, wofür wir gekämpft hatten«, sagt Troller. »Man hatte es ja doch nicht glauben können, man hatte doch immer gehofft, es wären wirklich nur Arbeitslager gewesen, nicht Straflager und nicht Todeslager«, erinnert sich Troller. »Die Leichen lagen in offenen Zügen herum, Hunderte. Zum Teil schneebedeckt. Wir wussten gar nicht, dass Menschen so ausschauen können. Und einige der Insassen, die überlebt hatten, standen auch noch rum. Hatten einige der SS-Wärter ermordet, die jetzt auch da mit herumlagen.«

Der Junge Edgar Feuchtwanger entkam dem Grauen rechtzeitig durch die Flucht nach London. Nun geht er in die alte Bibliothek, in der auch nach acht Jahrzehnten noch der Geruch des alten Eichenholzes hängt. Dann leitet Polizeihauptkommissar Freundorfer seinen Gast in das kleine Eckzimmer, in dem Hitlers Nichte Geli Raubal bei ihrem geliebten »Onkel Alf« lebte. Freundorfer sagt: »Er hatte sie ja regelrecht eingesperrt hier herinnen.« 1931 erschoss sie sich mit Hitlers Pistole. 17 Stunden soll ihr Todeskampf gedauert haben. Kurz danach entdeckte die Haushälterin die Leiche. Was vorher passiert war, ist unklar. Die Gerüchte reichen von heftigen Streitigkeiten mit dem Onkel, über Eifersuchtsszenen bis zu einem Verhältnis. Geli Raubal habe es nicht ertragen können, dass es eine neue Frau an Hitlers Seite gab, Eva Braun.

Das Zimmer, in dem Geli Raubal sich erschoss, ließ Hitler in seine ganz persönliche blumengeschmückte Kultstätte samt Bronzebüste seiner Nichte umbauen. Niemand durfte das Zimmer mehr betreten. An ihrem Todestag schloss er sich jedes Jahr darin ein und gedachte »seiner einzig wahren Liebe«. Der Raum ist heute eine Abstellkammer, in der sich Büromaterial stapelt.

Im Hinterhof stehen mächtige Bäume. Unter ihnen verbirgt sich eine vier Tonnen schwere Metallplatte, die Hitlers Privatbunker versiegelt, den er 1941 errichten ließ. Hauptkommissar Harald Freundorfer sagt: »Da ahnte er, dass etwas auf ihn zukommt.« Kundig führt er Feuchtwanger und mich durch die Katakomben, an deren Wänden Schimmel wuchert und Salpeter ausblüht. Edgar Feuchtwanger steigt die schmalen Stufen hinab. Dort unten existieren noch der mit Eichenfurnier wohnlich ausgestattete Privatbunker und die Luftfilteranlage, denn Hitler hatte

Angst vor Gasangriffen. Feuchtwanger ist mulmig zumute. Er stellt den Kragen seiner Barbourjacke auf und verschränkt die Arme vor der Brust.

Als er wieder durch die gewaltige Eingangstür zurück ins Freie tritt, atmet er auf. Mit welchen Gefühlen er an diesen Ort gereist ist? Edgar Feuchtwanger lächelt, dann sagt er: »Mit gar nicht mal so vielen. Nur eines habe ich ganz deutlich gespürt: Ich habe überlebt. Er nicht.«

»Es gibt etwas, das kann man nicht vernichten«

Yehuda Bacon trotzt bis heute Auschwitz

Es gibt keine Worte für Auschwitz. Nicht für das, was Yehuda Bacon erlebt hat. Selbst wenn er davon erzählt. Wenn er sich daran erinnert, wie er die Asche auf Schubkarren aus den Krematorien schaffte. Wie er sie dann auf den Rollwagen schaufelte. Wie er im Winter mit ihr die Straßen von Birkenau bestreuen musste. Selbst dann reichen Worte nicht aus, um es sich vorzustellen. Es gibt keine Sprache für die Schoah. Deswegen fing Yehuda Bacon an zu malen. Er zeichnete, was er nicht in Worte kleiden konnte.

Yehuda Bacon. Häftlingsnummer: 168194. Im Sommer 1944 ist er 14 Jahre alt und versucht zum ersten Mal, das Unfassbare zu fassen. Er spürt, dass er zeichnen kann. Dass er das Unsagbare zeichnen muss. Mit einem Stück Kohle in seiner Hand und wenigen Strichen.

Er sieht, wie sein Vater in der Gaskammer verschwindet. Und wie später der Rauch aus dem Schornstein aufsteigt. Diese Rauchsäule bannt er auf ein Stück Papier und zeichnet in den Qualm ein Porträt seines Vaters. Es ist sein berühmtestes Bild.

Yehuda Bacon (gesprochen »Bakon«), geboren 1929 im tschechischen Ostrava (deutsch: Ostrau), ist einer, der die Mordmaschinerie von Auschwitz in ihrem Innersten erlebte. Und als Einziger seiner Familie überlebte. Er war einer der »Birkenau Boys«, eines von 90 Kindern, die die SS-Leute am Leben ließen, um sie in den Gaskammern arbeiten zu lassen.

Der Junge Yehuda war bald schon vertraut mit den Männern des jüdischen Sonderkommandos, die die Leichen aus den Kammern holen und in die Öfen schieben mussten. Er fragte sie aus, und die Verdammten, die später selbst getötet wurden, berichteten ihm. Yehuda sah, hörte und fühlte immerfort und prägte sich alles ein.

Die Männer ließen ihn in der Todesfabrik spielen, mit dem Lift fahren, der die Leichen ins Krematorium brachte. Im Winter wärmte Yehuda sich in den leeren Gaskammern auf. Bald wusste er genau über die Abläufe Bescheid, etwa, dass es mit einem Telegramm aus Berlin begann, das die genaue Zahl der Neuankömmlinge ankündigte. Die Sonderkommandos mussten daraufhin die Öfen der Krematorien vorheizen. Eines Tages betrat der kleine Yehuda den Raum mit den Holzvorräten und staunte sehr: Da lagen ganze Wälder vor ihm.

Die Kosten für ihre Vernichtung beglichen die Opfer selbst. Im Lagerteil »Kanada« durchsuchte ein Sonderkommando ihre Kleidung und ihr Gepäck nach Schmuck und Geld. Auch als Tote wurden die Menschen noch ausgebeutet, ihnen das Zahngold herausgeschlagen und den Frauen die Haare abgeschoren.

Yehuda Bacon erzählt, wie den Neuankömmlingen, die direkt nach ihrer Ankunft für den Tod selektiert wurden, noch in der Entkleidungskammer vorgelogen wurde, sie würden nun geduscht werden. Wie die meisten das auch glaubten und ruhig in die Gaskammer hineingingen. Wie erst Panik ausbrach, als die SS immer mehr Menschen in die Kammer trieb und zusammendrängte, meist 2000 auf einmal. Wie sich dann einige befreien wollten und niedergeknüppelt wurden, bis die Tür zugeschlagen und verriegelt wurde. Wie die Menschen dann in den überfüllten Gaskammern im Stehen starben. Wie sie sich in ihrem Todesringen ineinander verkeilt hatten und es den Sonderkommandos deswegen kaum gelang, die Leichen herauszuschleifen.

Blut, Kratzspuren und abgerissene Fingernägel am Putz der Wände hinterließen die Verzweifelten. Kinder und Babys entgingen oft dem Erstickungstod, weil sie sich in den Gaskammern weiter unten befanden und das Zyklon B nach oben stieg. Sie wurden beim Ausräumen der Kammer erschossen. Die SS achtete darauf, dass alle Knochen, die nicht in den Öfen verbrannten, von den Sonderkommandos gesammelt und zermalmt wurden. Die Mörder wollten keine Spuren hinterlassen.

Yehuda Bacon sagt, er habe erlebt, wie Menschen vor den Türen der Gaskammern zu Heiligen wurden und anderen halfen. »Und ich habe sehr gebildete Menschen kennengelernt, die im selben Moment zu Unmenschen wurden und andere verrieten, nur um ihr Leben um eine Minute zu verlängern.«

Yehuda Bacon überlebte die Todesmärsche, auf die die SS die KZ-Häftlinge schickte. Die Zeichnungen, die er im KZ notdürftig auf Zetteln angefertigt hatte und verstecken musste, konnte er aus diesem Höllenszenario nicht retten. Doch schon kurz nach der Befreiung fertigte er aus der Erinnerung neue Bilder von den Gaskammern und Krematorien und von seinen Erlebnissen an. Diese entsprachen so exakt den Bauplänen der SS, dass sie zusammen mit seinen Zeugenaussagen im Eichmann-Prozess in Jerusalem 1961, in den Frankfurter Auschwitz-Prozessen wenige Jahre danach und später auch im Prozess gegen den Holocaustleugner David Irving als Beweismittel für die Todesmaschinerie dienten. Für Yehuda Bacon, der zur Zeit der Auschwitz-Prozesse bereits ein anerkannter Künstler und Professor an der Bezalel-Kunstakademie in Jerusalem war, geriet das Wiedersehen mit den Mördern seines Vaters in Frankfurt abermals zur Qual. Er verausgabte sich vor Gericht, wollte durchhalten, als die Richter, überzeugt von seiner Glaubwürdigkeit, ihn einen ganzen Tag lang zu allen Details der Mordfabrik befragten. Erst als es endlich vorbei war, brach er zusammen. In den Verhandlungspausen standen einige der Männer von der Anklagebank auf, um Bacon die Hand zu reichen. Vielleicht, weil sie sich entschuldigen wollten. Vielleicht weil sie hofften, diese Geste würde den Richter beeindrucken. Bacon sagt im Nachhinein: »Das war mir ein wenig unangenehm.«

Ein wenig unangenehm – seine höfliche Zurückhaltung ist typisch für diesen Mann, der sich sein Leben lang für Versöhnung und Vergebung einsetzte. Dass Yehuda Bacon trotz allem, was er erlebt und erlitten hat, so unbefangen auf Menschen zugeht, erstaunt sie.

Sein Bild des Vaters in der Rauchsäule ist in Yad Vashem ausgestellt, der Gedenkstätte für den Mord am jüdischen Volk in Jerusalem. Es hängt dort über dem Modell des Krematoriums und der Gaskammer von Auschwitz. Manchmal steht Bacon heute noch davor und schaut seinen Vater an. So wie an diesem Tag im September 2014, als ich mit ihm nach Yad Vashem fahre.

Bacon ist ein zierlicher Herr. Wenn er vor seinem Bild steht, muss er zu seinem Vater aufschauen. Er legt den Kopf zur Seite, und als wolle er dem Augenblick die Traurigkeit nehmen, lächelt er. Das Lächeln haben die Nazis ihm nicht nehmen können, er lächelt fast ständig, und nie wirkt es aufgesetzt. Vielleicht ist es sein Schutz. Vielleicht hilft es ihm gegen die Unerbittlichkeit seiner Erinnerungen. Es begleitet auch sein schönes, altes Deutsch und lässt es freundlich klingen. Bacon ist ohne jede Bitterkeit: »Ich habe irgendwann gespürt: Es gibt auch etwas, das kann man nicht vernichten. Ich wusste nicht genau, was das ist. Aber ich ahnte etwas«, sagt er. Das mag sein Lächeln sein, seine Zuversicht. Auch sein Glaube vielleicht. Ihm gefällt der Satz: »Ich habe Gott immer vor Augen gehabt.« Und das an einem Ort, von dem manche sagen, er sei der Beweis, dass es Gott nicht gibt.

Bacon deutet auf die Signatur unter seinem Bild. Er notierte darauf Todestag und Todesstunde seines Vaters: 10. Juli 1944, 22 Uhr. Er kannte die Zeit, weil er Augenblicke zuvor mit seinem Vater in der Schlange gestanden hatte. Hand in Hand hatte er mit ihm auf die Selektion gewartet und sich überlegt, ob er den letzten Weg seines Vaters nicht mitgehen sollte. Doch der sagte ihm: »Es wird alles gut werden. Wir werden uns eines Tages wiedersehen.« Dabei wussten beide, dass er gleich sterben würde. Yehuda Bacons Schwester und seine Mutter waren damals schon nicht mehr in Auschwitz. Sie sollten kurz vor Kriegsende im KZ Stutthof sterben.

Jeder Gang durch die Gedenkstätte gerät für Bacon zur Zeitreise. Unter seinen Füßen wölbt sich das originale Kopfsteinpflaster aus dem Warschauer Getto, das die Museumsmacher hierherbringen ließen. Das Licht fällt aus Straßenlaternen von damals. Dann steht er vor den echten Stacheldrahtzäunen aus Auschwitz. Er streicht mit seiner Hand über einen Rollwagen. »Mit diesem Gerät gelangten wir überallhin«, erklärt er. Weil er mit einem solchen Wagen die Asche aus den Krematorien abtransportierte. Yehuda Bacons Blick irrt durch die Ausstellung. Wenn der Mann sich in den Erinnerungen verliert, schwankt er manchmal und sucht an den Wänden Halt.

Bacon steht vor einem Berg von Schuhen, wie sie auch in der Gedenkstätte in Auschwitz aufbewahrt werden. »In der Entkleidungskammer sagten die Kapos: ›Hängen Sie Ihre Sachen an den Haken! Merken Sie sich Ihre Nummer!‹« Unerbittlich scharf haben sich die Bilder in seinem Gedächtnis festgesetzt. Der Draht über den Lampen in den Gaskammern etwa. Er sollte die Birnen schützen, wenn die Eingepferchten in ihrer Qual um sich schlugen. Die Männer vom Sonderkommando, die die Spuren des Sterbens hinterher mit Wasserschläuchen in die Abflüsse in den Böden schwemmten. Und immer wieder die Duschköpfe, die gar keine richtigen Löcher hatten, nur Einbuchtungen. Denn das Zyklon B rieselte über Schächte in die Hölle aus Beton.

Am Ende der Ausstellung steht ein lebensgroßes Bild von Bacon, das seine Rettung zeigt. Mit Wasserfarbe und Kohle hat er gezeichnet, wie ihn jemand durch den zerrissenen Stacheldraht aus dem Lager zieht. An dieser Stelle fällt zum ersten Mal das helle Tageslicht in das Innere. Der Weg führt aus dem Dunkeln hinaus zu einem Aussichtspunkt. Von hier aus schaut jeder, der gerade noch in den Abgrund geblickt hat, weit über die buchstäblich biblische Landschaft.

Sie ist die Heimat der Menschen, die diesen Staat als ein einziges großes »Nie wieder!« aufgebaut haben. Dieses Land wollen sie schützen, auch gegen Nachbarn, die es ihnen bis heute streitig machen wollen, und sie verteidigen es mit manchmal zu Recht umstrittenen Mitteln. Doch sie wollen nie wieder ohne eine Heimat sein und nie wieder um ihr Volk und ihr Überleben fürchten.

Von dieser Stelle in Yad Vashem geht der Blick über Olivenhügel. In der Luft liegt der Duft von Orangen und Pinien. Hinter uns liegen die Gebäude der Gedenkstätte. Aus schwerem, nackten Beton sind sie gegossen, wie jene der Gaskammern. Zum Schluss möchte Yehuda Bacon noch zur Allee der Gerechten, wo auch Oskar Schindler und Berthold Beitz Bäume gepflanzt haben.

Auf dem Weg zurück zu seinem Hotel kommen wir an einem Fabrikgelände vorbei. Aus einem Schornstein steigt Rauch. Yehuda Bacon sagt, dass ihn solche Schlote immer in Gedanken nach Auschwitz versetzen. Nur manchmal noch schaut er in den Rauch der Schornsteine. Dann denkt er an seinen Vater.

Als ich Yehuda Bacon wenige Tage vor diesem Treffen in Israel aus Deutschland anrief und ihn um ein Gespräch bat, lud er mich prompt ein, ihn spontan an seinem Urlaubsort zu besuchen. Es ist ein Ort, der ihn tröstet und inspiriert und den er deswegen immer wieder aufsucht. Am Tag vor unserem Besuch in Yad Vashem treffen wir uns dort, in einem Hotel eine halbe Stunde außerhalb von Jerusalem, wo Bacon für ein paar Tage kurt. Es liegt auf einem Berg, von dem aus man bis in die Heilige Stadt schauen kann. In der Höhe fühlt sich der einst Eingesperrte wohl. Er hat sich zeitlebens etwas berührend Kindliches erhalten. Mitten im Hotel steht er vor fremden Gästen, breitet seine Arme aus und spricht sie an. Und die Angesprochenen würden mit ihm vielleicht einfach übers Wetter plaudern oder das gute Essen, wenn nicht sein Halbarmhemd die in seinen Arm eingestochene Nummer zeigen würde, die vielen die Sprache verschlägt.

Manchmal erschöpft ihn die Erinnerung. Das merke ich in seinem Hotelzimmer, wo wir uns zusammen die DVD eines Films ansehen, der Ende 2014 in den deutschen Kinos anläuft. *Im Labyrinth des Schweigens* handelt vom Auschwitz-Prozess. Bacon möchte sehen, wie dieses Kapitel seines Lebens in einer deutschen Produktion inszeniert wird, doch kaum hat der Film begonnen, schweift sein Blick ab, es gelingt ihm nicht, der Handlung zu folgen. So ging es ihm schon bei *Schindlers Liste*, erklärt er. Verfilmungen des Verbrechens erreichen ihn nicht. So schmerzvoll und real ist das tatsächlich Erlebte bis heute, dass alles Gespielte an ihm abprallt. »Es ist bestimmt ein guter Film, aber Sie verstehen, nicht wahr?«, sagt Bacon. Er beendet seine Sätze oft mit »nicht wahr?«. Er ist ein wahrhaftiger Mensch.

Die Sonne fällt jetzt schräg in sein Hotelzimmer. Bacon möchte im Garten weiterreden, wo die Luft weich ist und nach Orangen duftet, wie an so vielen Orten in Israel. Ein Eichenbaum, der sehr deutsch wirkt an diesem Ort, wirft seinen Schatten auf Bacon, als er auf einer Bank Platz nimmt, einen Arm auf die Lehne legt und die an ihren Rändern verwaschenen Ziffern der Häftlingsnummer betrachtet. Sie scheinen seit damals mit ihm mitgewachsen zu sein. Als hätte sie jemand vor 70 Jahren in die Rinde eines Baumes geritzt. »Dieses Zeichen hat für mich eine enorme Bedeutung«, sagt er. Irgendwann in seinem Leben beschloss er, die Zahlen, die er nicht ausradieren kann, anzunehmen. Das Kainsmal wurde sein besonderes Kennzeichen.

Er erzählt, dass er im Sommer wieder in Deutschland war, wo er viele Freunde hat. Er bekam das Bundesverdienstkreuz, weil er mit seiner Kunst und seinen Worten versöhnt. Er fahre gern mit dem ICE durch Deutschland, fühle sich wohl, wenn die schöne Landschaft am Fenster des Zuges vorbeifliege. Doch müsse er in einem deutschen Zug auch immer an den »anderen Zug« denken.

Das sind die Momente, in denen ich etwas verlegen werde, denn es sind ja auch Züge, mit denen ich verreise, sie fahren durch mein Land. Und so empfinde ich auch ganz persönlich die Gegenwart der Vergangenheit und mehr noch Trauer, weil dem Mann mir gegenüber ein Deutscher diese Nummer eintätowiert hat. Aber zugleich fühle ich auch ein großes Glück, dass ich ihm begegnen darf. Yehuda Bacon beschenkt Menschen. Man sieht ihn an, man hört ihn mit seiner warmen Stimme feine deutsche Sätze sprechen und ist berührt.

Ich muss an seine Worte denken, als ich kurz nach meinem Besuch bei Yehuda Bacon in Israel mit einem Freund nach Auschwitz reise, um den Ort kennenzulernen, den Bacon überlebte.

Das Pflaster der Straßen im »Stammlager Auschwitz I« ist holprig, die Steine musste auch Yehuda Bacon einst in dem lehmigen Boden verlegen. In der Luft hängt der Rauch der Braunkohle. Der Qualm steigt aus den Schornsteinen der Wohnhäuser, die rings um »Auschwitz I« nach dem Krieg gebaut wurden, und verfängt sich unter der Wolkendecke.

Von irgendwo dort draußen weht jetzt Hundegebell herüber. Immer lauter, immer unheimlicher klingt es, je tiefer man in das Lagergelände vordringt. Es hallt von den Wänden der Blocks wider. Vielleicht wie damals, als Hunde Neuankömmlinge wie Yehuda Bacon ankläfften, wenn sie aus den Güterzügen stiegen.

In einem der Backsteinbauten des Stammlagers laufen wir vorbei an Bergen aus Menschenhaar, das den Opfern abgeschoren wurde. Sieben Tonnen davon ließ die SS bei Kriegsende zurück. Zuvor war es regelmäßig an eine Filzfabrik nach Nürnberg verschickt worden. Im Raum daneben türmen sich 80.000 Schuhe hinter Glas, jeder einzelne von freiwilligen Helfern sorgfältig mit Benzol konserviert.

Dann folgen Räume mit Rasierpinseln, Zahnbürsten, Brillen. Und zum Schluss lauter Koffer, wie sie der von Berthold Beitz gerettete Jurek Rotenberg bis heute besitzt. Beschriftet mit Namen und Adressen: »Ines Meyer, Köln, 05377« steht auf einem. »Dr. Bernd Israel Aronsohn, Hamburg, Kieler Str. 22« auf einem anderen.

Bahngleise führen uns tief hinein ins Vernichtungslager Birkenau. Ein frei stehendes Einfamilienhaus befindet sich irritierend nah direkt hinter dem Stacheldrahtzaun. Seine Besitzer haben es gerade in bunten Farben renoviert und im Garten einen kleinen Kinderspielplatz angelegt.

Dort, wo die Gleise des Todes enden, begräbt der Schutt roter Ziegel die gesprengten Entkleidungsräume, Gaskammern und Krematorien. Zehn Minuten dauerte der Todeskampf der Menschen, so lange drang ihr Schreien durch die Mauern. Danach nur noch ein hundertfacher schwerer Atem. Bis alles verstummte und die SS die Türen der Gaskammern nach 20 Minuten wieder öffnete.

Hinter den Gaskammern liegt bis heute ein Wäldchen. Zwischen den Bäumen ist eine Tafel angebracht. Sie zeigt Fotos von Juden, die an einem heißen Sommertag unter denselben Kiefern und Buchen standen wie die Besucher heute. In den Gesichtern der Wartenden, darunter viele Kinder, steht die Angst. Sie gehörten zu den sogenannten »Ungarn-Transporten«, als in wenigen Tagen 438.000 Juden in Auschwitz ankamen. Viele von ihnen mussten hier ausharren und warten, bis sie in den Tod geführt wurden.

Die Bäume erinnern an die Menschen, von denen nur Asche geblieben ist. Und über der Asche ist in Auschwitz

Gras gewachsen. Wiese bedeckt die Massengräber von Birkenau. Als die Öfen nicht mehr ausreichten, hatten die SS-Schergen links und rechts von den Krematorien Gruben ausgehoben, um die Leichen darin zu verbrennen. Doch auch ganze Lastwagenladungen voller alter und gebrechlicher Menschen und Kinder, die durch das Lager irrten und nach ihren Eltern suchten, warf die SS lebendig ins Feuer.

Diese Gruben sind heute mit Regenwasser gefüllt. Die Bäume, der Himmel und die Besucher spiegeln sich in dem See. Auf seinem grauen Grund, auf dem bis heute die Asche der Menschen liegt, sehe ich eine Rose.

Grau wie Asche sind auch Yehuda Bacons Zeichnungen von Auschwitz. Umso reicher an Tönen geraten die Werke des Künstlers nach dem Krieg. Ihre Farbenkraft erzählt von seinem Überlebensglück, so scheint es zumindest. Aber auch davon, wie zerbrechlich sich dieses Glück für ihn angefühlt haben muss: Viele seiner abstrakten Ölgemälde zeigen ineinander verkantete, schwebende und sich auflösende Gebilde und Gesichter. Sie gleichen Blicken durch Kaleidoskope und erinnern entfernt an Kandinsky. Wieder andere leuchten voller Zuversicht wie die Traumbilder von Chagall. Sie hängen heute nicht nur in Yad Vashem, sondern auch im Israel Museum in Jerusalem, in der Library of Congress in Washington, im British Museum in London – und im Museum am Dom in Würzburg. Einige schmückten auch die Wohnzimmer von Chaim Weizmann und den Rockefellers.

Auch in seinem Hotelzimmer hat Bacon einen Tuschkasten auf seinen Nachttisch gestellt. Er will immer gleich malen können, wenn ihn etwas anregt. Das ist so, seit er seinem Vater hinterhermalte. »Solange ich es noch kann, will ich weiter malen und erzählen«, sagt er. Vom Hotel auf dem

Berg genießt er den Blick bis nach Jerusalem. Er deutet auf jenen Teil der Stadt, in dem er mit seiner Frau Leah in einer kleinen Wohnung lebt.

Er hat in Jerusalem von der neuen Judenfeindlichkeit in Deutschland gelesen und gehört. Aber auch von der Willkommenskultur der Deutschen, den vielen Menschen, die Flüchtlingen helfen. Und dann wieder von denen, die gegen sie hetzen und ihre Heime anzünden. Es hat ihn geschmerzt, aber Bacon ist zu tapfer und weise, um mit Hass zu reagieren. Stattdessen sagt er zwei Sätze, die als Botschaft an ein Heute dienen können, in dem Diktatoren und Extremisten nach wie vor Hass schüren und ganze Völker dazu verführen wollen: »Wenn auch ich hassen würde, dann hätte Hitler gewonnen«, sagt er. Und: »Wer in der Hölle war, weiß, dass es zum Guten keine Alternative gibt.«

Bacon, ein Opfer von Terror und Hass, will nicht aufwiegeln oder rächen, er verkörpert mit seinem ganzen Wesen Verständnis und Versöhnung. Solche Menschen brauchen wir heute mehr denn je.

Er erinnert sich, wie er bei einem seiner ersten Besuche in Deutschland einen Traktor der Firma Mengele vor sich herfahren sah und gleich wieder den Todesarzt vor Augen hatte, den er in Auschwitz Tag für Tag erlebte. Der mit weißen Handschuhen die Neuankömmlinge im Lager selektierte. »Mengele war ein gut aussehender und höflicher Mann«, erinnert sich Bacon. Mit einem Wink entschied er über Leben und Sterben. Links, rechts, links. Und wie Mengele so winkte und dabei Opernarien summte, sah er aus, als würde er dirigieren.

Wenn Bacon in seinem Hotel bei den Mahlzeiten anderen Opfern der Schoah begegnet, spricht er sie an. Dann legen sie sich am Frühstücksbuffet Bagels und Datteln auf ihre Teller und reden über Mengele, Heydrich und Himmler. Hinterher gehen sie schwimmen oder spazieren. Es bewegt mich, wie sie ihren Urlaub und die vielleicht letzten leichten und schönen Tage ihres Lebens genießen. Sie reden und lachen viel zusammen. Immer wieder scheint Bacon die anderen Überlebenden dabei wie nebenbei nach ihrer Häftlingsnummer zu fragen. Sie zeigen sie ihm gerne, und er deutet dann auf seine.

Als ich ihm am Ende danke und mich verabschiede, traue ich mich, ihn zu fragen, warum das so ist. »Das ist ganz einfach«, erklärt er mir, »bis heute kann ich an den Ziffern ablesen, wann jemand nach Auschwitz kam.«

Dann steht er im Portal seines Hotels. Nummer 168194 winkt mir zum Abschied.

»Auch wenn ich Angst habe …«

Die Gegenwart des Gestern:
Eine Deutschlandreise zu heutigen »Helden«

In Berlin kann man Yehuda Bacon jeden Tag begegnen. Am »Ort der Information«, der Gedenkstätte unter dem Stelenfeld des Berliner Holocaust-Mahnmals, läuft ein Film in Dauerschleife, in dem er von seinem Leben und Überleben erzählt. Wenn ich in Berlin bin, besuche ich diesen Ort unter den Stelen und denke zurück an die zwei Tage, die ich in Israel mit dem Künstler verbracht habe.

Meist komme ich auf dem Weg zum Mahnmal an der Gertrud-Kolmar-Straße vorbei, an der sich eine Brache im Herzen Berlins auftut, die als Parkplatz dient. Es ist die Stelle, wo sich Hitler unter vier Metern Stahlbeton in seinem Führerbunker verschanzte, wo seine Leiche von seinem Chauffeur und seinem Adjutanten mit Benzin übergossen und verbrannt wurde. Weil der Ort in vielen amerikanischen Reiseführern als »Geheimtipp« verzeichnet ist, wimmelt er meist von Touristen.

Von hier aus sieht man schon das Mahnmal. Auf seinen vorderen, niedrigen Quadern posieren ebenfalls Touristen. Ein paar hüpfen von einer Stele zur anderen, andere sonnen sich darauf. Kinder spielen Verstecken. Als ich in das Meer aus Steinen eintrete und die Stelen immer größer und steiler um mich herum aufragen, verstummen alle Geräusche, die Stimmen der Reisenden und ihr Lachen und Rufen. Im Keller des Mahnmals, in der unterirdischen Sicherheitszentrale, treffe ich auf Peter Glatzel. Er ist kein Jude, aber er spricht von »meinem Denkmal«. Er ist vom Sicherheitsdienst und passt auf diesen Ort auf. Glatzel erzählt von einem seiner einsamen Streifengänge im Morgengrauen und in der Stille, die zwischen den Pfeilern wohnt. Da fühlte er auf einmal, wo er hier eigentlich arbeitet: »In dieser Ruhe zwischen den Stelen kommen die Gedanken an dieses Unheil«, sagt er und streicht über die Steine. Glatzel war mal Soldat. Heute verteidigt er die Steine, die ihm so viel bedeuten. Wenn er Schmierereien entdeckt, ruft er eine Spezialfirma. Die tilgt die Hakenkreuze schon, bevor die Farbe trocken ist.

Rund 850 antisemitische Straftaten erfassten die Behörden in Deutschland allein im Jahr 2014. Darunter fallen Pöbeleien, Brandanschläge auf Synagogen, Schändungen jüdischer Friedhöfe oder die Zerstörung von Stolpersteinen. 15 bis 20 Prozent der Deutschen, so die aktuellen Zahlen, haben latent antisemitische Haltungen. Acht bis zehn Prozent äußern sich offen judenfeindlich. Nicht mitgezählt sind diejenigen, die ihren ausgesprochenen Antipathien meist den klassischen Alltagssatz vom »Das wird man doch noch sagen dürfen« folgen lassen, wenn sie über Juden oder Israel reden. Die Grenzen verschwimmen dabei. Da werden Deutsche jüdischen Glaubens schon mal für den Gazakrieg verantwortlich gemacht oder einfach en gros für die israelische Politik schuldig gesprochen. Ausgerechnet von Deutschen, die zum überwiegenden Teil noch nie einen Fuß in dieses Land gesetzt haben, die weder Israel kennen noch einen deutschen Juden. Der gegenwärtige Judenhass in Deutschland äußert sich häufig in dieser Form der Israelfeindlichkeit, ist aber nach wie vor oft schlicht rassistisch motiviert.

Josef Schuster, Präsident des Zentralrats der Juden in Deutschland, sagt: »Die jüdische Gemeinschaft ist sicherlich verunsichert. Dennoch bin ich zuversichtlich, dass bei uns jetzt nicht die Koffer gepackt werden. Auch nicht innerlich. Unsere Botschaft sollte sein: Wir lassen uns nicht vergraulen, von wem auch immer.«

Seine Vorgängerin im Amt Charlotte Knobloch empfahl den Juden, keine Kippa auf der Straße zu tragen. Längst gebe es No-go-Areas in Berlin, die Juden meiden sollten, sagt auch der Berliner Rabbi Daniel Alter. 2012 ist er von muslimischen Jugendlichen auf offener Straße niedergeschlagen worden. Seine kleine Tochter musste das mitansehen. »Wenn man hinfällt, bringt es nichts rumzuheulen«, sagt Alter. Der 56-Jährige ist ein Unerschrockener, auch wenn er, als ich ihn treffe in Berlin, eine Kappe über seiner Kippa trägt. Er hat das seiner Frau versprechen müssen, schon wegen der Kinder. Das Trauma des Überfalls hat er dank psychologischer Hilfe überwunden. Er schreckt nicht mehr nachts hoch. Seit diesem Attentat sucht er umso mehr die Nähe muslimischer Jugendlicher. Als Botschafter der Jüdischen Gemeinde Berlin hält er in Schulklassen Vorträge und redet mit Schülern. Vor Kurzem hatte ein Jugendlicher auf Facebook gedroht, das Haus des Rabbis in die Luft zu sprengen. Bei einem persönlichen Treffen mit Alter schämte er sich dann dafür.

Wie bedeutsam die Botschaften der letzten Helden gegen Hitler noch heute sind, erfahre ich einmal mehr, als ich von Berlin weiter nach Chemnitz fahre. Vom Hauptbahnhof geht es Richtung Karl-Marx-Denkmal. Der steinerne Kopf des Kommunisten beherrscht bis heute die Stadt. Von dort sind es ein paar Schritte bis zum jüdischen Restaurant Schalom, in dem ich mit dem Wirt Uwe Dziuballa spreche. Ein Mann, für den Mut und Witz zum Überlebenselixier geworden sind: »Wir sind seit 14 Jahren hier. Wir sind länger da als der Altkanzler!«, sagt er und meint damit den ehemaligen Reichskanzler und »Führer«, der nur zwölf Jahre lang regierte. Darauf ist der gebürtige Chemnitzer stolz. Ihn scheint nichts zu schrecken, auch nicht, dass die Neonazis ihm fast jede Woche Briefe mit Morddrohungen schicken. Vor zwei Jahren haben sie ihm einen Schweinekopf mit Davidstern vor die Tür gelegt, dessen Blut in den Schnee sickerte. Statt Spuren zu sichern, hat ihn die Polizei prompt und fachgerecht entsorgen lassen. Seitdem verlässt sich Dziuballa nicht mehr auf die örtlichen Polizisten. Er zeigt die üblichen Schmierereien auch nicht mehr an. Aber er stellt sich unverdrossen und furchtlos gegen sie. Mit seinem Lokal finanziert er Schalom e.V., seine deutsch-jüdisch-israelische Begegnungsstätte, und geht zu Migrantenkindern in die Schulen. Sein Glaube, sagt er, gebe ihm Kraft durchzuhalten. Dziuballa blättert durch ein Fotoalbum, in dem er alle »Juden raus«-Grafitti sammelt. 40.000 Euro haben ihn die Sachbeschädigungen bislang gekostet. Auf einmal wird der Mann leise: »Ich habe Erfolg, aber manchmal resigniere ich.« Beim Abschied steht Dziuballa im Türrahmen unter dem Schalom-Schild. Das alte aus Plastik hat er ausgetauscht, es wurde zu oft zerstört. Jetzt ist es fest an die Fassade geschraubt. Und es ist aus Stahl.

Natürlich gibt es in der Gegenwart in Deutschland keine Helden, die man unmittelbar mit denen vergleichen könnte, die dieses Buch porträtiert. Weil der deutsche Staat keine Menschen verfolgt und hier in der Regel keiner sein Leben riskiert, wenn er für andere eintritt. Dennoch stellen sich auch heute tapfere und couragierte Menschen gegen den neuen Hass, treten für den Dialog unter den Religionen, für Versöhnung und Verständigung ein. In Spremberg in Brandenburg etwa, in der Sächsischen Schweiz, die mit ihren

Felsen wie eine Sagenlandschaft wirkt. Mitten in der vom Soli-Zuschlag sanierten Fußgängerzone hat die Lokalredaktion der *Lausitzer Rundschau* ihr Quartier, bei der René Wappler arbeitet. Der Redakteur sieht die Neonazis oft in der Stadt herumlungern und manchmal auch zuschlagen. Trotz ihrer Drohungen schreibt er mutig gegen sie an. Im September 2014 schmierten sie über Nacht »Juden! Kill them!« und »Wir kriegen Euch alle!« an die Schaufenster seiner Redaktion. Im Jahr 2012 malten sie »Lügenpresse, halt die Fresse« an die Scheiben, am Tag darauf hingen Schweinsgedärme über der Tür. Davor breitete sich eine Pfütze mit Schweineblut aus. René Wappler hat das verängstigt, aber nicht verstummen lassen. Er ist glücklich in seiner Heimat und in seinem Beruf. Der Mann mit den ausgebeulten Hosen und der Nickelbrille erklärt mir: »Mich hat die Zeit in der DDR geprägt, als man über bestimmte Dinge nicht schreiben und reden durfte.« Für seinen Mut hat René Wappler den Henri-Nannen-Preis für Pressefreiheit bekommen. »Stellvertretend für so viele andere«, sagt er. So bescheiden klingt einer, der seinen Kopf hinhält für seinen gesamten Berufsstand. Ich bin stolz auf ihn.

Von Brandenburg geht es ins ostfriesische Leer. Dort hat die CDU-Bundestagsabgeordnete Gitta Connemann ein Bürgerbüro. Sie erzählt vom Sommer 2014, der sich für sie »wie ein Sturm« angefühlt habe. Dabei hat diese Frau mit der für eine Politikerin ungewöhnlich sanften Stimme nur etwas für sie Selbstverständliches getan. Während des Gazakrieges reiste die Nichtjüdin nach Israel und stellte sich öffentlich an die Seite der Israelis. Das Land habe das Recht auf Verteidigung, so Connemann. Sie ahnte nicht, was ihre Geste der Solidarität auslösen würde. Der DGB lud Connemann als Rednerin einer Friedensdemonstration wieder aus. Dann kamen die Briefe mit den Schmähungen als »Judenhure«. Sie sagt: »Früher hatten wir es nur mit ewiggestrigen Nazis zu tun. Dann mit den Islamisten. Jetzt rotten sich beide zusammen. Wir sehen in eine neue Fratze des Antisemitismus. Unter dem Beifall vieler Bürgerlicher. Auch der Linken. Das ist grauenhaft.«

Von Leer reise ich nach Essen. Der Leiter der Alten Synagoge von Essen, Uri Kaufmann, denkt zurück an den Tag im April 2013 mit Berthold Beitz und Jurek Rotenberg. Und erzählt vom Sommer 2014, der Zeit, als Demonstranten in Berlin und in Frankfurt Angst verbreiteten. In Essen machten sich 400 »junge, muskelbepackte muslimische Männer« während einer linken Demonstration auf den Weg zur Alten Synagoge. In ihren Mauern, die ihn sonst beschützen, fühlte sich ihr Direktor Uri Kaufmann plötzlich bedroht. Damals rückte die Polizei mit Maschinenpistolen an und schirmte die Synagoge mit zweifachen Stahlgittern ab. Seitdem hat sie ihre Posten verstärkt. Ein beklemmendes Gefühl für den Synagogenleiter, der doch sein Haus stets für alle offen halten will. Besonnen und beseelt wie er ist, hat Uri Kaufmann, ein Schweizer, diesen Anspruch nicht aufgegeben. Nach wie vor lädt er muslimische Würdenträger und arabische Studenten in die Alte Synagoge ein und bleibt mit den Moscheenvorständen im Gespräch.

Der Offenbacher Max Moses Bonifer möchte sich mit mir im Rathaus seiner Heimatstadt treffen. In dieser Siebzigerjahre-Bausünde hatte Bonifer lange sein Büro als Stadtschulsprecher, hier fühlte er sich aufgehoben und sicher. Doch das Amt hat er aufgegeben. Er will damit gegen den

Hass protestieren, der ihm entgegenschlägt. Tag für Tag wird der Abiturient angefeindet, auf dem Schulhof von Mitschülern, die salafistische Parolen rufen, genauso wie mitten in der Innenstadt. Zuletzt drohten sie, ihn umzubringen. Sie spuckten ihn an und riefen: »Wir töten dich und dein Volk.« Trotzdem trägt er eine Kippa mit einem silbernen Davidstern. Und auf dem Sperrbildschirm seines iPhones leuchtet die Israelflagge auf. Max Moses Bonifer versteckt sich nicht: »Auch wenn ich manchmal Angst habe, trage ich die Kippa als Zeichen meines Glaubens. So wie andere ihr Kreuz am Hals oder ihr Kopftuch.« Er will standhalten. In Deutschland studieren. Rechtswissenschaften.

Von Offenbach fahre ich weiter nach Felsberg in Hessen, ein Dorf wie von Spitzweg gemalt. Die Fassaden tragen Fachwerk, auf dem Kopfsteinpflaster klebt buntes Laub, und über allem thront eine Burgruine. Einer der Felsberger nutzt seit Monaten seine Hausfassade, um gegen Israel zu hetzen. Parolen wie »Israel Rassisten wie die SS!« sind darauf zu lesen. Neue Antisemiten vergleichen den Staat der Juden gerne mit dem der Nazis.

Auf einen anderen Felsberger können sie dagegen stolz sein im Ort. Christopher Willing wehrt sich gegen den Antisemitismus. Zusammen mit anderen Einwohnern Felsbergs will er die alte Synagoge des Dorfes restaurieren. Bis dahin feiert er zusammen mit anderen Juden von Felsberg Gottesdienste im Wohnzimmer eines Privathauses. Dort, wo bei anderen Leuten der Fernseher steht, hat er einen Toraschrein aufgestellt. Ein siebenarmiger Leuchter wirft sein Licht auf Chagall-Drucke an der Wand.

Willing hat den Antisemiten von nebenan eingeladen, mit ihm öffentlich zu diskutieren. Doch der lehnte ab. Willing will trotzdem gesprächsbereit bleiben, er schätzt das offene Visier. »Mir sind die offen bekennenden Antisemiten lieber als jene, die sich verstecken«, sagt er. Er lädt die Muslime von Felsberg zu Klezmerkonzerten in die Dorfkirche ein, fährt mit ihnen nach Weimar und ins KZ Buchenwald. Und er hat dafür gekämpft, dass mitten im Ort ein Denkmal errichtet wurde. In Felsberg spielte sich nämlich eine traurige Generalprobe für den 9. November 1938 ab. Einen Tag zuvor schon zerstörten die Nazis hier die Synagoge und töteten einen Felsberger Juden. Er war das erste Opfer der »Kristallnacht«. An ihn erinnert nun ein Stein mitten im Ort. Ein Stein gegen den alten und den neuen Hass.

Wenn es um Steine der Erinnerung geht, muss ich an jenen Mann denken, der es geschafft hat, dass sich jeden Tag irgendwo in Deutschland Menschen vor den Opfern der Schoah verneigen. Denn wer die Namen der Toten lesen will, »muss sich zu ihnen herunterbeugen«, sagt der Stolperstein-Erfinder Gunter Demnig. Er zementiert die Betonwürfel mit der Messingplatte, in die die Namen der Toten geschlagen sind, vor dem ehemaligen Wohnhaus der NS-Opfer in den Gehweg ein. Fast 50.000 Stolpersteine hat er bis zu diesem Tag verlegt und 1000 Orte dafür allein in Deutschland bereist.

Im Januar 2014 bin ich dabei, als er in Heidelberg ein Dutzend Steine in die Gehsteige der von Hügeln umarmten Altstadt versenkt. Aus ihrem Ziegeldachmeer steigen Rauchsäulen und mischen sich mit dem Nebel. Es riecht nach Heimat. Wo immer Demnig in Heidelberg haltmacht für seine Arbeit, umringt ihn eine Gruppe von Menschen, die ihn vor Ort bei seiner Arbeit unterstützen. Sie haben die Adressen aus Heidelberg vertriebener Juden recherchiert und zusammen mit ihm alles vorbereitet für die feierliche Steinsetzung.

Demnig redet nicht viel bei seiner Arbeit Er steigt aus seinem Kastenwagen, greift sich den Eimer mit Zement und Spachtel und kniet sich vor das Loch im Gehsteig der Goethestraße. Dafür trägt er Knieschoner. Und wie stets hat er sein rotes Halstuch umgeschlungen und den Udo-Lindenberg-Hut tief ins Gesicht gezogen. Zwei Töchter der Verfolgten sind extra aus Schweden angereist, und jemand spielt auf dem Akkordeon. Die Frauen beugen sich hinunter und streichen über die Steine. Demnig erzählt, dass im Jahr 2013 mehr Steine als je zuvor wieder herausgerissen wurden. In Seeheim-Jugenheim bei Darmstadt etwa hatten Unbekannte sie in die Fenster des Rathauses geworfen. »Gerade deswegen«, so sagt der Künstler Gunter Demnig, »will ich weitermachen.«

In jedem größeren Ort in Deutschland gibt es solche »Stolperstein«-Initiativen, die der Toten gedenken, die einst in ihrer Stadt, in ihrer Nachbarschaft lebten. Nur leider bislang nicht in München, vor allem weil Charlotte Knobloch, die Präsidentin der Israelitischen Kultusgemeinde München und Oberbayern, nichts von dieser Kunst hält.

Wo immer ich aber für dieses Buch durch Deutschland gereist bin, war Demnig schon da. Über ein paar Hundert seiner 50.000 Stolpersteine bin ich gegangen. Die Namen darauf erinnern uns daran, dass die Millionen Toten unsere Nachbarn waren, die wir nicht vergessen dürfen. Diese Erinnerung gehört zu unserem modernen und weltoffenen Land. Das finde ich großartig. Unsere Art, an die Vergangenheit, an unsere Schuld zu erinnern, mag etwas typisch Deutsches sein. Ich glaube, das schadet nicht. Es sollte uns auch nicht belasten. Sondern bestärken.

Wieder zurück von den Reisen durch Deutschland, sehe ich einige Orte in meiner Stadt München mit gewandeltem Blick. Und erst jetzt bemerke ich, dass ich jahrelang auf dem Weg zur Arbeit durch eine Straße im Stadtteil Bogenhausen gefahren bin, die nach Alfred Delp benannt ist, einem besonders mutigen Mann des deutschen Widerstands. Der Jesuitenpater war Arbeiterseelsorger in München und ein Unangepasster seiner katholischen Kirche, die er aus Liebe zu ihr hart kritisierte. Er forderte von seiner in der Nazizeit großteils angepassten und zu den Verbrechen schweigenden Kirche den radikalen, selbstlosen Einsatz für andere. Und er predigte nicht nur davon, sondern handelte. Versteckte Juden, sprach offen gegen Hitler und hatte Kontakte zu den Männern des 20. Juli 1944. Die Gestapo machte ihm kurz vor seiner Hinrichtung das Angebot, ihn freizulassen, wenn er dafür aus seinem Orden austreten würde. Delp lehnte ab. Seine letzten Worte zu seinem Gefängnispfarrer auf dem Weg zum Galgen lauteten: »In wenigen Augenblicken weiß ich mehr als Sie.«

Delps alte Kirche St. Georg grenzt direkt an den Bogenhausener Friedhof, auf dem Bernd Eichinger, Rainer Werner Fassbinder und Erich Kästner ruhen. Oft bin ich an ihr vorbeigefahren, bis mir eines Tages auf einer Gedenktafel die Namen Delps und seines Mitstreiters und Kaplans Hermann Josef Wehrle auffielen. Nach Wehrle ist ebenfalls eine Straße in Bogenhausen benannt. Nun trat ich ein in diese urbayerische Kirche mit ihrem üppigen Barock. Und dann fiel mein Blick auf die Figur ihres Namensgebers, die über dem Altar schwebt. Georg, der Drachentöter, der auf seinem Pferd sitzt und mit seiner Lanze das Untier tötet.

Nicht nur Delp, auch Hans von Dohnanyi, Georg Elser, Claus Graf von Stauffenberg, Philipp von Boeselager,

Ewald-Heinrich von Kleist und die Geschwister Scholl, sie alle waren gläubige Christen, bekannten sich mutig zu ihrer Kirche und schöpften aus ihrem Glauben die Kraft für ihr Tun. Wenn viele Menschen heute das Gefühl haben, der Islam sei auf dem Vormarsch und breite sich in unserer Kultur zu stark aus, liegt das dann nicht auch daran, dass es immer weniger überzeugte Christen in unserem Land gibt und viele eher leise und zurückgenommen auftreten und eben nicht öffentlich? Dass sie ihren Glauben vielleicht nicht sichtbar genug leben und nur als reine Privatsache betrachten?

Wie würden die Helden von damals, die bereit waren, für ihren Glauben ihr Leben zu geben, heute, in Zeiten des Terrors, für ihren Glauben eintreten? Für dessen Werte wie Nächstenliebe, Freiheit und Barmherzigkeit? Was wäre wohl ihre Botschaft? Ich glaube, sie wäre ähnlich leidenschaftlich und friedensliebend, wie sie damals war. Deswegen ist die Erinnerung an ihren Mut und ihr Tun heute so wichtig. Sie wagten die Tat ohne jede Aussicht auf einen Triumph. Oder wie es in Konstantin Weckers Lied über die Weiße Rose heißt: »Es geht ums Tun und nicht ums Siegen.«

Epilog

Lebensbäume säumen die Wege, und Kiesel knirschen unter unseren Schritten. Es ist der 27. September 2013 auf dem Friedhof des Essener Nobelviertels Bredeney. Gestern wäre der 100. Geburtstag von Berthold Beitz gewesen. Stattdessen war es der Tag der Gedenkfeier für den Magnaten. Ich begleite Jurek Rotenberg, der gestern eine Trauerrede auf seinen Retter hielt, zu Beitz' Grab.

Vor sieben Wochen schon beerdigten sie den 99-Jährigen auf dem Bredeneyer Friedhof, wo er nun in der Nähe, aber doch abgetrennt von den Toten der Familie Krupp ruht. Zu den Gruften der Stahlgiganten mit ihren monumentalen Grabsteinen gelangt man durch ein zweites Friedhofstor. Sie liegen auf einem eigenen Areal, von Rhododendronbüschen verborgen. Auf einem Grabmal aus weißem Marmor steht »Alfried Krupp von Bohlen und Halbach«. An diesen Ort zog es Beitz mehr als vier Jahrzehnte lang immer wieder. Oft, wenn er vor schweren Entscheidungen stand oder sie gerade hinter sich hatte. Dann hielt er Zwiesprache mit »seinem« Krupp, dem er sich über den Tod hinaus verpflichtet fühlte. »Alfried, habe ich alles richtig gemacht?«, fragte er ihn stumm. Da hielt dieser Mann, der zeitlebens mit einem einzigen Wort Millionenbeträge bewegen und Menschen einstellen oder entlassen konnte, mit einem Toten Zwiesprache. Vielleicht auch mit sich selbst. Denn er war es früh in seinem Leben gewohnt, gewaltige Entscheidungen ganz für sich alleine zu treffen. Etwa jene, ob er die Juden nun aus den Viehwaggons befreit oder nicht. Ob er damit sein Leben und das seiner Familie riskiert oder nicht.

Und wenn er später als Krupp-Chef aus dem Sommerurlaub auf Sylt nach Essen zurückkehrte, führte ihn sein erster Weg stets an das Grab von Alfried Krupp. Und immer wieder brachte er von der Insel Krupps Lieblingsblumen mit, Syltrosen, und legte sie auf die Marmorplatte.

Doch 2013 war alles anders. Als Beitz in sein Kampener Reetdachhaus aufbrach, ahnte er vielleicht schon, dass er diesen Sommer nicht überstehen würde. Und so lud er seine Familie und die engsten Weggefährten nach Sylt ein, nahm dort Abschied und starb auf seiner geliebten Insel.

Nun stehe ich mit Rotenberg vor dem Grab seines Beschützers. Er legt seine Hände zusammen und senkt seinen Kopf. Stumm verharrt er dort. Sein Atem geht ganz schwer. Dann hebt er den Kopf wieder und schaut in den Himmel. Und versucht zu lächeln.

Als wir zurückgehen über den Kiesweg, vorbei an den Rhododendren und den Lebensbäumen, löst sich Rotenbergs Schweigen. Mit jedem Schritt scheint ihm leichter zumute zu sein. Und er sieht Berthold Beitz wieder vor sich. Wir setzen uns auf eine Bank, und Rotenberg erzählt mir: »Als ich ihm zum ersten Mal gegenübertrat vor 70 Jahren, habe ich gezittert. Weil ich immer zitterte vor den Deutschen. Ich wusste ja nicht, dass er es gut meint mit mir.« Dann erinnert er sich, wie er ihn sieben Jahrzehnte nach diesem ersten Moment wiedersieht, wie der Krupp-Patriarch mit 99 Jahren auf ihn zugeht in der Essener Synagoge.

Wir fahren zur Villa Hügel hinauf und gehen noch einmal um das Gästehaus herum, in dem Beitz so lange arbeitete. Die Flaggen mit dem Firmensignet von Krupp sind auf Halbmast gehisst. Von hier oben sehen wir hinunter zum Baldeneysee mit dem Wasser der gestauten Ruhr, das gebremst am Hügel vorbeifließt. Wir steigen wieder in den Wagen und fahren vorbei am Wohnhaus von Beitz am »Weg zur Platte«. Alfried Krupp ließ diese Villa im Hollywood-Stil der Fünfzigerjahre in eine Waldlichtung hineinbauen, ganz so wie ein Filmstar-Domizil in Beverly Hills. Alles nur, um Beitz, diesen jungen und umworbenen Manager, in Essen zu halten. Einer Stadt, in der es damals noch Ruß regnete und in deren Abendhimmel der Schein der Feueröfen schimmerte.

Heute hüllt sich die Stadt nur noch in Grau und Schwarz, wenn die Dämmerung aufzieht. Und die Feuer sind längst verloschen. Aber an manchen Stellen leuchten besonders helle Lichter in der Nacht. An diesem Abend, als ich mit Rotenberg noch am Baldeneysee spazieren gehe, scheint solch ein helles Licht aus Beitz' Wohnhaus und dem Dunkel des Heissiwaldes, der den Hügel mit seinen Buchen und Eichen überzieht. Rotenberg sieht hinauf und überlegt, ob Beitz vielleicht »vom lieben Gott mit einem langen Leben belohnt« wurde für seine Taten. Doch weil Rotenberg immer eher Realist als fromm war, will er sich da nicht festlegen: »Das sind natürlich surreale Gedanken von mir. Vielleicht hat er auch einfach nur gute Gene gehabt. Aber es war sehr gut, dass er so lange leben konnte. Und es ist tröstlich, dass sein Sterben unter einem guten Stern stand. Er ist im Schlaf gestorben in seinem eigenen Bett. Das ist ein Segen.«

Rotenbergs eigener Vater starb jung. Sein Sohn war da gerade mal fünf Jahre alt, im Jahr 1934. Als Jurek Rotenberg dann 1945 zurückkehrte in seine alte polnische Heimat und nach dem Grab seines Vaters sehen wollte, war nichts mehr davon übrig. »Ich suchte überall nach ihm und dachte immer nur: ›Wo ist mein Vater?‹ Dann erfuhr ich, dass der deutsche Baudienst russische Kriegsgefangene gezwungen hatte, den Friedhof zu zerstören und zu räumen.« Grabstein um Grabstein ließen die Deutschen aus der Erde reißen, um aus den Steinen Straßen zu bauen, ganz so wie es der Abspann von *Schindlers Liste* zeigt. Rotenberg erinnert sich: »Dort stand ich nun allein. Sehr gelitten habe ich in diesem Moment. Und ich wusste nicht, wohin ich gehen sollte.« Da kam er in der Nähe des ehemaligen Friedhofs an Bergen von Schutt vorbei, darunter auch Teile von zerschlagenen Grabsteinen. Er nahm sich einen Brocken und steckte ihn in die Tasche, fest überzeugt, dass es ein Stück des Grabsteins seines Vaters sei. Diesen Brocken bewahrte er ein Leben lang auf. »Ich kann alles andere entbehren und brauche nichts. Nur diesen Stein brauche ich.« In seiner Wohnung in Haifa liegt er bis heute in seinem Schreibtisch.

Als er Jahre nach dem Krieg noch einmal zurückkam nach Polen, suchte er erneut die Stelle auf, wo sein Vater begraben worden war. Dort hatte man inzwischen eine Arbeitersiedlung gebaut. Darum schmerzt es ihn bis heute, wenn er hört, dass irgendwo ein jüdischer Friedhof geschändet wurde. Besonders getroffen hat es ihn, dass in seiner alten Heimat erst vor Kurzem auf dem Gelände eines früheren Gettos ein Einkaufszentrum gebaut und ein paar Kilometer weiter wieder ein altes Gräberfeld beseitigt wurde. »Was sind das für Menschen, die sich an Toten vergreifen?«, fragt sich Rotenberg dann.

Ob in seinem Leben die Trauer größer war als die Freude und das Glück, überlebt zu haben, frage ich ihn. Und er antwortet: »Schauen Sie … Ich habe so viel Tod erlebt, dass ich mich erst einmal nicht freuen konnte, überlebt zu haben. Ich konnte also nicht ›Hurra!‹ rufen, weil ich mich identifizieren wollte mit den Opfern. Und weil mein eigenes Überleben keine große Rolle spielte bei so vielen Toten.«

Es dauerte, bis er Zuversicht schöpfen konnte, bis er »studieren, Erfolg haben und schöne Mädchen kennenlernen wollte. Bis ich endlich wieder leben wollte. Doch glücklich war ich nicht.« Es war ja niemand mehr da von seiner Familie, mit dem er dieses Glück hätte teilen können. »Ich hatte vier Jahre meines Lebens verloren, kam jetzt in eine Schule, in der alle weiter waren als ich. Ich nahm Privatunterricht, um das Versäumte nachzuholen, und habe viel geschuftet.« Dann schaffte er es auf die Universität.

Heute sieht er als Kosmopolit auf die Kriege und Katastrophen dieser Welt. Ihn, der so viele Sprachen spricht und nirgendwo ganz zu Hause ist, schmerzt das Elend, und oft erinnert es ihn an sein eigenes Unglück, dem er als Junge entkam. Und doch unterscheidet er als Überlebender zwischen dem heutigen Leid und dem Holocaust. Er bleibt einzigartig, nicht nur für ihn: »Dieser Globus hat Biafra erlebt, das Morden von Hutu und Tutsi, Kambodscha und Srebrenica. So viel Leid. Und ich habe nun einmal erlebt, wie der ganze deutsche Staat in die Verbrechen verwickelt war. Das Land, von dem meine Mutter immer gesagt hatte, es ist das Volk von Schopenhauer, Bach und Beethoven. Die Nazis haben damals einen ganzen Staat in ihre Gewalt gebracht. Die deutsche Bahn, die deutsche Polizei, die deutsche Industrie. Deutsche Ingenieure verkauften Zyklon B an die SS, um Menschen zu vernichten. Als ich das alles überlebt hatte im Jahr 1945, wollte ich eine Zukunft erleben, in der sich das nicht wiederholt. Dann wäre ich zufrieden, dachte ich damals.«

Rotenberg wurde tatsächlich ein zufriedener Mann und lebte ein gutes zweites Leben. Doch in den letzten Jahren kehrte ein altes Gefühl in ihm zurück: die Sehnsucht nach der europäischen, der deutschen Kultur, mit der er in Polen aufgewachsen war. Sie ist es, die ihn nun, am Ende seines Lebens, dazu bringt, Israel zu verlassen und nach Deutschland zu ziehen. Nach München, in diese Stadt, die es einem leicht macht, in ihr Heimat zu finden. Aber will er tatsächlich in das Land, in dem so viele ihm einst nach dem Leben trachteten? Und dann noch ausgerechnet in die von den Nazis vereinnahmte »Stadt der Bewegung«? »Viele meiner Freunde fragen mich das auch: ›Wie kannst du nur nach Deutschland gehen wollen?‹ Dann antworte ich: ›Ich fahre nach Deutschland, in ein modernes und starkes Land. Ich fahre nicht auf einen SS-Friedhof mit Blumen in der Hand.‹ Ich habe es in diesem Land doch vor allem mit einer anderen Generation zu tun. Mit den Kindern der Weltkriegsgeneration und ihren Enkelkindern. Damit komme ich zurecht. Ich war nie gegen das deutsche Volk, auch nicht gegen jenes zur Hitler-Zeit. Denn wäre ich gegen das ganze Volk gewesen, wäre ich doch genauso gewesen wie die Nazis, die ja auch gegen ganze Völker waren.«

Wenn er zeigen will, was ihn nach Deutschland zieht, deutet er wie vor ein paar Tagen schon einmal auf seine Stirn: »Hier oben ist Bach.« Dann klopft er auf sein Herz und sagt: »Und dort sind Schumann und Beethoven.« Die beiden wohnen nämlich in der gleichen Seelengegend wie seine Traurigkeit: »Ich bin ein fröhlicher Mensch und weine selten. Aber hier drinnen …«, sagt er und deutet erneut auf seine Brust, »hier drinnen weint es manchmal.«

Er will jetzt bald nach München gehen, »auf einen längeren Urlaub … ein paar Jahre vielleicht«. So nennt er es, wenn er Israel verlässt, weil er das Wort »verlassen« nicht so mag. Zurückkehren will er allerdings nach seinem Tod. Denn in Israel liegt das Grab seiner Mutter, und neben ihr hat er einen Platz für sich frei gehalten. Die Kosten für seine Beerdigung hat er bereits beglichen.

Noch lastet der nahe Abschied von Israel auf ihm. Aber ein wenig erleichtert ihn auch der Gedanke. Denn sicher fühlt er sich dort schon seit Längerem nicht mehr. Die vielen Terrorangriffe, die Vergeltungsschläge, die Messerattacken auf offener Straße, die Kriege. »Politik ist eine sehr gefährliche und unsympathische Sache, ich gehe da nicht into details«, sagt er. »Ich bin jetzt in einem Alter, in dem sie mich nicht mehr recht interessiert. Früher war ich ein neugieriger Mann, aber das hat sich gelegt.«

Er will jetzt noch ein wenig Gegenwart genießen. »Denn manchmal ist die Erinnerung eine Last, die schwer wiegt auf meinen Schultern«, sagt er, »manchmal ist sie so schwer, dass ich sie gerne im Meer versenken möchte.« Deswegen spricht er nicht gerne davon, denn vom Erzählen wird ihm nicht leichter. »Ich habe doch auch alles gesagt von meiner Geschichte. Ich will nun nicht mehr«, sagt er dann fast ein bisschen trotzig, und auf seinem Gesicht liegt ein Schatten. »Über die, die wichtig sind in der ganzen Geschichte, werde ich weiter berichten. Über Menschen wie Herrn Direktor. Aber nicht über das, was mir passierte. Die Geschichten der Opfer interessieren doch nicht.«

Und dann ist es wieder Zeit für einen dieser Sätze, mit denen er seine Wehmut beiseitewischt und zum Lächeln anstiften will: »Wenn ich nach Deutschland komme, streichen wir die Häuserwände dort gelb, blau und rot!«

Im November 2015 reist er tatsächlich schon einmal probeweise nach Deutschland. In München suchen wir nach einer Wohnung für ihn und besichtigen auch ein Seniorenheim am Stadtrand. Im großen Saal des Heims setzt er sich an den Flügel und spielt ein paar Jazzmelodien. Später bummeln wir an der Isar entlang, die sich ausbreitet in ihrem Kiesbett, verzweigt und verästelt. Wir schlendern durch Kastanienwelten und das Laub der Bäume, das unter unseren Füßen knistert. Vorbei am winterlich eingefrorenen Leben der Biergärten hinein in die Weite des Englischen Gartens, hinter dessen Bäumen die Türme der Stadt aufragen.

Auf der Kaufingerstraße in der Innenstadt kommen wir an der Kirche St. Michael vorbei. Rotenberg läuft in die Pracht des Gotteshauses hinein und zündet eine Kerze an. »Für Herrn Direktor.« Er schaut lange in die Lichter, die unter dem Kreuz hin und her flackern und ihren Schein in sein Gesicht werfen. Er schweigt lange.

Dann erinnert er sich noch ein letztes Mal an seine letzte Begegnung mit Berthold Beitz: »Es ist ein Kapitel meines Lebens, das ganz zum Schluss kam. Und ich war sehr glücklich, dass ich ihm meinen Dank sagen konnte. Und nicht nur meinen, sondern auch den meiner Kollegen, die nicht mehr kommen konnten. Die hatten mich quasi beauftragt, auch in deren Namen Dankeschön zu sagen. Ich fühlte mich ein wenig wie ein Botschafter. Von allen, die noch leben und von allen, die nicht mehr leben. Und dass ein 99-Jähriger sich auf diesen Weg gemacht hatte, um in die Synagoge zu kommen, das hatte mir noch einmal sehr viel Respekt eingeflößt vor diesem Mann, den ich ja ohnehin so sehr bewundere. Wissen Sie, ich bin kein sentimentaler Mann. Aber das war sehr berührend.«

Rotenberg fragt sich bis heute, was Beitz wohl zu seinen Taten getrieben, wieso er so viel riskiert hat. »Ich kann es nur erahnen. Er hat eingesehen, dass jeder Mensch ein Recht hat zu leben, und er ist mit dem Unrecht konfrontiert worden. Er hat das Morden um ihn herum gesehen. Er hätte sich umdrehen können und gehen. Denn er wusste ja, dass alles, was er dagegen unternimmt, ihn sein Leben und das seiner Frau und Tochter hätte kosten können. Anderthalb Jahre lang tat er es trotzdem, obwohl er überall bespitzelt wurde und immer in Gefahr war. Das imponiert mir am meisten, seine Furchtlosigkeit«, so Rotenberg. »Den Satz ›Ich wünschte, ich hätte mehr Menschen retten können!‹ sagte er gegen Ende seines Lebens. Und das sagt doch alles.« Ein Satz übrigens, den genau so Oskar Schindler gesagt hatte, als er sich Im Frühjahr 1945 von seinen »Schindler-Juden« verabschiedete.

Im Mai 2016 sehen wir uns wieder bei ihm in Haifa – womit ich wieder da bin, wo ich dieses Buch begonnen habe: in Jurek Rotenbergs leer geräumtem Wohnzimmer. Er hat gerade noch das Zertifikat aus Deutschland von der Wand genommen. Er bekam es zum Dank, dass er ein paar Steine für den Wiederaufbau der Dresdner Frauenkirche gestiftet hatte. »Ich habe die deutschen Tugenden nun mal sehr gern. Die deutsche Gemütlichkeit, die deutsche Pünktlichkeit und Gründlichkeit«, erklärt er. »Und obwohl ich nun schon über sechzig Jahre im Orient lebe, bin ich ein Europäer geblieben. Ein disziplinierter Typ, der die Ordnung in Deutschland schätzt. Außerdem mag ich München. Eine kosmopolitische und freundliche Stadt.« Rotenberg kann sich gut vorstellen, dort zu sterben. Er hat immer versucht, trotz allem eine besondere Leichtigkeit des Seins zu leben.

Vielleicht wird ihm München mit seiner Unbeschwertheit dabei helfen.

Nein, vor dem Nichtsein fürchtet er sich nicht. Denn einer wie er, der schon einmal sterben sollte und dann gerettet wurde, empfindet das Sterben und das Leben anders. Deshalb ist ihm leicht im Schweren, und deswegen braucht er für seinen letzten Umzug auch keinen Möbelwagen. Nur eben diesen einen Koffer, der mitten in seinem leeren Wohnzimmer steht. Nur das Nötigste wird er in ihn hineinpacken. Etwa sein Aftershave, das er sein Leben lang benutzte: Tabak Original, ein Herrenduft aus Deutschland. Eine ganze Generation deutscher Männer, die ein recht anderes Leben als er führten, roch danach.

Noch einmal blickt er von seinem Wohnzimmerfenster im dritten Stock auf die drei Bäume vorm Haus, die er für seine Ahnen gepflanzt hat und die bis zu seiner Wohnung hochgewachsen sind. Er lässt sie zurück, wie das allermeiste aus seinem Leben.

Nur eines wird er nicht hergeben, den Brocken des zerbrochenen Grabsteins seines Vaters. Weil der nun mal zu ihm gehört und für immer bei ihm bleiben soll. Rotenberg sagt: »Dieser Stein soll mir auch eines Tages in meinen Sarg gelegt werden, bitte.« Er hält ihn in seiner flachen Hand, streichelt ihn und legt ihn dann in seinen Koffer. Bald wird er ihn mitnehmen nach Deutschland. In das Land, in dem sie ihn töten wollten. In das Land, in dem er nun leben und sterben will.

Dank

Danke an Jurek Rotenberg für seine Lebensgeschichte und seine Freundschaft. Danke an die weiteren Jahrhundertzeugen dieses Buchs, denen ich begegnen durfte: Hans-Erdmann Schönbeck, der Stalingrad und den 20. Juli 1944 überlebte, für sein Wesen. Kurt K. Keller, mit dem ich an den Omaha Beach reiste, für seine Kameradschaft. Yehuda Bacon, den ich in Jerusalem traf, für seine Weisheit. Edgar Feuchtwanger, der Hitlers Nachbar war, für seine Zuversicht. Franz Hirth, der mir seinen Onkel Georg Elser nahebrachte. Gert Rosenthal, Klaus von Dohnanyi, Mareike Hosenfeld und Berthold von Stauffenberg, die mir so wunderbar von ihren Vätern erzählten.

In Erinnerung zudem an alle, die nicht mehr leben und die ich nie vergessen werde: Inge Aicher-Scholl, Detlev Hosenfeld, Jerzy Gross, Ewald-Heinrich von Kleist, Buddy Elias, Philipp von Boeselager, Franz J. Müller, Emilie Schindler – und Berthold Beitz.

In Erinnerung auch an die Menschen im Himmel, denen ich am meisten verdanke: meine Mutter Frauke, meine Großeltern Hans und Anne und Ludwig und Mary. Meine Herzensverwandten Hanna, Tanna, Peter und Lothar.

Ich bedanke mich bei den Kollegen meiner Zeit beim *Focus*, die es mir möglich gemacht haben, meinem Herzensthema immer wieder zu nachzugehen und vielen der Helden dieses

Buchs zu begegnen: vorneweg den Herausgebern Helmut Markwort und Uli Baur. Dankeschön für die vielen Jahre als Reporter, allen voran an Carin Pawlak, Josef Seitz, Bernhard Borgeest und Alexandros Stefanidis, von denen ich gelernt habe. Danke auch an Uwe Zimmer, Claus Strunz, Leo Pesch und Rudi Schröck, die mich in meiner Zeit bei der *Abendzeitung* gefördert haben.

Dankeschön an meine Alexandra für ihre wunderbare Liebe. Für alles. Sie und meine Freunde, die zugleich wunderbare Kollegen sind, haben mich jahrelang ermuntert zu diesem Buch: Stefan, der mit mir nach Auschwitz reiste, mich so lange schon mit seiner Heiterkeit erhebt und an allen Menschen dieses Buchs so sehr Anteil nimmt. Axel, der an und auf meiner Seite steht und mit mir mit dem Herzen denkt. Mein Harry, der fühlt wie ich, mich trägt und für mich denkt. Herbert, der unverdrossen das Leben liebt und mich damit ansteckt. Anja-Maria, wie sie von Beginn an das Feuer für diesen Beruf teilt und mich mitreißt. Viola, die mit den Menschen und Gedanken dieses Buchs so wunderbar verbunden ist. Michael, meinem Kameraden, der mein Seelenbruder ist.

An meine Familie, Glückauf an Vater Lutz und Schwester Ellen. Antje für die Heimat im Herzen und dass sie Frauke bis heute lebendig hält. Und an Werner für den Rat und das Auffangen. Rainer Maria für den Glauben, die Kraft und ihn selbst. Paul und Anke für mein Heimweh. Frank für sein Ermutigen und seine Größe zur besten Zeit. Ecki für seine besondere Seele. Annette für ihr Herz. Julitta für ihr Lachen. Jessica für ihren Wagemut. Ulrike für den Beistand in schwerer Zeit. Meike für all das gemeinsame Leben und Teilen im Beruf. Silvana für die Sonne. Monika für die

Hilfe. Josef für seine Stärke. Tanja für den Gleichklang. Heike fürs Glückauf. Hermann für seine Einsätze. Rainer und Ulrike für die Güte. Danke, ihr wisst wofür, an: Hartmut, Hubert, Georg, Max, Michi, Gertrud, Susanne, Tina, Ingeborg, Wulf, Synje, Imke, Gudrun, Heike, Wolfgang, Michl, Eveline, Beate, Didi, Bianca, Doris und Norbert, Heinke, Ilse, Christian, Ulrike und Roland, Kerstin, Mirjam, Claudia, Bärbel, Judith, Regina, Sebastian, Gunda, Johannes, Laura, Ulrike, Jobst, Margot, Christoph und Julia. An Udo L. Vor allem an meine große Kollegin Jutta.

Besonders danke ich dem großartigen Team des Heyne-Verlags, das mich wunderbar begleitet und bestärkt hat.

Literatur und Quellen

Aicher-Scholl, Inge: Erinnerungen an München. Manuskript aus dem Nachlass Inge Aicher-Scholls. Institut für Zeitgeschichte Bd. 33, Bd. 35 sowie Bd. 293. München 2005

Boeselager, Philipp von: Wir wollten Hitler töten: Ein letzter Zeuge des 20. Juli erinnert sich. Berlin 2008

Crowe, David M.: Oskar Schindler. Die Biographie. Frankfurt am Main 2005

Dohnanyi, Hans von: Mir hat Gott keinen Panzer ums Herz gegeben. Briefe aus Militärgefängnis und Gestapohaft 1943–1945. München 2015

Feuchtwanger, Edgar und Scali, Bertil: Als Hitler unser Nachbar war. Erinnerungen an meine Kindheit im Nationalsozialismus. München 2014

Frank, Anne: Gesamtausgabe: Tagebücher – Geschichten und Ereignisse aus dem Hinterhaus – Erzählungen – Briefe – Fotos und Dokumente. Frankfurt am Main 2015

Gersdorff, Rudolf-Christoph von: Soldat im Untergang. Frankfurt 1979

Hoffmann, Peter: Claus Schenk Graf von Stauffenberg. Die Biographie. München 2007

Hosenfeld, Wilm: »Ich versuche jeden zu retten«. Hrsg. von Thomas Vogel. München 2004

Käppner, Joachim: Berthold Beitz. Die Biographie. Berlin 2010

Keller, Kurt K.: Vom Omaha Beach bis Sibirien. Horror-Odyssee eines deutschen Soldaten. Garbsen 2010

Keneally, Thomas: Schindlers Liste. München 1994

Krumpen, Angela: Spiel mir das Lied vom Leben. Judith und der Junge von Schindlers Liste. München 2014

Pemper, Mietek: Der rettende Weg. Schindlers Liste – die wahre Geschichte. Hamburg 2005

Rosenberg, Erika (Hrsg.): Ich, Emilie Schindler. Erinnerungen einer Unbeugsamen. München 2006

Rosenberg, Erika (Hrsg.): Ich, Oskar Schindler. Die persönlichen Aufzeichnungen, Briefe und Dokumente. München 2010

Rosenthal, Hans: Zwei Leben in Deutschland. Bergisch-Gladbach 1998

Sandkühler, Thomas: »Endlösung« in Galizien. Der Judenmord in Ostpolen und die Rettungsinitiativen von Berthold Beitz 1941 –1944. Bonn 1996

Sarkowicz, Hans und Meding, Dorothee von: Philipp von Boeselager. Der letzte Zeuge des 20. Juli 1944. München 2008

Schmalhausen, Bernd: Berthold Beitz im Dritten Reich. Mensch in umenschlicher Zeit. Essen 1991

Scholl, Inge: Die Weiße Rose. Frankfurt 1993

Spiegel, Paul: Wieder zu Hause? Erinnerungen. Berlin 2003

Steinbach, Peter und Zeller, Eberhard: Oberst Claus Graf Stauffenberg: Ein Lebensbild. Paderborn 2008

Szpilman, Wladyslaw: Der Pianist. Mein wunderbares Überleben. München 2002

Vinke, Hermann: Das kurze Leben der Sophie Scholl. Ravensburg 1980

Bildnachweis

Aicher, Manuel (© 2016)- Dietikon (Schweiz): 50; Akg Images: 188; Brochhagen, Elke – Stadt Essen: 20: Getty Images: 176 (Hulton Archive, Wojtek Laski Kontributor), 258 (AFP/Miguel Medina Staff); Imago: U1 (Bonn-sequenz); Keystone, Schweiz: 228; Laif: 76 (Dirk Buniecki), 148 (David Klammer), 202 (Dominik Asbach; Morosini, Michela: 100; Picture Alliance: 114 (dpa Bildarchiv), 134 (dpa/Rainer Jensen), 214 (dpa/Upi), 272 (dpa/Stephanie Pilick); Pröse, Tim: 84; SZ Photo: 166; ullstein bild: 244 (Rudolf Dietrich).

Grenzgänger zwischen zwei Welten

Als DDR-Unterhändler war der Ost-Berliner Rechtsanwalt Wolfgang Vogel maßgeblich am Freikauf von mehr als 33.000 politischen Gefangenen der DDR beteiligt und arrangierte den Austausch von Spionen auf der Glienicker Brücke. Dabei stand er stets hoch in der Gunst westdeutscher Spitzenpolitiker. Doch wer war der geheimnisumwitterte politische Vermittler wirklich? Helfer in der Not oder des Teufels Advokat? Norbert F. Pötzl hat umfassenden Zugang zu Vogels Privatarchiv und erhellt mit zahlreichen neuen Erkenntnissen ein wichtiges Kapitel deutsch-deutscher Nachkriegsgeschichte.

Die Tagebücher des Vordenkers der NSDAP

Einst waren sie wichtiges Belastungsmaterial in den Nürnberger Kriegs-
verbrecherprozessen und dann jahrzehntelang verschollen: die Tagebücher des NS-Chefideologen und Reichsministers Alfred Rosenberg.
Bis der Hauptarchivar des US Holocaust Memorial Museum einen Hin-
weis auf den Verbleib dieser Schlüsseldokumente des Nationalsozialismus erhielt: Allem Anschein nach hatte einer der Hauptankläger der
Alliierten die Rosenberg-Papiere 1946 entwendet. Erstmals beschreibt
der FBI-Ermittler Robert K. Wittman die spannende Jagd nach den Tage-
büchern – ein zeitgeschichtlicher Thriller.